글로벌 비즈니스에 성공하는
이메일영어 Ver.2.0

Mitsuyo Arimoto 저

SUCCESSFUL E-MAIL IN THE GLOBAL MARKET Ver. 2. 0
by ARIMOTO Mitsuyo
Copyright (c) 2005 ARIMOTO Mitsuyo
All rights reserved.
Originally published in Japan by THE JAPAN TIMES, LTD., Tokyo.
Korean translation rights arranged with
THE JAPAN TIMES, LTD.,Japan
through THE SAKAI AGENCY and BOOKPOST AGENCY.

글로벌 비즈니스에 성공하는
이메일영어 Ver. 2.0

2008년 1월 10일 초판 1쇄 발행
2017년 7월 10일 초판 13쇄 발행

저자 Mitsuyo Arimoto
옮긴이 홍충렬
펴낸이 정정례
펴낸곳 삼영서관
기획·편집 이장희
디자인 디자인클립

주소 서울 동대문구 답십리동 469-9 1F
전화 02) 2242-3668 팩스 02) 2242-3669
홈페이지 www.sysk.kr
이메일 syskbooks@naver.com
등록일 1978년 9월 18일
등록번호 제1-261호

책값 11,800원

ISBN 978-89-7318-308-1 13740

※ 파본은 교환하여 드립니다.

Successful E-mail in the Global market

BUSINESS

글로벌 비즈니스에 성공하는
이메일영어 Ver.2.0

Mitsuyo Arimoto 저

Samyoung Publishing House

머리말

『영문 비즈니스 E-mail 실례집』 초판이 출판된 것이 1997년. 그때만 해도 E-mail은 일부의 사람들만 이용하는 매체였습니다. 당시 선구자적인 존재였던 초판을 보더라도 E-mail 초보자를 위한 설명이 중심이었으며, 다른 매체에 비해 E-mail의 위치는 불확정적이었음을 잘 알 수 있습니다.

그로부터 8년, 지금은 E-mail에 의한 통신은 당연한 것이라기 보다도 최대의 통신매체가 되었다고 할 수 있습니다. 편지나 팩스를 이용할 기회는 현저하게 줄어들었으며, 특히 외국과 주고받는 것은 시간과 요금면에서 효율적인 E-mail 없이는 실제로 불가능하다고 해도 좋을 것입니다.

E-mail은 전화로 주고받는 것을 대신하는 부분도 많고 그만큼 문장을 쓸 기회가 많이 늘었다고 할 수 있습니다. 문장력이 서툰 사람에게는 대단히 어려운 일이며 그것도 외국어로 써야 하는 것은 사람에 따라 일종의 공포를 체험하는 순간이기도 할 것입니다. 게다가 E-mail에는 즉각적인 대응력이 요구됩니다. 한 통의 메일을 쓰는 데 며칠씩 걸리는 등의 느긋한 행동을 취해서는 안 됩니다.

홈페이지를 통해서 어느 날 갑자기 영문 메일이 날아오는 일이 일상적으로 일어나거나 한글 홈페이지밖에 열어놓지 않았는데 영어로 주문이 왔다는 이야기도 자주 듣습니다. 영문 메일이 왔을 때 영어로 답장을 보내지 않으면 모처럼의 비즈니스 기회를 놓쳐버릴지도 모릅니다.

영문 비즈니스 메일로 고생하고 있는 독자를 위해 Ver.2.0에서는 보다 많은 상황에 대응할 수 있도록 예문을 더 많이 늘렸습니다. 특히 활용도가 높은 클레임과 클레임처리에 관한 E-mail은 새로이 장(章)을 할애하여 국내의 외국계 기업과 외국에 나가 있는 한국계 기업에서도 활용할 수 있도록 사내메일의 용례도 늘렸습니다.

본 책에서는 항상 「실제로 국제비즈니스 현장에서 사용되고 있는 표현을 소개한다」는 것을 모토로 하고 있지만 제가 실무에서 보내거나 받은 메일이 대부분입니다.

독자 여러분의 다양한 일상 업무에서 그리고 더 나아가 세계로 향한 비즈니스를 개척해 나가는 데 본서가 작은 도움이 되었으면 하는 바람입니다.

David, thanks for dotting all my i's and crossing all my t's again! I'm counting on you for the next one.

2005년 1월
有元美津世

INTRODUCTION 영문 메일의 기본

01 | E-mail의 기본
- 1) CC, BCC, Return Receipt의 사용법 · 12
- 2) Subject · 14
- 3) 서두 · 17
- 4) 본문 · 19
- 5) 맺음말 · 21
- 6) 서명 · 22
- 7) 첨부파일 · 22
- 8) 네티켓 · 23

02 | 네트워크는 국제사회
- 1) 성별에 주의 · 25
- 2) 그 밖의 차별표현에 주의 · 28

03 | 효과적인 E-mail 작성법
- 1) 영문 E-mail 작성법 · 29
- 2) 간결하고 효과적인 영문을 쓰는 요령 · 30
- 3) 틀리기 쉬운 표현 · 39

Chapter 1 비즈니스 메일
- 문의 · 52
- 문의에 대한 회신 · 54
- 자료 · 견본 송부에 대한 답례 · 56
- 자료 송부 후의 도착 여부 추적 · 57
- 판매 (특정 상대에게 송신) · 58
- 판매 (불특정 다수에게 송신) · 60
- 판매에 대한 회답 · 62
- 거래 · 제휴 신청 · 64
- 거래 · 제휴 신청에 대한 회신 · 66

CONTENTS

- 거래 · 제휴 신청의 거절 · 68
- 거래 문의/견적 의뢰 · 70
- 견적/조건 제시 · 72
- 주문 · 75
- 주문 승낙/확인 · 76
- 주문(거래 문의) 거절 · 78
- 교섭(가격 · 기타 조건) · 81
- 출하에 대해 주고 받기 · 85
- 출하통지 · 87
- 도착 확인 · 89
- 지불 재촉(최초) · 90
- 지불 재촉(두 번째 이후-최종통지) · 92
- 계약서에 관해 주고 받기 · 95
- 회신 촉구 · 100
- 메일 수신 통지 · 102
- 자동응답메일 · 104
- 재촉하기 · 106
- 오해 풀기 · 108
- 약속하기 · 110
- 약속 변경/거절 · 112
- 출장준비 · 114
- 예정 확인 · 116
- 상담 · 회의 협의 · 120
- 거래처 소개 · 122
- 가격 인상 알림 · 124
- 이전 알림/안내 · 126
- 신제품 · 서비스 소개 · 128
- 캠페인 알림 · 132
- 이벤트 알림 · 134
- 견본시 출전 알림 · 136
- 견본시/전시회 출전 의뢰 · 138

- 강연의뢰 · 142
- 앙케이트의 협력 요구 · 144
- 전재 허가 요구 · 146
- 전재 허가 승낙/거절 · 149
- 홈페이지의 링크 신청 · 152
- IR 관련(주주총회 알림) · 154
- 취직 문의에 대한 회답 · 156
- 면접 통지 · 158
- 취직 문의에 대한 회신-거절할 때 · 159
- 인사조회 · 161
- 인재 찾기 · 163
- 인재 소개 · 164
- 소개 의뢰 · 167
- 소개 · 168

Chapter 2 클레임&클레임대응 메일

- 물건이 도착하지 않음 · 170
- 출하 지연의 사과 · 172
- 출하 지연의 해명 · 174
- 다른 물건이 도착 · 176
- 품질이 다른 것에 대한 사과 · 178
- 주문한 대로 물건을 출하했다는 반론 · 180
- 수량 차이 · 181
- 수량 차이에 대한 사과 · 182
- 주문 수량대로 출하했다는 반론 · 183
- 불량품/규격외품 · 184
- 불량품에 대한 사과 · 186
- 불량품이 아님에 대한 반론 제기 · 188
- 청구금액 착오 · 190
- 청구금액 착오에 대한 사과 · 192

CONTENTS

- 서비스 관련 · 194
- 서비스 관련 불만에 대한 사과 · 196
- 기술지원 관련 · 200
- 기술지원 관련 불만에 대한 사죄 · 202
- 기술정보 지원 관련–책임이 없다는 답장 · 204
- 저작권 침해 · 205
- 저작권 침해의 클레임에 대한 회신 · 208
- 상표 침해 · 209
- 상표 침해의 클레임에 대한 회신 · 212
- 네티켓 위반 · 214

Chapter 3 사내 메일

- 자료 의뢰 · 218
- 자료송부 · 회답 · 220
- 송부거절/송부지연 · 221
- 리마인더 · 재촉 · 222
- 회의 개최 요구 · 224
- 회의 통지 · 226
- 회의 요약 · 228
- 생산현장과 주고받기 · 230
- 품질관리 · 232
- 허가 요청 · 234
- 보고하기–방문/현상/경과 · 237
- 보고하기–매출 예측 · 240
- 문제보고–프로젝트 지연 · 242
- 문제보고–매출부진 · 244
- 문제보고–클레임 처리 · 246
- 제안 · 248
- 제안에 대한 회신 · 250
- 설득 · 252

- 지시하기 · 254
- 주의/충고하기 · 256
- 주의에 대한 회신 · 259
- 부하 칭찬하기 · 260
- 문제 해결의 촉구 · 262
- 반론/항의하기 · 264
- 조언 구하기 · 266
- 조언하기 · 267
- 시스템부에서의 알림 · 268
- 시스템부와의 교신 · 270
- 사내 회람–사내 이벤트 · 272
- 신제품 설명 · 274
- 매수/합병의 알림 · 276
- 조직개편의 통지 · 278
- 사내 회람–사측(변경) 설명 · 281
- 업적의 치하 · 284
- 업적의 칭찬 · 286
- 승진 발표 · 288
- 입사 – 이동 알림 · 290
- 퇴직 알림 · 292

Chapter 4 사교 메일

- 메일 트러블 · 296
- 메일주소의 변경 통지 · 298
- 출장 · 휴가 알림 · 300
- 신임 인사 · 302
- 전근 · 이동 안내 · 304
- 퇴직 안내 · 306
- 전직 · 독립 알림 · 308
- 결혼 알림 · 310

CONTENTS

- 출산 알림 · 311
- 답례-선물 · 312
- 답례-서포트 · 314
- 축하-승진 · 316
- 축하-성공/수상 · 318
- 축하-설립/독립/은퇴 · 320
- 축하-결혼 · 322
- 축하-출산 · 323
- 병문안 · 324
- 조의 · 326
- 격려 · 328
- 초대 · 330
- 초대에 대한 회신 · 331
- 계절 인사 · 332
- 스팸 메일 정지 · 334

APPENDIX 부록

- 인사 프레이즈집 · 336
- 01. 기본적인 인사 · 343
- 02. 맺음말 · 348
- 03. 고객 서비스 · 349
- 04. 답장이 늦었을 경우 · 349
- 05. 회사 관련 용어 · 351
- 일시 · 수량 표현 · 352

INTRODUCTION

영문 메일의 기본

01 | E-mail의 기본

To:	Danny Verla
Cc:	Anita Taylor
Bcc:	
Subject:	New Price List
Attachment:	price.xls

Danny:

Attached is the new price list effective Jan. 1, 2007.
If you have any questions, pls let me know.

Regards,
Hong Gil-dong

해석

받는 사람 :	Danny Verla
CC:	Anita Taylor
BCC:	
제목 :	새 가격표
첨부 :	price.xls

2007년 1월 1일까지 유효한 새로운 가격표를 첨부합니다.
문의 사항이 있으면 알려주십시오.

홍길동

01 CC, BCC, Return Receipt 사용법

● **CC 사용법**

여러분도 매일 사용하고 있는 CC(Carbon Copy)는 여러 사람에게 같은 메일을 동시에 보내고 싶을 때 사용합니다. 발신처의 주소가 모두 표시되기 때문에 수신자는 같은 메일이 누구에게 보내졌는지 알 수 있습니다. 편리한 기능이지만, 필요 없는 메일을 보내는 것은 상대방에게도 시간 낭비이고, 인터넷의 교통량을 불필요하게 늘리므로 꼭 필요한 사람에게만 보내도록 합니다.

어떤 기업의 담당자는 회사내적인 책임 범위를 확실히 하기 위해 항상 여러 사람을 CC로 걸고 있습니다. 어쩔 수 없이 불필요한 경우를 제외하고 필자도 CC의 사람에게도 답장을 보내지만, 첨부 파일이 있거나 직접 관계가 없는 사람에게도 보내야 할 때는 주춤하게 됩니다. (필자가 수신자라면 민폐라고 느낄 것입니다.)

회신 vs. 전원에게 회신

이것은 실제로 필자의 친구가 일하고 있는 미국의 대기업에서 일어난 일입니다. 어떤 사원이 팀 멤버에게만 보내야 할 메일을 잘못해서 그 부서 전원에게 보냈습니다. 그랬더니 메일을 받은 사람들이 「발신자에게 회신」이 아니라 「전원에게 회신」 기능을 사용해서 「관계없는 메일은 보내지 마시오」라고 회신했다고 합니다. 게다가 그 보내온 메일에 대해 또다시 「전원에게 회신」 기능을 사용해서 회신한 사람도 있었기 때문에 결국 메일량이 눈덩이처럼 불어나 사내메일 시스템이 패닉 상태에 빠진 적이 있다고 합니다. 회신은 필요한 사람에게만 보내도록 주의합니다.

● BCC 사용법

의외로 사용법을 모르는 사람이 많은 것은 BCC(Blind Carbon Copy)입니다. BCC를 사용하면 TO와 CC주소의 사람이 모르게 같은 메일을 보낼 때 사용합니다. 단, BCC로 메일을 받은 사람이 그것을 모르고 TO나 CC로 받은 사람에게도 답장을 할 수 있기 때문에 사용상의 주의가 필요합니다. (필자는 이걸로 실패한 경험이 있습니다. 그래서 메일에 익숙하지 않은 사람에게는 BCC가 아닌 별도의 메일로 보내고 있습니다.)

BCC는 「비밀로 보낸다」는 의미가 강하므로 무절제한 이용은 피하는 것이 좋습니다.

● BCC의 현명한 사용법

미국에서도 흔한 일은 많은 사람이 연락을 할 때 서로 모르는 사람의 주소를 CC로 걸어서 여러 사람에게 개시한다는 것입니다. 불특정 다수에게 부탁 받지도 않은 메일을 보내는 것을 스패밍(Spamming)이라고 하며 이러한 메일을 스팸(Spam)이라고 합니다. 본인의 허가 없이 주소를 타인에게 개시하는 것은 프라이버시 침해이자 네티켓 위반입니다. 필자는 업무용 주소를 일반인에게 개시하지 않고 있습니다. 따라서 전혀 모르는 사람에게 함부로 주소가 공개되어 관계 없는 메일이 도착된다면 그것은 타인에게 폐를 끼치는 일입니다.

한번에 많은 사람에게 연락을 할 경우 메일 수신자를 자신으로 하고 받는 사람의 주소는 모두 BCC에 넣으면 수신자 쪽에는 보낸 사람의 주소만 표시되므로 수신자는 다른 사람에게 메일을 보냈는지를 알 수 없습니다.

● RR : 수신확인(개봉확인 메시지)의 사용법

RR(Return Receipt)은 수신확인을 말합니다. 보다 정확하게는 상대방이 메일을 열어보았음을 증명하는 통지로서, 편리한 기능이지만 자주 사용하는 것은 권하고 싶지 않습니다. 「당신은 좀처럼 답장을 주지 않으니까 이렇게 해야 메일을 열어보았는지 알 수 있다」라고 상대를 불신한다는 인식을 줄 수도 있기 때문입니다. 또한 모든 메일에 RR을 붙이면 어느 메일이 정말 중요한지 구별되지 않으므로 수신확인이 꼭 필요할 때만 사용해야 합니다.

필자의 주위에도 모든 메일에 RR을 붙여서 보내는 사람이 더러 있는데, 이는 메일러에서 「모든 발신 메일에 RR을 요구한다」는 설정을 하고 있는 것은 아닌가 생각됩니다.

또한 대부분의 메일에서는 수신확인을 보낼 것인지 아닌지를 수신자측에서 결정할 수 있으므로 RR을 붙였다고 해서 반드시 수신확인이 도착된다고는 할 수 없습니다. 필자는 수신확인을 하지 않는 것으로 설정해 놓고 있습니다. 수신확인이 필요하다고 판단되는 메일에는 곧바로 답장을 보내기 때문에 따로 수신확인 같은 것은 보내지 않습니다.

02 Subject

● Subject 사용법

subject를 「제목」이라고만 생각하면 큰 착각입니다. 메일을 대량으로 받는 사람은 제목을 보고 어떤 메일을 읽을지 결정합니다. 스팸이 많은 요즘은 제목만 보고 개봉하지도 않은 채 휴지통에 버리는 경우가 허다합니다. (필자도 스팸으로 착각하여 읽지도 않고 버리는 경우가 자주 있습니다.) 그래서 상대방이 제대로 읽기를 원한다면 한눈에 내용을 알 수 있도록 제목을 정해야 합니다.

column

수신자에게 폐를 끼치는 Subject

제목을 붙이는 것이 서툰 사람이 의외로 많은 것 같습니다. 필자는 거래처 관계자에게 몇 번이나 「좀더 제대로 된 제목을 붙여주세요」라고 말한 적이 있습니다. 이는 메일을 찾거나 정리할 때 제목별로 분류하기 때문입니다. 제목으로 그 내용을 알 수 없으면 메일을 좀처럼 찾기 어려워 시간을 허비하기 때문입니다. 즉, 제목을 붙이는 방법이 나쁘면 수신자에게 폐를 끼치게 되는 것입니다.

「홍길동입니다」와 같이 자기 이름을 제목에 넣는 사람이 많은데 이름은 「발신자」란에 표시되므로 굳이 제목으로 할 필요는 없습니다. 받는 사람이 알고자 하는 것은 무엇에 관한 메일인가 하는 것입니다. 같은 사람이 복수의 사항에 대해 메일을 주고받는 일이 많기 때문입니다.

또한 「오랜만입니다」, 「안녕하세요」와 같은 제목의 메일도 자주 눈에 띕니다. 내용이 단순한 인사라면 문제가 없겠지만 중요한 업무 이야기인 경우도 적지 않습니다. 제목이 "Hello"인 메일을 보내게 된다면 그거야말로 스팸으로 오해 받을 것입니다.

어떤 기업에서는 사원 대부분이 자기 이름과 인사말을 제목으로 해서 중요한 업무 메일을 보내기 때문에 사장이 「귀사에서는 그런 식으로 지도를 하고 계십니까?」라는 말을 들은 적도 있다고 합니다.

한눈에 구체적인 내용을 알 수 있도록

subject의 행은 대개 20~35자밖에 표시되지 않으므로 그 이내로 정리해서 중요한 것을 앞부분에 씁니다.

제목은 가능한 한 구체적으로 씁니다. Meeting(회의)보다는 6/29 Meeting(6월 29일자 회의), Invoice(청구서)가 아니라 Invoice#12345(청구서번호 12345)라고 써야 합니다. Information과 같이 막연한 것 또는 Reply, Your E-Mail과 같이 생략해도 알 수 있는 것은 피합니다.

메일 내용보다도 상대에게 요청하는 내용에 중점을 두고 씁니다. 예를 들어 Announcement(알림)보다도 「개선책에 관한 제안 발송」과 같이 하면 상대의 주의를 끌 수 있습니다.

메일을 눈에 띄게 하는 요령

중요한 메일이나 긴급메일은 눈에 띄도록 해야 합니다. 대부분의 메일 소프트에는 중요도를 나타내는 툴이 있지만 그다지 눈에 띄지도 않으며 도움도 되지 않습니다.

New Virus <Important> (신종바이러스 〈중요〉)
Revised Deadline ***URGENT*** (마감변경 ***긴급***)
Tokyo Hotel Reservation [Response required by August 10] (동경호텔예약 〈8월10일까지 회신요망〉)

단, Important(중요), Urgent(긴급)이라는 통지는 정말 중요하거나 긴급을 요할 때만 사용합니다. 매번 넣게 되면 「양치기 소년」이 될지도 모릅니다.

필자는 질문에 답해주길 바랄 때는 질문임을 명확하게 알 수 있도록 Loan Application 〈Question〉 (대출신청 〈질문〉)이라는 표기를 자주 합니다.

장문의 메일은 경고한다

장문의 메시지를 보낼 때는 subject에 그 취지를 표시합니다.

1/20 Meeting Minutes <Long> (1월 20일 의사록 〈장문〉)
Customer Complaints [Very Long] (고객으로부터의 불만사항 〈매우 장문〉)

하나의 제목에 한 통의 메일

하나의 제목에 대해 한 통의 메일이 원칙입니다. 내용이 다른 것은 별도의 제목으로 작성해서 보내는 것이 좋습니다. 여러 개의 제목을 포함한 긴 메일을 한 통으로 보내기보다는 용건마다 나눠서 보내는 편이 서로에게 효율적일 것입니다. 나중에 메일을 검토하기 쉬운 편리성이 있습니다.

- Subject 예

〈질문을 보낼 때〉

Question(s) (about ...) (〈~에 관한〉 질문)   **Quick Question** (간단한 질문)
Another Question (또 하나의 질문)   **Inquiry (about Your Product)** (〈귀사제품에 관한〉 문의)

〈의뢰〉
Request for Information (정보 요청)   Request for Link (링크 요청)
Request for Permission (허가 요청)   Permission for Publication (게재허가 요청)

〈견적 · 주문 · 출하〉
Estimate (견적)   PO#12345 (주문번호 12345)
Quotation Wanted (견적 요청)   Invoice #12345 (청구번호 12345)
Product A Shipment (제품 A의 출하)   Next Shipment (차기 출하)
Product B ETD/ETA (제품 B의 출항예정일/도착예정일)
B/L #12345 (B/L번호 12345)   Material C Supply (원료 C의 공급)
Sample Shipment (샘플 송부)

〈가격〉
Product D Price (제품 D의 가격)   New Price (새 가격)

〈팩스 · 편지〉
Your Fax of Today (오늘자 귀사의 팩스)   Your Letter of May 18 (5월 18일자 귀사의 서신)

〈회의〉
3/24 Meeting (3/24 회의)   Today's Meeting (금일 회의)
1/14 Meeting Agenda (1/14 회의의제)   2/20 Meeting Minutes (2/20 의사록)
3/30 Meeting Summary (3/30 회의요약)   4/11 Conference Call (4/11 전화회의)

〈출장〉
My/Your Japan Trip (나의/당신의 일본출장)   Itinerary (일정)
Hotel Arrangements in Japan (일본에서의 숙박수배)

〈채용〉
Your Application (귀하의 응모)   Your Résumé (귀하의 이력서)
Interview (면접)

〈회신 촉구〉
Help Needed (도움 요청)   Opinion Wanted (의견 구함)
Wisdom Sought (조언 구함)   Insight Sought (조언 구함)

〈주의촉구 · 문제전달〉
Returned E-Mail (메일이 반송되었습니다)   Is your network down? (네트워크가 다운되었습니까?)
Your VM is down (당신의 보이스메일이 다운되었습니다)

〈답례 · 축하〉

Thanks! (고맙습니다!)　　Congratulations! (축하드립니다!)

〈기타〉

Sales Report (매출보고)　　Manufacturing Problem(s) (제조상의 문제)
Complaint (about Your Customer Service) (귀사의 고객서비스에 관한 불만)
License Agreement (라이센스 계약)　　Amendment to Supply Agreement (공급계약보칙)
HR Announcement (인사관련 알림)　　New Product Development (신제품 개발)
Magazine Interview (잡지 인터뷰)　　How to Install Program X (프로그램 X 인스톨 방법)
Product E (제품 E)　　Project F (프로젝트 F)
Company G (G사)

외국어로 온 메일은 답장하지 않는다?

세계의 대기업 250사에 모국어 이외의 언어(스페인어, 프랑스어, 독일어, 포르투갈어, 이탈리아어, 일본어 중에서 선택)로 문의 메일을 보내서 조사해 봤더니 90% 이상의 기업이 외국어로 보내온 메일 문의에 정확하게 답장을 하지 못했다는 결과가 나왔습니다. 게다가 70% 가까이의 대기업은 외국어로 보내온 문의 메일에 아무런 답장도 하지 않았다고 합니다.

03 서두

● 존칭 붙이기

E-mail에서는 격식을 차린 경우를 제외하고 Dear를 사용하지 않고 직접 Ms. Baker 또는 John과 같이 상대편의 이름으로 시작하는 것이 일반적입니다. 아래와 같이 이름 뒤에 콜론 또는 콤마를 붙입니다.

Mr. Anderson:
Thank you for your e-mail...

Ms. David와 같이 이름에 존칭을 붙이는 사람이 많지만, 존칭은 성(姓)에 붙입니다. David Pollack이라는 사람일 경우 Mr. David가 아니라 Mr. Pollack이 맞습니다.

● 이름인지? 성(姓)인지?

친한 사람에게는 이름을 적어도 괜찮습니다. 또한 Hello, Leilani 또는 Hi, Ken이라고 적는 것도 괜찮습니다.
미국인은 처음 보는 사람한테도 이름을 적는 경우가 거의 대부분입니다. 필자의 경우 전혀 모르는 사람에게 메일을 보낼 때 우선은 성(姓)을 적습니다. 답장에서 상대방이 필자의 이름을 적는 사람이 많아 그 후에는 필자 또한 상대방의 이름을 적고 있습니다. 거래처 담당자의 이름을 적는 것에 익숙치 않은 사람들이 많지만 항상 성만 적게 되면 일부러 거리감을 두고 있는 듯한 인상을 주게 되기도 합니다.

유럽이나 구미, 아시아는 상대방이 이름으로 적을 때까지는 성을 적는 것이 무난해 보입니다.

● 개인이름을 모를 경우

개인이름을 모를 경우, Dear Sir(s)나 Gentlemen이라는 남성에 국한된 호칭은 사용하지 말고 Dear Sir/Madam이라고 하든가, Dear Friends, Dear Colleagues, Dear Fellows, Dear Members, Dear Committee Members, Dear Project Team이라고 하는 것이 좋습니다. 특정 부서에 보낼 때는 Dear Customer Service Representative(고객서비스부 담당자), Dear Human Resources Manager(인사과장), Dear Marketing Director(마케팅부장)라고 할 수도 있습니다.

또한 아무 것도 붙이지 않거나 Hi 또는 Hello를 적어도 무방합니다.

닉네임

영어로 Robert는 Rob, Bob Richard는 Rich이나 Rick 등과 같이 라스트 네임은 대체로 닉네임이 있습니다. 하지만 닉네임을 사용할 것인지 또 어떤 닉네임을 사용할지는 그 당사자가 결정하는 것입니다. 상대방의 이름이 David라고 해서 함부로 Dave라고 부르면 안 됩니다. 「내 이름은 David다. Dave라 부르지 마시오」라고 하는 사람도 있습니다. 또 퍼스트 네임이 아니라 미들 네임을 사용하는 사람도 있습니다.

● 상대방의 성별을 알 수 없을 때

처음 메일을 보낼 경우 상대방의 성별을 알 수 없을 때는 잘못된 존칭을 붙이는 것보다는 Dear Pat Stevens처럼 풀 네임을 사용하는 것이 무난합니다.

남녀 모두에게 사용되는 이름에는 아래와 같은 것이 있습니다.

Blair, Chris, Jan, Kim, Pat, Robin, Tony(여성의 경우 Toni라고 쓰는 경우가 많습니다.), Terry(Terri), Tracy(Traci) 등. Michael은 일반적으로 남자 이름이지만, 여성의 이름도 있으므로 주의를 요합니다.

● 개인명을 알고 있는 경우엔 반드시 개인이름을 사용한다

상대방의 이름을 알고 있음에도 불구하고 「존경」의 의미로 Dear Sir/Madam을 사용하는 사람이 있습니다. 그럴 경우 정중하기보단 오히려 정형화된 문서처럼 기계적인 인상을 주게 되며 「광고메일」로 착각해서 읽지 않고 버려질 수도 있습니다.

또한 어떤 사람은 To Whom It May Concern을 「관계자각위」로 오해하여 사용하는 경향이 있는

데, To Whom It May Concern은 예를 들면 불특정의 상대방에게 추천서를 보낼 때 등 송부처가 미정이거나 불명확할 경우에 한정됩니다. 상대방이 한정되거나 상대방의 이름을 알고 있는 경우에는 절대로 사용하지 않습니다.

● 여러 사람에게 보낼 경우

필자의 경우 의사록 등을 여러 사람에게 보낼 때는 Everyone이나 All을 사용합니다.

형식에 연연하지 않는다

클라이언트나 지인, 영문 비즈니스 E-mail 강좌의 수강생으로부터의 질문이나 상담 중 많은 것이 영문 메일의 첫머리는 어떤 존칭을 써야 하는지? Dear는 꼭 붙여야 하는지? 끝인사는 어떤 것을 써야 하는지? 하는 것입니다. 단언하지만 이런 형식은 중요하지 않습니다. 수신자는 그러한 것까지 하나하나 신경 쓰지 않습니다.

이처럼 아무래도 상관없는 것에만 신경을 써서 메일을 제대로 쓰지 못하는 경우가 허다합니다. 아무리 형식이 완전해도 핵심 내용이 잘 전달되지 않는다면 중요한 비즈니스 목적을 달성할 수 없습니다. 메일을 Dear...로 시작했기 때문에 계약을 땄다거나 맺음말을 쓰지 않아서 종결지어야 할 내용을 종결짓지 못했다는 것은 아닙니다. 중요한 것은 메일 내용임을 잊지 말아야겠습니다.

04 본문

● 1행은 70자 이내로 한다

최근 메일러에는 대개 자동적으로 워드랩 기능(1행마다 일정의 문자 수로 끊어주는 기능)이 있는데, 컴퓨터 환경은 사람에 따라 각양각색이므로 1행의 길이는 65~70자 이내로 설정하는 것이 무난합니다.

자동 줄바꾸기가 들어 있지 않으면 상대방의 메일 소프트에서는 어디서 줄바꾸기가 될지 알 수 없습니다. 자신의 희망대로 줄바꾸기가 되도록 적당히 끊어서 줄바꾸기를 해놓는 게 좋습니다.

● 문자깨짐에 요주의

Our address and phone number are as follows;
°≠øÔΩ√ ∏∂∆˘ ±∏ °≠±≥µø 463-31
«√∑ØΩ∫Ùµ˘ 4√‚ µ 􀀀¿/¿Œ≈≈∏≥
If you have any questions, please let me know.
Mitsuyo

「미국기업에 '한국어'로 문의 메일을 보냈는데 답장이 오지 않는다」는 상담을 받은 적이 있습니다. 그런 경우 답장이 오지 않는 것은 당연합니다. 상대방이 한국어를 이해할 수 있는지에 관계없이 한국어 메일은 상대방에게는 문자가 깨진 메일로 도착되기 때문입니다.

영문 메일을 쓸 때에는 전각(全角) 영문숫자나, ℃ 등 특수기호, ①과 같은 동그라미 안의 숫자, 가운데점(·)은 사용하지 말아야 합니다. 이런 것들은 모두 한국어 환경 이외에서는 문자가 깨지는 경우가 많습니다. * 또는 ?, : , ( ), 그림문자도 전각으로 입력하면 문자가 깨집니다.

메일뿐 아니라 워드나 엑셀, 파워포인트 등의 애플리케이션에서도 한국어 환경이 아니어도 파일을 열어볼 수는 있지만 전각숫자는 모두 문자가 깨집니다. 평소 영문숫자는 반각(半角)숫자로만 입력하는 습관을 들여놓는 것이 좋습니다.

또한 한국어 Acrobat로 작업한 PDF파일은 가령 영문이라 하더라도 영어 Acrobat에서는 제대로 열리지 않는 경우가 많으므로 주의를 요합니다.

한국어와 영어를 하나의 메일에 같이 쓸 경우에도 한국어 환경에서는 모두 보이지만 영어 환경에서는 한국어 부분은 모두 글자가 깨집니다.

● 강조하고 싶을 때

강조하고 싶은 부분은 아래와 같이 대문자로 하거나 ** 또는 _ _ 로 표시합니다.

Please keep this CONFIDENTIAL. (이것은 극비로 취급해 주십시오)
This is for members *only*. (이것은 회원에게만 보내는 것입니다)
I'll need the report by _10 a.m. Monday _. (보고서는 월요일 오전 10시까지 필요합니다)

● 모두 대문자/소문자로 쓰는 것은 피한다

가끔 메일 문자를 모두 대문자로 적어 보내는 사람이 있는데 이것은 소리를 지르며 말하는 것과 같습니다. 무의식 중에 귀를 막고 싶어지기도 하거니와 대단히 읽기 힘듭니다. 대문자 사용은 강조하고 싶은 부분에만 한정하는 것이 좋습니다.

이것은 제가 실제로 한 미국인에게서 받은 메일입니다.

> MITSY,
> THANK YOU FOR THE MESSAGE.
> AS YOU'VE NOTICED, NOTHING HAS CHANGED ON THE GN-SITE, SINCE OUR LAST MESSAGE EXCHANGED; THE REASON IS THAT I'M STILL EXPECTING CERTAIN FEEDBACK FROM BILL. WHEN I HAVE IT, THE SITE AND THE ARTICLE FOR THE SITE WILL BE READY INSTANTLY.
> BEST REGARDS,
> JAMES
> (메일 고마웠습니다. 아시다시피 지난번에 연락을 주고받은 후 GN사이트에는 아무런 변화도 없습니다. 이것은 아직 BILL에게서 피드백을 기다리기 때문입니다. 피드백을 받으면 사이트와 사이트에 관한 원고는 즉시 준비하겠습니다. 제임스로부터)

이와 반대로 소문자만으로 적은 것도 읽기 힘듭니다. 프로페셔널한 인상을 주지 못하며 「나」라는 의미의 I가 소문자 i가 되면 연약한 인상을 받습니다.

실제로 필자 주변에는 소문자만 사용해서 메일을 쓰는 미국인이 여러 명 있는데 뭔가 특별한 이유가 있나 해서 물어본 결과 매번 Shift 키를 누르는 것이 번거롭기 때문이라는 것입니다. Shift 키를 누르는 수고를 덜고자 한 것이 상대방으로 하여금 메일을 읽지 않게 하거나 나쁜 인상을 주게 되면 어떻게 하시겠는지요?

> mitsy,
>
> thank you for the message.
>
> as you've noticed nothing has changed on the gn-site,
>
> since our last message exchanged; the reason is that I'm still expecting certain feedback from bill. when i have it, the site and the article for the site will be ready instantly.
>
> best regards,
>
> james

05 맺음말

일반적으로 편지에 사용되는 Sincerely나 Very Yours 등의 격식을 차린 맺음말은 그다지 사용하지 않고, Thanks, Best Regards 등 간단한 맺음말을 사용합니다. 「뭔가 적지 않으면 안 된다」고 생각하는 사람이 많겠지만, 아무것도 적지 않아도 결례는 되지 않습니다.

Best Regards   Best Wishes
Regards   Thanks

Cheers (영국 영어권에서 사용됨)

Have a nice/good/great/wonderful day!
Have a nice/good/great/wonderful weekend!

Good luck! (행운을 빕니다!)
All the best! (건강히!)
Continued success (성공이 거듭되길 빕니다)
Best wishes for continued success (성공이 거듭되길 빕니다)

● 친한 상대에게

Bye for now (그럼 이만)   Talk to you later (나중에 연락하게)
Talk to you soon (곧 연락하게)   Take care (몸 건강히)

06 서명 (Signature)

편지에 사인하듯이 E-mail에도 최근 서명(Signature)을 넣는데, E-mail에서는 자신의 이름, E-mail주소, 직위나 부서, 회사명, 회사주소, 전화번호, 홈페이지 주소 등을 기입합니다. 대부분의 메일러에서는 서명 파일을 자동으로 삽입하도록 설정되어 있습니다.

또한 외국으로 보내는 메일에는 전화번호나 팩스번호는 국가번호부터 넣는 것이 좋습니다.

> Mitsuyo Arimoto　info@getglobal.com
> GlobalLINK Consulting Group　http://www.getglobal.com
> 5001 Birch St., Newport Beach, CA 92660 U.S.A.
> +1-949-851-8468　Fax +1-949-851-1938

Signature는 비즈니스용(회사 연락처를 기입한 것), 개인용, 메일링 리스트용, 국내용, 해외용 등 여러 개를 만들어 두면 편리합니다. 필자의 경우 선전문이 들어간 것 등 10가지 정도로 구분하여 사용합니다.

07 첨부파일 (Attachments)

첨부파일의 이름을 한글로 붙이면 영어 환경에서는 문자가 깨지므로 파일명은 영문으로 해야 합니다.

송부처가 기업이면 최근에는 대부분 브로드밴드를 사용하기 때문에 여러 개의 MB 파일을 보내도 문제가 없습니다. 하지만 출장지에서 다이얼 업으로 메일을 읽을 경우도 있으므로 큰 파일은 나눠서 보내거나 압축해서 보내는 등 궁리를 합니다. 해외에서는 아직도 다이얼 업 환경으로 접속하는 사람이 많습니다. 큰 파일을 보낼 때는 우선 상대방에게 보내도 좋은지를 확인하는 것이 좋습니다.

또한 부탁하지도 않았는데 불필요한 파일을 보내는 것은 삼가는 것이 좋습니다. 어떤 기업의 메일시스템은 회신할 때 받은 첨부파일을 그대로 첨부하도록 설정하고 있어서 같은 건으로 주고받으면 같은 파일이 몇 번이나 첨부되어 옵니다.

---

column

불쾌한 첨부파일

천체사진 찍기가 취미인 친구는 부탁하지도 않았는데 자기가 찍은 사진(대용량 파일)을 자주 보내줍니다. 사무소나 자택이라면 브로드밴드라 문제가 없지만(주로 열지도 않고 버립니다만) 출장 갔을 때는 호텔 방에서 다이얼업으로 접속하는 경우가 대부분입니다. 액세스 포인트에서 떨어진 장소에 있는 호텔에서는 막대한 장거리 전화요금을 부담해야 하는 경우가 종종 있습니다. 참구하던 끝에 「번거로우니까 사진을 보여주고 싶으면 웹 사이트에 게재해서 링크만 걸어주면 어떻겠습니까?」하고 제안했습니다. 그랬더니 그는 사이트에 사진을 게재한 후 링크만 보내줬습니다. 물론 저는 전혀 흥미가 없으므로 보지 않았습니다. 부탁하지 않았는데 취미로 보내는 메일은 삼가합니다.

08 네티켓 (Netiquette)

오프라인 세상에 에티켓이 있듯이 네트워크상에는 네티켓이 있으며 이것을 netiquette (net + etiquette)이라고 합니다.

제일 중요한 것은 컴퓨터를 마주하고 있더라도 상대편은 인간이라는 것을 잊어서는 안 된다는 것입니다. 특히 외국인과 메일을 주고받을 경우는 문화, 습관, 종교, 사고방식 등이 크게 다른 상대방과 커뮤니케이션할 가능성이 높기 때문에 더욱 배려가 필요합니다. 우리나라에서는 결례가 되지 않는 것도 외국에서는 결례가 되는 경우도 충분히 있을 수 있습니다.

● 보내기 전에는 반드시 다시 읽을 것

간단히 쓰자마자 보내는 메일은 편리한 반면 위험도 동반합니다. 보내고 나서 「아차!」 해도 이미 늦습니다. (실은 필자도 가끔 이런 때가 있습니다.)

컴퓨터에다 쓰면 인간미가 없다거나 무례하다는 느낌도 듭니다. 상대방과 얼굴을 맞대고 이야기를 할 때는 말하지 않을 것도 말하게 됩니다. 특히 모국어가 아닌 외국어로 쓸 경우 말의 뉘앙스나 함의(含意)를 몰라 결례를 범할 수도 있습니다. 만약 「좀 지나친 표현이 될지도 모른다」거나 「이런 말을 해도 되는 것인가?」하는 생각이 들면 같은 것을 상대방에게 얼굴을 맞대고 말할 수 있는 것인지를 생각해보고 판단하면 좋을 것입니다.

● 맞춤법 체크

최근 메일러에서는 자동 맞춤법 체크 기능이 있는 것이 늘고 있지만, 그렇지 않은 경우에는 워드 등의 워드프로그램에 오려 붙이기해서 맞춤법을 체크한 후 보내야 합니다.

쓰는 사람이 영어를 모국어로 하지 않는 경우는 상대방도 너그럽게 봐줄 수도 있겠지만 철자가 틀린 메일을 자주 보내면 성의가 없다는 인상을 줍니다.

● 파일 첨부

자신의 컴퓨터가 바이러스에 감염된 것을 모르고 언제나 감염된 메일을 보내는 사람이 있는데 참으로 난감합니다. 특히 비즈니스메일을 감염된 메일로 보낸다는 것은 개인의 능력과 회사의 신용까지 의심하게 합니다.

바이러스는 플로피디스켓 등을 통해 감염되는 것 외에도 워드나 엑셀 같은 문서파일을 열어보는 것만으로도 감염됩니다.

제일 좋은 대처 방법은 바이러스 검사 소프트웨어를 인스톨하고 수신메일, 발신메일을 모두 스캔하도록 설정해 놓는 것입니다. 컴퓨터 바이러스가 만연한 지금 「바이러스 대책 없이 메일을 사용하는 것은 자격 미달이다」고 해도 과언이 아닙니다.

또한 상대방의 메일이나 첨부 파일이 바이러스에 감염된 경우에는 피해를 최소한으로 하기 위해서도 곧바로 알려줍니다.

● 즉시 답장하기

답장은 가능한 1~2일 이내에 보냅니다. 메일은 곧바로 보내지 않으면 계속해서 도착되는 수신메일에 묻혀버리는 경향이 있습니다. 상대방의 질문이나 의뢰에 곧바로 답장할 수 없는 경우에도 상대방의 메일을 받았다고 하는 확인이나 언제쯤 답장할 수 있는지를 전달하는 것이 중요합니다. 메일이 도중에 없어지는 경우도 있으므로 보낸 메일이 반드시 상대방에게 도착되었다고 단정할 수는 없습니다.

고객이나 소비자로부터 대량의 문의를 수신하는 경우 자동응답 메일로 메일을 수신했다는 확인메시지를 보내도록 해야 합니다.

출장이나 휴가 등 장기간 메일을 확인할 수 없는 경우에도 자동응답 메일로 언제부터 언제까지 부재이므로 언제 답장을 보낼 수 있다는 것을 알려주면 좋을 것입니다. 그렇지 않으면 긴급한 용무로 몇 번이나 메일을 보냈는데 연락이 없으면 성의가 없다거나 무례하다는 인상을 주게 됩니다. (자동응답 메일의 문제는 스팸 발신자에게까지 답장이 보내지므로 유효한 메일주소라는 것이 증명된다는 것입니다. 필자의 경우 자동응답 메일을 이용하지 않는 대신 어디에서든 메일을 꼭 확인합니다.)

또한 발신자의 메일을 전혀 인용하지 않고 「알겠습니다」, 「그것으로 좋습니다」라는 답장을 보내오는 사람이 가끔 있는데 이것만으로는 무엇을 알았는지, 무엇이 좋다는 것인지 알 수 없습니다. 사적인 메일이라면 어떨지 모르지만 비즈니스용 메일에는 「말을 했느냐, 안 했느냐」에 따라 계약이나 소송문제로 발전할 수도 있기 때문에 전문이 아니라도 적어도 「무엇을 알았는지」를 알 수 있는 부분만이라도 상대방의 메일을 인용하는 것이 필요합니다.

또한 상대방의 메일을 전문 인용한 경우에는 한 행으로 I agree.(동의합니다) 등을 쓰는 것도 금물입니다. 이것만으로는 무엇에 동의했는지 확실치 않을 뿐 아니라 상대방에게 많은 불필요한 정보를 보내는 것이 됩니다. 「이렇게 인터넷이 보급되었는데 아직도 그런 메일을 보내는 사람이 있는지?」라고 생각하는 사람도 있을지 모르겠지만 실제로 있습니다.

● 프라이버시/저작권에 주의

다른 사람으로부터 받은 메일을 인용하거나 전송할 때는 사전에 본인에게 허락을 받는 것이 필요합니다. 특히 개인 앞으로 받은 메일을 메일링 리스트나 뉴스그룹에 무단으로 게재하는 것은 금물입니다. 고객으로부터 받은 칭찬의 말을 웹 사이트에 게재하는 경우도 마찬가지입니다.

저작권이 있는 것이라도 일부 인용해서 전송하는 것은 허용되지만, 작품을 모두 전재하는 것은 저작권 침해가 됩니다. 인용할 경우에는 반드시 출전을 밝혀야 합니다.

또한 100% 안전하고 비밀이 유지되는 메일시스템은 없습니다. 대개의 경우 메일 관리자가 유저의 메일에 액세스하는 것도 가능하며 사내의 메일시스템이라면 회사측이 모니터하고 있을 가능성도 있습니다. 때때로 근무하고 있는 회사에 대한 통렬한 비판을 회사메일로 보내오는 사람이 있는데, 회사측에서 읽어서 곤란한 내용은 보내서는 안 됩니다.

● **스팸메일은 금지**

스팸은 대개 광고용 메일이지만, 이 밖에도 유사바이러스정보 등이 있습니다. 바이러스정보가 도착했을 때는 다른 사람에게 전송하지 말고 IT 관계자에게 연락하거나 바이러스예방 소프트개발자의 사이트에 들어가서 바이러스정보를 확인합니다.

외국에서는 체인메일도 자주 보입니다. 「이런 메일을 ○사람에게 보내면 행복해진다거나 부자가 된다거나 난치병 어린이를 도울 수 있다」는 등의 내용입니다. 그 중에는 대기업의 이름도 거론한 경우도 있는데, 이러한 체인메일은 절대로 보내지 말아야 합니다.

또한 유머집 등을 부탁하지도 않았는데 종종 보내는 사람도 있는데 어쨌든 불필요한 메일은 보내지 않는 것이 철칙입니다.

질이 떨어지는 유머나 영상을 근무처에서 보내오는 미국인 여성이 있는데 그녀의 메일링 리스트에서 이름을 빼라고 한 적이 있습니다. 업무와 관계 없는 메일은 회사메일을 사용해서 보내지 말아야 합니다.

 02 | 네트워크는 국제사회

「상식」은 그 나라의 문화나 관습에 근거한 것입니다. 당연히 각 나라에는 각각의 「상식」이 뿌리내려져 있습니다. 네트워크상에서도 다른 나라의 사람과 접하게 되면 자신이 평소 당연하다고 생각하던 것이 통하지 않음을 인식해야 합니다. 이것은 서로 다른 문화간의 커뮤니케이션을 성공시키기 위한 첫걸음입니다.

특히 모국어가 아닌 외국어로 문장을 쓸 경우 언어의 뉘앙스나 함의를 몰라 결례가 되는 표현이 될 수 있다는 것을 유의해야 합니다. 극단적인 경우 「차별」로 소송을 당할 수도 있습니다.

01 성별에 주의

● **존칭**

여성의 경우 Ms, Miss, Mrs. 등이 있는데, 미국에서는 여성의 존칭으로 Ms.를 사용하는 것이 무난합니다. 단, 미국에서도 Mrs.는 빈번하게 사용되며 미국 이외에서는 Ms.보다는 Miss나 Mrs.가 일반적입니다. 만약 상대방이 Miss나 Mrs.를 좋아한다면 원하는 대로 바꾸면 좋을 것입니다. 독신이면 Miss라고 생각하는 사람들이 많은데 상대방이 원하는 존칭을 사용하는 것이 원칙입니다.

예를 들어 자신은 Ms.를 좋아하는데 상대방이 Miss. 또는 Mrs.로 보내왔을 경우에는 마지막에 서명을 할 때 (Ms.) Kim이라고 써서 보내면 됩니다.

또한 남녀를 불문하고 박사학위를 받은 사람에게는 Dr. Richardson처럼 Dr.를 사용합니다.

앞에서도 언급했듯이 성별을 모를 경우에는 Dear Pat Shaw처럼 존칭을 붙이지 말고 풀 네임을 적습니다. 우리나라 사람들은 「이름만 쓰는 것」에 대해 상당히 주저하지만 미국 등에서는 편지나 봉투의 수신자란에 존칭을 쓰지 않는 경우가 많으며 결례가 되지 않습니다.

● 지시대명사

옛날에는 he, his, him, himself와 같은 대명사가 남녀를 불문하고 존칭으로 사용되었지만 요즘은 성별이 정해지지 않은 지시대명사 he or she 또는 they를 사용합니다.

Each employee must show his I.D. when he enters the building.
➡ Each employee must show his or her I.D. when he or she enters the building.
(종업원은 각자 빌딩에 들어 올 때 신분증명서를 제시할 것)

하지만 he or she나 him or her를 몇 번이나 반복하면 문장이 복잡해지므로 he나 she를 사용하지 말고 문장을 쓰는 방법도 있습니다.

- 지시대명사를 사용하지 않는다

  Each employee must show an I.D. when entering the building.

- 복수로 사용한다

  Employees must show their I.D. when they enter the building.

- You를 사용한다

  You must show your I.D. when entering the building.

- 명사를 반복하여 사용한다

  Each employee must show the employee I.D. when entering the building.

- 수동태를 사용한다

  I.D. must be shown at the entrance.

● 성별을 나타내는 직위명은 사용하지 않는다

여성의 사회 진출이 많은 요즘 chairman이나 businessman처럼 -man으로 끝나는 단어를 사용하는 것은 시대에 뒤떨어집니다. (물론 특정 남성을 가리킬 때 사용하는 것은 괜찮습니다.) 다음과 같이 성별을 한정하지 않는 단어를 사용합니다.

businessman	➡	business person, business executive (사업가)
cameraman	➡	photographer (사진가)
chairman	➡	chair, chairperson (의장)
Congressman	➡	Representative (미국하원의원), Senator (미국상원의원)
draftsman	➡	drafter (제도관)

fireman	➡	firefighter (소방관)
foreman	➡	supervisor (감독자)
mailman	➡	mail carrier (집배원)
man-hours	➡	work hours, human hours, hours of labor (노동시간)
mankind	➡	humankind, humanity (인류)
manpower	➡	personnel, employees (종업원)
policeman	➡	police officer (경찰관)
postman	➡	mail carrier (집배원)
repairman	➡	service technician, repair person (수리공)
salesman	➡	salesperson, sales representative (판촉사원; 줄여서 sales rep.)
salesmen	➡	salespeople, sales representatives (판촉사원)
spokesman	➡	spokesperson (대변인)
stewardess	➡	flight attendant (승무원)

우리말에서도 「여사장」, 「여의(女醫)」 등과 같은 표현이 있지만, 굳이 「女~」라고 붙일 필요는 없습니다. 필요한 경우가 아니면 그 사람의 성별은 표시하지 않습니다.

Our female manager will be visiting you. ➡ **Our manager will be visiting you.**
(당사의 여성 매니저가 방문합니다.) (당사의 매니저가 방문하겠습니다.)

female engineer ➡ **engineer** (엔지니어)
woman doctor ➡ **doctor** (의사)
lady driver ➡ **driver** (운전사)

여성에게 「젊다」, 「예쁘다」, 「차밍하다」라는 형용사를 붙일 필요는 없습니다. 성별을 불문하고 비즈니스 세계에서 사람의 용모를 언급하는 것은 적절하지 않습니다. 자칫 잘못했다간 성희롱으로 비약될 수 있습니다.

charming secretary (매력적인 비서) ➡ **secretary** (비서)
young woman (젊은 여성) ➡ **woman** (여성)
pretty woman (예쁜 여성) ➡ **woman** (여성)

아래와 같이 관리직이나 초대 손님은 모두 남성일 것 같은 표현에도 주의합니다.

managers and their wives (매니저와 그 부인)
➡ **managers and their spouses** (매니저와 그 배우자)
guests and their wives (초대손님과 그 부인)
➡ **guests and their spouses** (초대손님과 그 배우자)

또한 성인에 대해 girl을 사용하는 것은 금물입니다. our girls (우리 여자들)은 성차별에 저촉될 수 있으므로 our female employees (당사의 여사원들)로 하거나 our employees (당사의 사원)로 하는 것이 좋습니다.

성차별 표현에 주의

미국에서 인사면접 때 응시자 남성에게 "You're cute" (당신은 귀엽네요)라고 한 일본인 여성이 있었습니다.

성희롱으로 소송을 당하는 것은 남성만이 아닙니다. 대기업에서 50명 이상의 미국인 부하를 둔 친구(일본인 여성)가 해고하려고 했던 남성 사원으로부터 성희롱으로 소송을 당할 뻔했습니다. 클라이언트와 식사를 할 때 그녀가 그에게 의미심장한 태도를 취했다고 인사부에 호소했습니다. 그녀는 영문을 몰랐지만 그것이 해고를 회피하기 위한 남성 측의 예방 수단이었다는 것입니다. 이는 성희롱 불란이 있은 후에 그 남성 사원을 해고하거나 인사이동시키거나 하면 「보복」으로 간주되므로 회사측은 더 이상 그를 해고할 수 없기 때문입니다.

진실이야 어떻든 회사로서는 재판사태로 가고 싶지는 않습니다. 그로부터 몇 개월 전에도 여성 사원이 남성 사원에게 성희롱으로 고소당해 회사가 1,800만 달러의 배상을 한 적이 있습니다. 회사를 지키기 위해 반대로 자신이 해고를 당할까 봐 그녀는 걱정했습니다. 다행히 실적이 좋은 그녀는 해고되지 않고 지나갔습니다만.

이 회사에서는 부하 여직원에게 모두가 보는 앞에서 "You shouldn't be wearing such a low-cut blouse." (그런 가슴 부분이 열린 옷은 입고 오지 말아야 한다)고 주의를 준 남성이 성희롱으로 해고된 적이 있습니다. 그 남성은 「그런 복장은 직장에서는 안 어울린다」고 말한 것인지 모르지만 고려되는 것은 발언자의 의도가 아니라 듣는 사람의 인식(가슴을 봤다)인 것입니다.

칭찬하는 말이라면 괜찮지만 "You're looking good." (멋지군요), "You have nice legs." (예쁜 다리군요) 등 용모에 대해 언급하는 것은 금물입니다. "That's a nice dress." (멋진 드레스군요), "That looks good on you." (그거 잘 어울려요) 처럼 복장을 칭찬하는 것도 입장이나 상황에 따라 다르겠지만 피해야 합니다.

02 그 밖의 차별표현에 주의

이러한 배려는 성별뿐만 아니라 연령, 인종, 장애 등에 관해서도 이루어져야 합니다. 꼭 필요하지 않은 한 언급할 필요는 없습니다.

예를 들어 아래와 같이 메일이 남아있으면 다른 건으로 고용차별로 소송 당했을 때 차별적 관행이 있었다는 증거가 될 수 있습니다.

Isn't the rent lower because it's a poor, predominantly black area?
Can we get qualified applicants there?
(가난하고 흑인이 사는 지역이기 때문에 임대료가 싸지 않습니까? 그 지역에 조건에 맞는 응모자가 있겠습니까?)

영어권에서는 비차별적 표현을 politically correct (PC) expressions라고 부르며 주의를 기울이고 있습니다.

black salesperson (흑인 판매원)	➡	salesperson (판매원)
older manager (년배의 매니저)	➡	manager (매니저)

blind speaker (맹인 강연자) ➡ speaker (강연자)
short teacher (키가 작은 교사) ➡ teacher (교사)

장애를 가진 사람의 표현에는 아래와 같이 politically correct의 표현이 있습니다.

blind ➡ visually impaired/challenged, a person with visual impairments (시각장애자)
deaf ➡ hearing impaired/challenged, person with hearing impairments (청각장애자)
dumb ➡ speech impaired/challenged, person with speech impairments (언어장애자)
handicapped ➡ disabled, physically challenged, person with a disability (신체장애자)

질문내용에 주의

만남 사이트라면 모를까 비즈니스메일에서 "How old are you?" (몇 살입니까?), "What is your height and weight?" (신장과 체중은?), "Are you good looking?" (잘 생겼습니까?), "Are you married?" (결혼했습니까?), "Do you have a boyfriend (girlfriend)?" (남자친구〈여자친구〉는 있습니까?)라는 질문은 절대 해서는 안 됩니다. "Are you black?" (흑인입니까?), "Are you white?" (백인입니까?) 등도 마찬가지입니다.

종교도 대단히 민감한 테마이므로 피하는 것이 무난합니다. 세상에서 종교의 대립에 의한 많은 분쟁이 일어나는 것을 보면 알 수 있듯이 종교라는 것은 전쟁으로 발전할 정도로 복잡한 테마입니다. "Are you Muslim?" (이슬람교도입니까?), "Do you believe in God?" (신을 믿습니까?) 등의 질문은 하지 않는 것이 좋습니다. 〈꼭 알고 싶다면, "Do you believe in any particular religion? (특정 종교를 믿습니까?)라고 물어보면 됩니다〉.

막 알게 된 사람에게 특히 거래처 담당자에게 개인적인 것은 묻지 않는 것이 철칙입니다.

03 | 효과적인 E-mail 작성법

01 영문 E-mail 작성법

메일을 쓰기 전에 우선 아래의 3가지를 명확히 할 필요가 있습니다.

(1) 왜 그 메일을 써야 하는가?
(2) 누구에게 쓰는 것인가?
(3) 그 메일로 상대방에게 무엇을 원하는가?

이와 같은 것이 명확해지면 전달하고자 하는 포인트를 확인하고 중요한 용건을 적습니다. 그리고 그 포인트를 뒷받침하는 사실과 실례를 듭니다. 상대방으로부터 답장이나 어떤 행동을 구하고자 할 경우에는 그 취지를 서두에 전합니다. 마지막에 반복하여 재촉해도 좋겠지요. 가능한 한 구체적으로 답장을 원하는 날짜를 전하고 상대방이 반응하기 위한 인센티브를 적용하면 좋습니다.

02 간결하고 효과적인 영문을 쓰는 요령

곧바로 용건으로 들어가거나 중요한 내용부터 먼저 씁니다.

- 계절인사나 근황보고 등을 길게 쓰지 말고 곧바로 용건으로 들어가서 중요한 사항부터 적습니다. 메시지가 길어져 읽는 사람이 화면을 스크롤해야 하는 경우라도 가장 중요한 부분은 첫 화면에 보이도록 합니다. 편지와 마찬가지로 「근계(謹啓)」나 「전략(前略)」부터 시작하여 계절인사를 쓰는 사람이 종종 있는데 이것은 적절하지 않습니다. (이러한 사람의 메일은 대개 길고 매번 4~5번 스크롤하지 않으면 전부 읽을 수 없습니다.)
- 「안녕하세요」, 「잘 지내십니까」 등의 상투어는 필요 없습니다.
- 메일 서두에 자신의 이름을 대는 사람이 많으며 또 그것을 규칙으로 한 메일링 리스트도 있지만 처음 메일을 보내는 상대가 아닌 외국으로 보내는 메일에는 서두에 자신의 이름을 적을 필요는 없습니다.

〈좋지 않은 예〉
Hello, this is Hong Jeong-min from ABC Company.
Thank you for your continuous patronage.
It's been hot and humid here.
I hope you're having a nice summer in Seoul.
Regarding the proposal, I discussed it with my boss.

〈좋은 예〉
I discussed the proposal with my boss.

● 단락은 짧게

- 줄을 바꾸지 않은 텍스트는 한눈에 읽고 싶은 마음이 없습니다. 화면을 스크롤하지 않아도 읽을 수 있는 문장으로 3단락 이내가 이상적입니다. 가능한 짧은 단락으로 나누는 것도 요령입니다. 설령 하나의 내용이라도 길어질 때는 단락을 나누는 것이 좋습니다.

● 항목별로 쓰기

- 같은 단락에 서로 다른 내용이 들어 있을 경우 항목별로 쓰면 읽기 쉽습니다. 그럴 경우 문장(동사)과 구(句)를 혼합하지 말고 그 중 한 가지로 통일합니다.
- 한국어 환경에서 입력한 가운데 점(· bullet)은 한국어 환경 이외에서는 문자가 깨지므로 하이픈 (– hyphen), 별표(* asterisk)를 사용합니다.

〈나쁜 예〉
- Compile Data
- Data Analysis
- Write a Report.

〈좋은 예〉
- Compile Data / Data Compilation
- Analyze Data / Data Analyzing
- Write a Report / Report Writing

- 순서를 강조할 경우에는 번호를 사용합니다.

    How to install the browser (브라우저 인스톨 방법)
    1) Insert CD-ROM into your disk drive. (CD-ROM을 디스크드라이브에 삽입)
    2) Click on the Start icon and select Run. (시작을 클릭해서 Run을 선택)
    3) Type d:/setup.exe and click OK. (d:/setup.exe로 입력한 후 OK를 클릭)
    4) Follow the on-screen instructions to install the browser.
        (화면의 지시에 따라 브라우저를 인스톨)

- 메시지가 길 경우에는 각 패러그래프에 표제(heading)를 붙입니다.

    〈Newspapers〉

    〈Magazines〉

스파게티 메일은 금물

실리콘밸리에서 소프트웨어 개발회사를 경영하고 있는 필자의 지인은 줄줄이 이어진 메일을 「스파게티 메일」이라 칭하고 사원에게 「스파게티 메일을 보내지 마세요」라고 지도한다고 합니다. 그는 「스파게티 메일을 보내면 상대방으로부터도 스파게티 메일만 옵니다」라고 합니다.

필자의 클라이언트 중에도 아주 긴 스파게티 메일을 보내오는 사람이 있습니다. 언제나 간결한 메일을 보내는 미국인도 A씨에게 답장을 쓸 때는 왠지 스파게티 메일을 보내게 된다고 합니다. 게다가 A씨에게 묻고 싶은 것은 한 개로는 만족할 수 있는 답장이 오지 않습니다.

줄줄이 쓰기 때문에 포인트를 알기 어렵습니다. 심지어 (무엇이 질문인지조차 알 수 없습니다.) 원래 그런 메일은 열어보는 순간 읽고 싶은 마음이 사라집니다.

필자는 그런 A씨의 영문메일을 미국인에게 보낼 때는 사전에 편집하도록 권합니다. 우선 단락을 나누고 각 문장을 가능한 짧게 씁니다. 그리고 여러 개의 주제가 있을 경우에는 여러 통의 메일로 나눕니다. 편집해 보면 A씨의 메일은 대개 3분의 1 내지 2분의 1로 줄어듭니다. 그만큼 쓸 데 없는 내용이 많았던 것이지요.

이러한 사람은 영어 실력을 운운하기에 앞서 문장력, 커뮤니케이션 능력에 문제가 있습니다. 「상대방이 답장을 안 보낸다거나 나의 영어가 통하지 않은 것인가?」라고 고민하기 전에 우선 자신의 커뮤니케이션 능력을 되돌아 볼 필요가 있습니다.

● 답장을 받기 위해서는?

「메일을 보냈는데 답장이 안 온다. 나의 영어가 통하지 않은 것인가?」라는 말을 자주 듣습니다. 앞에서 언급했듯이 줄줄이 이어진 문장을 쓰면 포인트가 흐려져 요점이 상대방에게 전달되지 않습니다. 실제로 무엇이 질문인지, 무엇을 의뢰한 것인지를 잘 알 수 없는 문장을 자주 봅니다.

용건은 무엇인지, 상대에게 무엇을 바라는 것인지, 언제까지 필요한 것인지를 명확하게 서술하는 것이 포인트입니다. 왜 그것이 필요한지, 왜 서두르는지도 덧붙여서 상대방의 행동을 재촉하는 것이 좋습니다.

- 답장을 원하는 취지를 서두에 명기합니다. 문장 끝에 반복해도 좋습니다.
- 한 마디로 대답할 수 있도록 질문하고 긍정문이 아닌 의문형으로 묻습니다.

  I'd like to know when you can send. (언제 발송하는지 알고 싶습니다.)
  ➡ When can you send it? (언제 발송하십니까?)
  Let me know whether you can make the deadline or not. (기한에 맞출 수 있는지 알려주십시오.)
  ➡ Can you make the deadline? (기한에 맞출 수 있습니까?)

- 언제까지 회신이 필요한지 구체적인 일시를 명기합니다.

  Pls let me know by Monday at 9 am, Korea Time. (한국시간 월요일 오전 9시까지 알려주십시오.)
  I need your response no later than October 8, KST. (한국시간 10월 8일까지 연락을 주십시오.)

- 상대방이 회신하는 데 충분한 정보를 제공합니다.
- 기일까지 회신을 받지 못할 경우 생길 수 있는 불편함을 덧붙입니다.
- 신속한 회신에 미리 감사하거나 기대감을 서술합니다.

  .... Thank you for expediting the process. (빨리 진행해 주셔서 고맙습니다.)
  .... We welcome your contributions. (공헌해 주시면 고맙겠습니다.)

● 간결한 표현 사용하기

쓸 데 없이 긴 문장은 피하고 가능한 한 간결한 표현을 사용합니다. 한마디로 표현할 수 있는 말을 일부러 길게 표현할 필요는 없습니다. 또한 명사보다 동사를 사용하는 것이 임팩트가 강합니다.

perform analysis → analyze, make a decision → decide, make a choice → choose, place emphasis on → emphasize를 사용합시다.

It was found that..., It was believe that..., It should be noted that..., It is recommended that..., It is imperative that..., It must be remembered that...에서와 같이 it으로 시작하는 문장에서 중요한 것은 that 이하이기 때문에 대개 it ... that을 생략하고 간소화할 수 있습니다. There is/are도 의미가 없는 약한 표현이므로 역동성 있는 동사를 사용해서 바꾸어 쓰는 것이 좋습니다.

It is our belief that ... (저희들이 믿는 것은 ...)
➡ We believe that ... (...라고 믿습니다)

It is with regret that this letter is written to inform you ...
(유감입니다만, 당신에게 ...을 알리기 위해 본 서신을 보내드립니다.)
➡ I regret to inform you ... (유감입니다만, ...을 알려드립니다.)

According to the study, it was revealed ... (조사에 의하면 ...라는 것이 판명되었습니다.)
➡ The study revealed ... (조사에 의해 ...가 판명되었습니다.)

There are some stores that discount the price.
(가격을 할인해 주는 가게가 몇 곳인가 있습니다.)
➡ Some stores discount the price. (가격을 할인해 주는 가게가 몇 곳 있습니다.)

〈나쁜 예〉
We conducted an investigation on the accident
and we had a discussion about the preventive measure.
I'd like to bring to your attention that safety is the top priority in our plant.

➡ 〈좋은 예〉
We investigated the accident and discussed the preventive measure.
I'd like to remind you that safety is the top priority in our plant.
(사고에 대해 조사하고 나서 방지책에 대해 상의하겠습니다. 저희 공장에서는 안전이 제일이라는 것을 다시 한 번 말씀드립니다.)

〈나쁜 예〉
It is with regret that we have to inform you that MX123 has been found defective.
There are some parts that could create a fire hazard.
It is our belief that we should supply only products of the highest quality.
May I ask that you return the product to us at your earliest convenience?

➡ 〈좋은 예〉
We're sorry to inform you that MX123 has been found defective.
Some parts could create a fire hazard.
We're committed to supplying only products of the highest quality.
Could you please return the product to us as soon as possible?
(유감입니다만 MX123에 결함이 있었음을 알려드립니다. 화재의 원인이 되는 위험을 동반하는 부품이 있습니다. 당사에서는 최고 품질의 제품을 제공하는 데 전력을 다하고 있습니다. 즉시 반품 가능한지요?)

● 옛스러운 표현은 피하자

유럽이나 아시아에서는 미국보다 옛스러운 표현이 사용되는 일이 많은데 네이티브 스피커가 사용한다고 해서 반드시 모범적인 표현이라고 단정지을 수는 없습니다.

acknowledge receipt of ...(받았습니다), attached please find ...(첨부했습니다), be advised that...(알려드립니다)와 같은 긴 문장은 피하고 received, attaching 등의 간결한 표현을 사용합시

다. Please kindly send it back에서 사용되는 kindly도 일부 나라에서는 여전히 사용되지만 불필요합니다.

⟨나쁜 예⟩

We acknowledge receipt of your order. (주문 감사합니다.)
Attached please find our shipping schedule. (발송 예정표를 첨부했습니다.)
Be advised that shipment will be made in poly drums. (폴리드럼에서 출하하겠습니다.)
Thank you for your kind business. (거래해 주셔서 감사합니다.)

➡ ⟨좋은 예⟩

Thank you for your order. (또는 We received your order.)
I'm attaching shipping schedule. (또는 Shipping schedule is attached.)
Shipment will be made in poly drums.
Thank you for your business.

acknowledge receipt of … (~을 받음) ➡ received, Thank you for
attached hereto (여기에 첨부한 것은) ➡ attached, (I'm) attaching
attached please find (첨부했으므로 받아주십시오) ➡ attached, (I'm) attaching
be advised that … (알려드립니다) ➡ 불필요
if you will be kind enough to … (친절하게도 …해 주신다면) ➡ please
pursuant to your request (의뢰에 따라) ➡ at your request
Please don't hesitate to call me. (주저하지 마시고 전화 주십시오) ➡ Please call me.

● 간단한 단어를 쓰자

어려운 단어를 피하고 가능한 한 짧은 단어를 씁니다. 영어를 모국어로 하지 않는 사람이 사전에서 찾은 어려운 단어를 사용하는 경향이 많습니다.

「나쁜 예」에 있는 concerning이나 regarding은 개개의 경우 about이나 on으로도 충분합니다. inform이나 advise, notify는 가장 많이 활용되고 있는 단어이지만, 이러한 단어는 논문이나 보고서라면 모를까 일상적인 메일에서는 너무 딱딱한 표현이 됩니다. tell, say, let me know와 같은 말로 충분합니다.

⟨나쁜 예⟩

We've changed the product design in conformity with your request.
(요청하신 대로 제품 설계를 변경했습니다.)

Please notify me of your frank opinion concerning the new design.
(새로운 디자인에 대한 감상을 말씀해 주십시오.)

We thank you for your attention to this matter and your prompt reply would be appreciated. (빠른 답변을 기다리겠습니다.)

➡ 〈좋은 예〉
We've changed the product design at your request.
Please let me know what you think of the new design.
I look forward to hearing from you soon.

● 문장의 구성을 간단하게

문장은 될 수 있으면 단문을 사용합니다. 접속사로 문장을 연결해서 하나의 문장에 여러 개의 내용을 넣는 것이 아니라 하나의 문장에 하나의 내용을 넣는 것이 알기 쉬운 문장이 됩니다.

우리말로 하나의 문장이라고 해서 영어로도 한 문장으로 표현해야 된다는 것은 아닙니다. 하나하나의 문장과 단어를 영어로 치환하는 것이 아니라 전달하고 싶은 내용을 치환하도록 합시다. 특히 메일은 회화체에 가깝기 때문에 문장이 짧을 수록 읽기 편합니다.

우리말로 작성한 문장을 영어로 번역하면 단어는 영어라도 원래 의도했던 점이 전달되지 않거나 오해를 살 때가 있습니다. 처음부터 영어로 적는 것이 이상적입니다. 문장의 단어를 영어로 치환하는 것이 아니라 전달하고 싶은 내용을 영어로 전달하기 위해서는 어떻게 표현하면 좋을지 생각해야 합니다.

또한 결례가 되지 않을까 너무 신경을 쓴 나머지 불필요한 서론을 넣거나 간접적인 표현을 사용하여 긴 문장이 되어 결국 말하고자 하는 요점이 상대방에게 전달되지 않는 경향도 있습니다. 일단 문장을 쓰고 나면 나눌 수 있는 표현은 없는지 몇 번이라도 추고하는 것이 좋습니다.

May I ask that you return the attached form by Friday.
➡ Please return the attached form by Friday.
　　(첨부 용지를 금요일까지는 회신해 주십시오.)

We postponed the event. The reason is that ...
➡ We postponed the event because ...
　　(…때문에 이벤트를 연기했습니다.)

〈나쁜 예〉
I sent you an e-mail which showed their forecast for next quarter.
I intend to have a negotiation regarding the price next week.
and I also want to ask them the possibility of changing the terms.
I'd like to ask you to wait to finalize your production plan for a while.

➡ 〈좋은 예〉
I e-mailed you their forecast for next quarter.
　(다음 4분기의 예측을 메일로 보냈습니다.)
I'm going to negotiate the price and the terms next week.
　(다음주에 가격과 여러 조건에 대해 협의하겠습니다.)
Could you wait before finalizing your production plan?
　(생산 계획을 완성시키는 것을 기다려 주시겠습니까?)

● 케이스 스터디

다음의 〈나쁜 예〉를 보면, 단 1줄로 표현할 수 있는 것을 여러 줄에 걸쳐 쓴 것을 알 수 있습니다.

I will inform you ...라는 표현은 「연락처를 알려드리겠습니다」를 직역한 것인지, 이 표현에서는 「나중에 연락하겠다」는 의미가 포함되어 있지만 곧바로 번호를 알려주고 있습니다. 그렇다면, My fax number is ...로 충분합니다.

「국가번호를 붙이고 지역번호의 0은 생략한다」 등의 복잡한 설명은 하지 말고 〈좋은 예〉와 같이 외국에서 다이얼하는 방법을 전달하는 것이 좋습니다.

불필요한 내용이 많을 수록 전달하고자 하는 포인트는 흐려지게 됩니다.

〈나쁜 예〉

I will inform you of my fax number.
Please send the documents to me by fax.
My fax number: 03-1234-5678
When you dial the number, please add the country code and omit the first 0.

➡ 〈좋은 예〉

Please fax me the documents at +82-2-1234-5678
(82-2-1234-5678로 그 서류를 팩스로 보내주십시오.)

● 표현은 적극적으로!

부정적인 표현은 피하고 적극적인 표현을 사용합니다. 대개의 경우는 적극적인 톤에 호의적으로 반응하므로 원하는 반응을 이끌어내기 쉽습니다. 「할 수 없는 것」보다 「할 수 있는 것」(그리고 실제로) 하는 것」에 초점을 맞춥니다.

never, not, none이나 아래와 같은 소극적인 표현은 가능한 한 피합니다.

- You failed to let us know ... (....을 알려드리지 못했습니다.)
- That was the wrong strategy. (전략이 잘못되었습니다.)
- Unless you pay on time ... (기일대로 지불하지 않으면)
- The error was yours. (실수를 범한 것은 그쪽입니다.)
- You claim that the shipment was late. (선적이 늦었다고 말씀하십니다만.)
- You neglected to maintain accurate records. (당신은 정확한 기록유지를 소홀히 했습니다.)
- Lack of management support resulted in the project failure.
  (경영진에 의한 지원을 받지 못해 프로젝트는 실패했습니다.)

소극적인 표현	적극적인 표현
I can't attend the meeting. 회의에는 출석할 수 없습니다.	➡ I wish I could attend the meeting. 회의에 출석했으면 좋겠습니다만.

We can't ship your order until April 20.　➡　We'll ship your order on April 20.
4월 20일까지 주문품을 발송할 수 없습니다.　　주문품은 4월 20일에 발송하겠습니다.

We can't complete the report without　➡　We can complete as soon as we
further information from you.　　　　　　receive further information from you.
재차 정보를 주시지 않으면 보고서를 완성할 수 없습니다.　재차 정보를 주시는 대로 보고서를 완성할 수 있습니다

We can't pay the bill until November 11.　➡　We'll pay the bill in full by November 11.
11월 11일까지 청구 금액은 지불할 수 없습니다.　　청구 금액은 11월 11일까지 전액 지불하겠습니다.

We hope you'll make your payment　➡　We look forward to receiving your
on time.　　　　　　　　　　　　　　　payment.
기일대로 지불을 부탁드립니다.　　　　　　지불을 기대합니다.

● 상대방을 질책하지 않도록 한다

You made an error in your report.　➡　There was an error in the report.
당신은 보고서에 실수를 범했습니다.　　보고서에 미스가 있습니다.

You didn't make your payment on time.　➡　The payment was not received on time.
당신은 기일대로 지불하지 않았습니다.　　　지불이 기일대로 이루어지지 않았습니다.

● 케이스 스터디

이것은 외국과의 중학생 교환 프로그램에 관한 facilitator의 메일인데 상대방의 리더가 혼자 사는 여성(Janice)이어서 리더로는 여성을 희망한다는 의뢰에 대해 남성 리더(Ken)가 선출된 것을 전달하는 회신입니다.

〈소극적인 예〉에서는 사과 중심의 영문으로 희망을 들어주지 못한 점, 할 수 없었던 점 등 마이너스적인 부분이 보입니다.

한편 〈적극적인 예〉에서는 선출된 남성 리더가 얼마나 우수하고 적임자인지에 초점을 맞추고 있습니다. 상대방에게 물건을 팔거나 상대방을 설득시키고자 할 경우 상대에게 있어서 좋은 점을 강조하고 적극적인 메일을 보내는 것이 성과를 얻는 비결입니다.

〈소극적인 예〉

We had a meeting tonight and unfortunately a male candidate was chosen.
I'm sorry we cannot find a female leader.
I hope this is not too much inconvenience.
Thank you for your understanding.
(오늘 밤 미팅이 열렸는데 유감이지만 남성 후보자가 선출되었습니다. 여성 리더를 찾을 수 없어서 죄송합니다. 이점 대단히 폐가 되지 않으면 좋겠습니다. 당신의 이해에 감사드립니다.)

〈적극적인 예〉

The meeting was very successful and although we tried to be sensitive to Janice's request for a female partner, Ken, the male candidate who was chosen, is exceptional.

He immediately gained the trust and confidence of parents – he has experience facilitating interchanges and has traveled abroad extensively. Please assure Janice that because she got along so well with Tom, I'm confident she will embrace Ken. The group's optimism restored and everyone is anxious to move forward.

(미팅은 매우 잘 진행됐습니다. 여성 파트너를 희망하는 Janice의 요청을 배려했습니다만 선출된 Ken이라는 남성은 멋진 사람입니다.
Ken은 부모님의 신용과 신뢰를 금방 얻었습니다. 그는 교류의 facilitator를 맡은 경험이 있고 외국 여행 경험도 풍부합니다. Janice에게는 Tom과 잘했으므로 Ken과도 잘할 것이라고 전해 주십시오.
그룹에는 낙관적인 분위기가 감돌아 모두 전진하고 싶어합니다.)

● 본인(I) 중심이 아니라 상대(You) 중심으로

I want..., We need..., I can't..., We think..., Our...처럼 「저(저희)」만 나열하는 것이 아니라 You'll find..., You'll notice..., You'll see..., You'll enjoy처럼 "You"를 사용하여 상대방 중심의 표현을 사용합니다.

〈나쁜 예〉

I am unable to handle your inquiry, so I've forwarded it to our sales manager, Shigeo Matsuura. I'm sure he'll be able to handle it.

(당신의 문의는 제가 처리할 수 없어서 영업 매니저인 마쯔무라 시게오에게 전달했습니다. 마쯔무라가 처리해 드릴 것입니다.)

➡ 〈좋은 예〉

Thank you for your interest in our products. The attached brochure should answer many of your questions. If you'd like more information, please contact our sales manager, Shigeo Matsuura, at shigeo@getglobal.com.

(당사의 제품에 관심을 가져 주셔서 고맙습니다. 동봉한 팜플렛으로 의문점에 많은 이해가 되리라 생각됩니다. 더 자세한 내용을 원하신다면 영업 매니저인 마쯔무라 시게오(shigeo@getglobal.com)에게 연락해 주십시오.)

특히 판매 문장에서는 상대에게 얼마나 메리트가 있는지를 나타낸 상대방의 시점이 필요합니다. (단, 클레임 처리 등의 문장에서는 You가 아니라 I/We 중심으로 할 필요가 있습니다.) I로 시작하는 문장은 아래에서처럼 You로 시작하는 문장으로 바꾸어 쓸 수 있습니다.

I'd like to tell you about our product. 저희 회사의 제품에 대해 설명하겠습니다.	➡ You can learn more about our product at www.getglobal.com. 저희 회사의 제품에 대한 설명은 www.getglobal.com에서 보실 수 있습니다.
I think this is a great opportunity for you. 이것은 당신에게 있어 멋진 기회라고 생각합니다.	➡ How can you pass on an opportunity like this? 이런 기회는 놓치지 마시길!
We approved your application. 당신의 신청을 인정합니다.	➡ Your application has been approved. 귀하의 신청은 수리되었습니다.

문장을 다 썼으면 I, my, me(또는 we, our, us)와 you, your가 몇 번 나오는지 세어보면 좋습니다. I로 시작하는 문장만 나열되어 있으면 일부 고쳐 쓸 것을 권합니다.

● we와 I를 능숙하게 구별해 쓰자

we를 써야 하는지, I를 써야 하는지는 네이티브 스피커도 혼돈할 때가 있는데 기본적으로는 회사의 대표로서 접할 때나 포멀한 톤을 전달하고 싶을 때는 we를 사용하며, 개인의 의견이나 감정을 전달하고 싶을 때나 호의적이고 포멀한 톤으로 하고 싶을 때는 I를 사용합니다.

We are pleased to announce the promotion of Mari Abe to assistant manager.
(Mari Abe의 어시스턴트 매니저의 승진을 알려드립니다.)
I'm happy to hear that you have been promoted to assistant manager.
(어시스턴트 매니저로 승진하셨다고 들어서 기쁩니다.)

예를 들어 We cannot fill your order immediately.(주문품을 즉시 납품할 수 없습니다.)에서 We를 사용하는 것은 "회사 차원"에서 납품할 수 없기 때문입니다. 개인적으로 장사를 하고 있는 것이면 I로 써도 괜찮습니다.

개인적으로「유감」이라는 감정을 넣고 싶다면 I를 쓰고, 사무적으로 회사의 대표로서 유감을 표현하고 싶다면 we를 쓰는 것이 좋습니다.

We regret that we cannot accept the return.
(반품을 받을 수 없는 것이 유감입니다.)
I am sorry that your inquiry was not handled properly.
(고객님의 문의가 제대로 처리되지 않아 죄송합니다)

또한 포멀한 톤으로 하고 싶을 때는 단축형은 사용하지 말고「I am, you are, it is」로 하고 인포멀한 톤으로 하고 싶을 때는「I'm, you're, it's」처럼 단축형을 사용하면 대화하고 있는 듯한 느낌이 듭니다.

03 틀리기 쉬운 표현

다음은 실제로 받은 메일을 근거로 메일 수신자가 그 의미나 뉘앙스를 이해하지 못하고 자주 사용하는 영어 표현을 살펴보겠습니다.

소프트웨어에 설치되어 있는 맞춤법검사 기능 때문에 스펠링 미스는 어느 정도 줄일 수 있지만 주의가 필요합니다.

● 잘못된 단어의 사용

please

「please = 부디 ~해 주세요」라고만 암기해서 please만 붙이면 정중한 표현이 된다고 생각하는데 큰 착각입니다. 분명「부디 ~해 주세요」라는 의미로도 사용하지만 사용하기에 따라 명령의 의미도 됩니다.

〈나쁜 예〉

I'd like your permission to link our home page to yours. Please respond promptly.

➡ 〈좋은 예〉

I'd like your permission to link our web page to yours. I look forward to your favorable reply soon.
(저희 홈페이지에서 귀사의 홈페이지로 링크를 걸어 주세요. 좋은 회신을 기대합니다.)

Please respond/reply promptly.를 사용하는 사람이 많지만 앞의 예문에서처럼 이쪽에서의 의뢰에 대해「즉시 답장을 주세요」(실질적으로는 "즉시 답장을 하라"는 명령)라는 것은 건방지게 들립니다.

몇 번이나 재촉해도 답장이 없거나 항상 답장이 늦는 상대라면 이런 어조도 있을 수 있겠지만, 처음 보내는 메일이나 이쪽에서 의뢰할 경우에는 너무 강합니다.

보통「답장을 주세요」라고 말할 경우에는 아래와 같은 표현을 사용합니다.

I look forward to hearing from you soon.　(빠른 회신을 기대합니다.)
I hope to hear from you soon.　(빠른 회신을 바랍니다.)

또는 특정 기일까지 답장이 필요한 경우에는 구체적인 날짜를 제시해야 합니다.

I'd appreciate it if you could respond by February 8.
(2월 8일까지 답장을 받을 수 있다면 감사하겠습니다.)

또한「please=부디」로만 이해해서 please를 연발하는 사람이 있는데, 예를 들어 무언가를 건네줄 때「여기 있습니다」라고 할 경우에는 Here it is. 또는 Here you go.로 표현하며, please는 사용하지 않습니다.

request, ask

〈나쁜 예〉

This is a request for a sample. We ask you to send it as soon as possible.

➡ 〈좋은 예〉

① **Could you send us a sample by next week?**　(다음 주까지 샘플을 보내주실 수 있는지요?)
② **We'd like a sample. I'd appreciate it if you could send it by next week.**
(샘플을 받고 싶습니다. 다음 주까지 보내주시면 감사하겠습니다.)

많은 사람들이 request나 ask를「부탁하다」라는 의미로 사용하고 있지만 영어에서 I ask/ request you to ...와 같은 표현은 통용되지 않습니다.

× May I request a sample?
× May I request you to send me a sample?
× I ask you to give me your address.
○ Could you (please) give me your address?

○ May I have your address?

request는 우리말의 「리퀘스트」와는 뉘앙스가 다르며 우리말의 「리퀘스트」를 그대로 request로 바꿀 수 있는 경우는 드뭅니다.

× This is a request of an appointment at your company.
○ I'd like to make an appointment to visit your company.
  (귀사를 방문할 약속을 잡고 싶습니다.)
○ I'd like to visit your company.
  (귀사를 방문하고 싶습니다.)

예를 들어 호텔 등에서 금연실을 부탁할 때는 아래와 같은 표현을 사용합니다.

× I'd like to request a non-smoking room.
○ I'd like a non-smoking room. (금연실로 하겠습니다.)
○ Can I get a non-smoking room? (금연실로 할 수 있겠습니까?)
○ Could you give me a non-smoking room? (금연실로 주실 수 있겠습니까?)

또한 request는 ask보다 포멀한 것으로 비즈니스 문서에서는 그다지 사용되지 않습니다. 즉 회화에서 사용되는 일은 없습니다.

또한 demand는 「요구」를 나타냅니다. 아래 문장에서 처럼 request와 demand는 요구의 정도가 전혀 다릅니다.

We cannot accept your demand. (귀사의 요구를 받아들일 수 없습니다.)
We cannot accept your request. (귀사의 의뢰를 받아들일 수 없습니다.)

want, need, require

〈나쁜 예〉
I want to visit your company and I really want to see you. I need to know if I can visit you by next week.

➡ 〈좋은 예〉
I'll be in San Jose the week of May 4. I'd like to schedule an appointment for that week if you are available. I'd appreciate it if you could let me know by next week.
(5월 4일의 주에 산호세에 체재하므로 형편이 되시면 그 주에 약속을 하고 싶은데 다음 주까지 알려주시면 감사하겠습니다.)

친한 상대라면 마지막 문장은 아래와 같이 사용할 수 있습니다.
Could you let me know by next week?

더욱 친한 상대에게는
Will you let me know by next week?

I want to...라는 것은 대단히 무례하고 경우에 따라서는 유치하게 들립니다. 비즈니스 문서에서는 I'd like to...를 사용해야 합니다.

I need...라는 것은 자신이 요구하는 것을 전면에 내세우는 것이며 쓰기에 따라 명령조가 됩니다.

I need your report by Monday.는 상사가 부하에게 사용하면 적절하지만 그렇지 않은 경우에는 아래와 같은 표현을 사용합니다.

Can I have your report by Monday?
Is it possible to have your report by Monday?
(월요일까지는 보고서를 받을 수 있습니까?)

몇 번이나 재촉해도 받을 수 없는 경우에는 I need...도 괜찮습니다.

아래의 순서로 명령의 정도가 높아집니다. (정중함의 정도는 낮아집니다.)
Could you please fill it out?
Would you please fill it out?
Please fill it out.
You need to fill it out.
You must fill it out.

require의 오용도 많이 보입니다만 require를 아래와 같은 형태로 사용하는 경우는 없습니다.

× I require your report by Monday.
× I require you to send me your report
○ You are required to sign up online. (온라인으로 등록할 필요가 있습니다.)
○ Advance payment is required. (선불이 필요합니다.)
○ The law requires that you report any accident to the government agency.
(사고는 모두 정부 당국에 보고하는 것이 법률로 의무화되어 있습니다.)
○ We require every applicant to submit a recommendation letter.
(응모자는 전원 추천서를 제출할 필요가 있습니다.)

또한 require는 need보다 요구의 정도가 더 높아집니다.

you'd better, should

〈나쁜 예〉

He wants to know everything. You'd better send him a copy.
(무엇이든지 알고 싶은 사람이기 때문에 그는 사본을 보내야 한다. 보내지 않으면 안 된다.)

➡ 〈좋은 예〉

① He wants to be on top of everything. You may want to send him a copy.

② He wants to be on top of everything. You probably want to send him a copy.
(모두 파악하고 싶은 사람이기 때문에 그는 사본을 보내는 게 좋을지도 모른다.)

You'd better...는 「~하는 게 좋다」라고 설명한 영어 교과서나 참고서가 아직도 있는데 이것은 오역으로 「~하시오. 그렇지 않으면 (어떤 안 좋은 상황이 발생한다)」는 뉘앙스입니다. 또한 You'd better에는 긴박성이 포함되어 있습니다.

You should send him a copy.는 You'd better...보다는 강하지 않지만 역시 명령이며 상사가 부하에게 사용하는 것은 괜찮겠지만 동료나 친구에게 사용할 경우 주의가 필요합니다.

이러한 표현은 고객에게 사용하지 않습니다.

× You should return the product. (반품해야 합니다.)
× You have/need to return the product. (반품해야 합니다.)
○ Could you please return the product? (반품해 주시겠습니까?)

명령이 아니라 제안이라면 아래와 같이 표현합니다.
You may want to send him a copy. (그에게 사본을 보내놓으면 될지도 모릅니다.)
I think you should send him a copy. (그에게 사본을 보내는 게 좋을 것이라 생각합니다.)
(I think) It'll be better to send him a copy. (그에게 사본을 보내는 게 좋다고 생각해.)
Wouldnt' it be better to send him a copy? (그에게 사본을 보내는 게 좋지 않겠니?)
If I were you, I'd send him a copy. (나라면 그에게 사본을 보낼 텐데.)

confirm

「confirm = 확인하다」라고 무조건 외워서 우리말의 「확인하다」를 모두 confirm으로 바꾸는 사람이 많은데, 어떤 회사나 단체의 홈페이지에도 묵과할 수 없을 정도로 잘못 사용되고 있습니다. confirm은 「○○가 그렇다는 것을 인정한다」라는 의미로 아래와 같이 사용되어 상대방의 확인 작업을 필요로 합니다.

- Please confirm your reservation. (예약 확인을 해 주세요.)
- Please confirm my reservation. (예약이 된 것을 확인해서 알려주세요.)
- Can you confirm the price? (이 가격으로 좋은지 어떤지를 알려주세요.)

따라서 아래와 같은 의미로는 confirm은 사용할 수 없습니다.

「그쪽으로 보낸 메일이 되돌아 왔는데 메일주소를 확인해 주십시오.」

× The e-mail I sent you came back. Please confirm the address.
(「그 주소가 맞다는 것을 확인해서 알려 주십시오」라는 의미)
○ Please make sure the address is correct.
○ Please be sure that is the right address.

「발주하시기 전에 재고가 있는지 확인해 주십시오.」
- × Please confirm product availability before you place an order.
- ○ Please make sure the product is available before you place an order.

「사용하시기 전에 사용법을 확인해 주십시오.」
- × Please confirm how to use before you use it.
- ○ Please be certain that you know how to use it before you do.
- ○ Please read the instructions before you use it.

우리말의 「확인하다」는 영어로 confirm, check, verify 등 여러 가지 의미가 있습니다.

expect

〈나쁜 예〉

We expect you to come to Korea this summer. We're expecting you to let us know your plan as soon as possible.
(이번 여름에 한국에 오세요. 가능한 한 빨리 예정을 알려 주십시오.)

➡ 〈좋은 예〉

I hope to see you in Korea this summer. Please let us know as soon as possible about your plans.
(이번 여름에 한국에서 뵐 수 있으면 좋겠습니다. 예정을 가능한 한 빨리 알려주십시오.)

중·고등학교의 영어 교육의 폐해로 「expect=기대하다」라고 무조건 외워서 expect를 hope와 똑같이 사용하는 사람이 많다는 것은 곤란한 일입니다. 사전에도 틀린 기재가 많이 있으며 대학 영어 교수조차 잘못 사용하고 있습니다.

expect는 「당연히 발생되는 것이라 생각한다」라는 의미이며, 사용하는 사람에 따라 「당연한 것으로 요구된다」라는 의미가 됩니다.

I hope to hear from you.(회신을 받을 수 있다면 좋겠습니다)는 이쪽의 희망을 전하는 것이지만, I expect to hear from you.(답장은 당연히 받는 것이라 생각하고 있습니다)는 「꼭 회신을 주세요」라는 상대방에 대한 요구이며, Please respond.보다도 고압적입니다. 상사가 부하에게 I expect you to be there tomorrow.(내일 그곳에 가 있도록)라고 말하는 경우는 가능해도 반대로 부하가 상사에게 사용할 수는 없습니다.

덧붙여 I'm expecting him at 3 pm.은 「3시에 그가 방문할 예정이다」이지만, I'm expecting.뿐이라면 「임신하고 있다」는 의미가 되므로 주의합니다.

insist

〈나쁜 예〉

You're insisting that our product does not meet your specifications, but it does.
(당신은 당사의 제품이 귀사의 사양에 맞지 않는다고 주장하고 있지만 귀사의 사양에 맞습니다.)

➡ 〈좋은 예〉

You said our product does not meet your specifications, but our records show it does.
(당사의 제품이 귀사의 사양에 맞지 않는다고 하시지만 기록에 의하면 사양에 맞습니다.)

「insist=주장하다」라고 무조건 암기하여 사용하는 사람이 많은데 영어로 insist는 「주장하다, 강하게 요구하다」라는 의미로 상당히 강한 어조가 됩니다. 위의 나쁜 예는 「사양은 맞는데 트집을 잡는다」는 뉘앙스가 있습니다.

I insist that you get back to me tomorrow. (내일 답장을 받지 못하면 곤란합니다.)
They insisted that the payment be made by wire. (지불은 전신환이어야 한다고 했습니다.)

또한 어느 쪽이 지불하는지 망설일 경우

Please let me treat you today. I insist. (오늘은 제가 대접하겠습니다. 꼭.)

라는 사용법도 가능합니다.

「~라고 말씀하셨습니다」, 「~라고 말합니다」라는 의미라면 보통 문장에서는 say를 써도 충분합니다.
In your last e-mail you said you haven't received the shipment yet, but ...
(지난번 메일에서 아직 화물을 받지 못했다고 말씀하셨습니다만.)

「진술하다」, 「주장하다」라는 의미로는 state, contend, maintain 등의 표현이 있는데 보고서나 논문에는 적합하지만 메일이나 편지에 쓰기에는 너무 딱딱합니다.
claim도 「주장하다」라는 의미이지만 「사실은 그 주장과는 다르다」라는 의미가 있으므로 위와 같은 예에서는 적합하지 않습니다. 어쨌든 You claim...은 「증거도 없는데 당신이 멋대로 그렇게 말하고 있을 뿐」이라는 의미로 재판에서 사용되는 경우 외에 일반적인 비즈니스에서는 사용하지 않습니다.

× You claim that you never received the merchandise.
(근거도 없이 물건을 받지 못했다고 주장하고 있는 것 같습니다.)

care vs. mind

〈나쁜 예〉

We received your e-mail that shows the itinerary change. We don't care about it.
(일정을 변경하는 내용의 메일을 받았습니다. 그런 것은 아무래도 상관없습니다.)

➡ 〈좋은 예〉

We received your e-mail about the itinerary change. We don't mind the change.
(That will be fine with us.로 쓰는 것이 자연스러움)
(일정 변경에 대한 메일을 받았습니다. 변경은 상관없습니다.)

우리말로 하면 둘 다 「걱정하다」라는 의미가 있어서인지 care와 mind를 혼돈해서 사용하는 경우가 있습니다. I don't care.라고 하면 「아무래도 괜찮다」라는 의미로 I don't mind.「상관없다」와는 의미가 전혀 다릅니다.

I don't care if you stay. (있든지 말든지 상관없습니다. 아무래도 좋습니다.)
I don't mind if you stay. (있어도 상관없습니다. 있어도 됩니다.)

We don't care what they say.는 「무엇을 말하든 상관없다」, Who cares?라고 하면 예를 들어 「그런 것은 아무도 신경 쓰지 않는다. 그런 것은 아무래도 괜찮다」라는 의미입니다.

We don't care about the cost.는 「가격은 신경 쓰지 않는다. 가격은 아무래도 괜찮다」는 의미이며, about 뒤에 사람이나 [for+물건]이 오면 의미가 달라집니다.

I care about you. (당신을 좋아합니다.)
I don't care for it. (그것은 좋아하지 않습니다.)
Would you care for a cup of coffee? (커피는 어떻습니까?)

이와 같이 전치사 하나로 의미가 달라지는 것에 주의합니다.

matter, situation

〈나쁜 예〉

We haven't heard from you about this matter. Please let us know your situation as soon as possible.

➡ 〈좋은 예〉

We haven't heard from you about the program change. Please let us know by Friday what you're going to do about it.
(프로그램 변경에 관해 연락을 받지 못했습니다. 어떻게 하실 생각인지 금요일까지 알려주십시오.)

matter나 situation을 사용하는 사람이 있는데 이러한 표현은 매우 모호해서 무엇을 가리키는지 명확하지 않습니다. 가능한 한 구체적인 사항을 나타내도록 합니다.

- × Thank you for your e-mail explaining your situation.
- ○ Thank you for your e-mail about the distribution.
  (배송에 대한 메일 고맙습니다.)

- × We are concerned about the situation.
- ○ We are concerned that the shipment hasn't arrived yet.
  (물건이 아직 도착되지 않은 것을 염려하고 있습니다.)

Let us know your situation.은 「그쪽 상황을 알려주십시오.」의 직역인지 모르겠지만 영어에서는 이런 표현은 사용하지 않습니다. Let us know 뒤에는 구체적인 내용을 나타내야 합니다. 「상황=situation」이라고 무조건 암기해서 직역하는 것은 피해야 합니다.

「호텔이나 비행기 등의 예약상황」
- × reservation (booking) situation
- ○ availability

「졸업생의 취직 상황」
- × employment situation of graduates
- ○ graduate employment

또한 아래의 경우 situation이나 condition은 필요 없습니다.
- × The manager was not aware of the deteriorating sales situation.
- ○ The manager was not aware of the deteriorationg sales.
  (매니저는 매출이 떨어지고 있는 것을 알아차리지 못했다.)
- × We tried to eliminate hostile conditions between the companies.
- ○ We tried to eliminate hostility between the companies.
  (회사간의 적대심을 없애기로 했다.)

I'm sorry

사과를 할 때 I'm sorry.를 연발하는 사람이 많은데 이것은 「미안하다」는 말을 모두 I'm sorry.로 치환하는 것이 원인의 하나입니다. 「미안하다」는 상황과 사용하기에 따라서 영어의 I'm sorry. Excuse me. Thank you.에 해당됩니다.

〈나쁜 예〉

I'm sorry that I could not respond sooner. I was out of town last week. I'm attaching the information you requested. I'm terribly sorry I couldn't send it by Friday. I'm sorry if this has caused you inconvenience. I'm really sorry.
(곧바로 답장을 드리지 못해 죄송합니다. 지난주에는 출장을 갔습니다. 요청하신 자료를 첨부했습니다. 금요일까지 보내드리지 못해 정말 죄송합니다. 폐를 끼쳤으면 양해해 주십시오. 정말 죄송합니다.)

➡ 〈좋은 예〉

I'm sorry that I could not respond sooner. I was out of town last week. I'm attaching the information you requested. I hope the delay has not caused you serious inconvenience. If you need additional information, please let me know.
(빨리 답장을 드리지 못해 죄송합니다. 지난주에는 출장을 갔습니다. 요청하신 자료를 첨부합니다. 이 지연이 큰 폐를 끼치지 않으면 좋겠습니다. 추가로 자료가 더 필요하시면 알려주십시오.)

사과를 할 때 I'm sorry.를 나열해도 「자세가 낮고 정중하다」는 인상은 받지 않습니다. 의아해 하거나 자신이 없는 사람으로 비춰질 뿐입니다. 정말 사과가 필요한 경우에도 처음과 끝부분만으로 충분합니다. 그보다 문제해결을 위해 어떠한 대응을 할 것인지 하는 행동에 초점을 맞춰야 합니다.

또한 I apologize for my poor English.나 I hope you'll understand my poor English.라고 할 필요도 없습니다. 만약 불안하다면 영어를 잘하는 사람에게 써달라고 하거나 의미가 통하는 것을 확인하고 나서 보내야 합니다. 의미가 통하지 않을지도 모를 메일을 보내는 것은 서로에게 있어서 시간 낭비이며 프로라는 인상을 주지 못합니다.

● **너무 완곡한 표현**

〈나쁜 예〉
It would be difficult for us to discount the price... Thank you for your understanding.

➡ 〈좋은 예〉
We are unable to discount the price... If we can be of help in any other way, please let us know.
(할인은 불가능합니다. 무언가 다른 형태로 도움을 드릴 수 있으면 알려주십시오.)

〈나쁜 예〉는 「할인에 응하는 것은 어렵다(=할인에 응할 수 없다)」는 표현을 직역한 것으로 생각됩니다. 하지만 이것은 「어렵지만 가능하다」인지 「불가능하다」인지 확실치 않아 상대에게 아직 협상의 여지가 있는 것으로 기대를 갖게 할 가능성이 있습니다. 불가능할 경우에는 확실하게 불가능하다는 취지를 전달해야 합니다.

아래와 같은 표현도 똑같습니다.

× Please understand that your proposal is difficult to accept.
(당신의 제안을 받아들이기 어렵다는 것을 이해해 주십시오.)

나쁜 소식을 전할 때 톤을 부드럽게 하고 싶으면 아래와 같이 unfortunately나 I'm afraid를 사용할 수 있습니다.

Unfortunately, we are unable to accept your proposal.
(유감입니다만, 당신의 제안을 받아들일 수는 없습니다.)

I'm afraid we cannot accept your proposal.
(유감입니다만, 당신의 제안을 받아들이는 것은 불가능합니다.)

Thank you for your understanding.은 결코 틀린 것이 아닙니다. 네이티브 스피커도 사용하는 표현입니다.

상대에게 양보나 무리한 의뢰를 하고 있는 것이 아니라면 이러한 표현은 필요하지 않습니다. 그보다 〈좋은 예〉에서 소개한 표현과 아래의 표현을 사용하는 것이 적극적인 인상을 줍니다.

I hope it'll be a satisfactory solution for you. (이것이 귀하가 만족할 만한 해결책이 되길 바랍니다.)
Thank you for the opportunity to serve you. (봉사할 기회를 주셔서 고맙습니다.)

● **문법상의 잘못**

`although`

〈나쁜 예〉

The merchandise arrived damaged. Although we'll accept it at a discount.
(상품이 도착했을 때 파손되어 있었습니다. 할인해 주신다면 받겠습니다.)

➡ 〈좋은 예〉

Although the merchandise arrived damaged, we will accept it at a discount.
(상품은 도착했을 때 파손되어 있었습니다. 할인해 주신다면 받겠습니다.)

although를 but이나 however와 같이 〈나쁜 예〉처럼 사용하는 사람도 있는데, although는 단문에서는 사용하지 않습니다. 〈좋은 예〉처럼 복문에서만 사용합니다. 즉, although…에 호응하는 문장이 필요합니다.

Although the payment was late, no penalty was charged.
(지불이 늦었지만 벌금은 부과되지 않았다.)

아래와 같이 although의 문장이 뒤에 와도 괜찮습니다.

No penalty was charged although the payment was late.

although는 though로 바꿀 수 있지만, though가 구어적입니다. 구어(메일 포함)에서 though는 문장의 맨 뒤에 와서 다음과 같은 형태로 쓰입니다.

I didn't buy it, though. (사지 않았지만.)

「~이지만」을 모두 but이나 however로 치환해서 but이나 however로 가득한 문장을 쓰는 사람도 있는데 「~이지만」은 항상 역설이라고는 한정할 수 없습니다. 영어로 번역하면 「and」인 경우도 있고 접속사가 필요 없는 경우도 있습니다. 우리말에서 접속사를 사용하고 있기 때문에 영문에서도 접속사를 사용해야 하는 것은 아닙니다. 전달해야 하는 것은 어디까지나 메시지의 내용입니다.

appreciate

〈나쁜 예〉

I appreciate you for giving me a quick response.... I appreciate you if you answer my question.

➡ 〈좋은 예〉

I appreciate your quick response.... I'd appreciate it if you'd answer my question.
(신속한 답변 감사합니다. 질문에 대답해 주시면 고맙겠습니다.)

〈나쁜 예〉처럼 appreciate의 뒤에 사람을 적는 경우가 많은데 appreciate 뒤에 오는 것은 감사하는 내용이지 사람이 아닙니다.

사람이 오는 경우는 아래와 같이 그 사람의 행위가 옵니다.

I appreciate your giving me the opportunity. (기회를 주셔서 고맙습니다.)

아래와 같은 표현도 가능하지만, 위의 예와는 의미가 다릅니다.

I appreciate you for who you are. (있는 그대로의 당신이 좋습니다.)

또한 시제(時制)에 따라 의미가 달라지므로 주의해야 합니다. 이미 일어난 일에 대해 고마워하는 것이라면 현재형을 사용하지만, 의뢰를 할 경우(~해 주시면 고맙겠습니다)는 미래형이어야 합니다.
I appreciate your help. (도와주셔서 감사합니다.)
I'd appreciate your help. (도와주신다면 감사하겠습니다.)

또한 감사를 전할 때는 thank, appreciate 이외에 아래와 같은 표현도 있습니다.
I'm thankful/grateful to you for your generosity. (귀하의 관대한 조치에 감사드립니다.)
It was very nice of you to send me an extra copy. (1부 더 보내주시면 감사하겠습니다.)

● 케이스 스터디

아래의 나쁜 예는 전형적인 예입니다.

①은 주어가 너무 깁니다. ②는 situation, circumstances 등이 쓰여 너무 추상적이어서 의미를 이루지 못합니다. ③은 expect의 사용법이 잘못되었습니다. ④는 alternation의 사용법이 잘못되었고, 「변경」이라는 의미라면 change로 충분합니다. 일부러 어려운 단어를 사용해서 오류를 범할 필요는 없습니다. ⑤는 너무 포멀합니다.

〈나쁜 예〉

① The e-mail telling that ABC was not able to renew their liability insurance and hence has had to cancel all programs for the coming summer was transferred to me through XYZ.
② We are very worrying about your situations under the circumstances.
③ Our delegates expect yours to come to Korea this summer very much.
④ If you have some alternations in your program, please let us know them as soon as possible.
⑤ Your prompt response would be appreciated.

➡ 〈좋은 예〉

XYZ forwarded to me the e-mail telling that ABC was not able to renew their liability insurance and therefore they had to cancel all programs for the coming summer.

We are concerned as we are very much looking forward to welcoming your delegates in Korea this summer. If there's any changes in your program, please let us know as soon as possible.

I look forward to hearing from you very soon.

XYZ에서 ABC가 손해배상보험을 갱신하지 못해 이번 여름 프로그램을 모두 취소하지 않을 수 없다는 내용의 메일이 왔습니다.
귀사의 대표를 이번 여름 한국에서 맞이하는 것을 몹시 기다리고 있었는데 매우 걱정입니다. 만약 프로그램에 어떤 변경이 있으면 즉시 알려주십시오.
연락을 기다리고 있겠습니다.

Chapter 1

비즈니스 메일

 문의

홈페이지를 통해 여러 나라에서 문의가 오는데 「자료를 보내주세요」라고 한 마디만 쓴 것도 많아 대응하는 데 곤란을 겪게 됩니다. 자신에 대해 설명하고 상대방을 알게 된 경위를 전달하는 것은 적절한 답장을 받는 데 있어서 반드시 필요한 사항입니다.

Subject: Your Consulting Service

I visited your web site. We are ABC Graphic Design Studio, a web design company in Seoul, Korea. Pls see attachment for more info about our company.

Until now we have worked mostly in the local market, but now we're planning to expand internationally and we need an experienced consultant to assist us. Please let us know if you can provide the following services, and if so, the cost.

1. Finding new customers in the U.S.
2. Identifying key partners.

We look forward to hearing from you.

해석 제목 : 귀사의 컨설팅 서비스

귀사의 웹 사이트를 방문하였습니다. 저희는 대한민국 서울에 있는 ABC그래픽디자인 스튜디오라고 합니다. 당사에 관한 자세한 정보에 대해서는 첨부한 자료를 보시기 바랍니다.

지금까지는 거의 로컬 업무만을 해 왔지만 국제적으로 확대할 계획으로 도움을 받을 수 있는 경험 풍부한 컨설턴트를 필요로 하고 있습니다. 아래의 서비스를 제공받을 수 있는지의 여부와 가능할 경우 비용을 알려주십시오.

1. 미국에서의 신규고객 소개
2. 주요 제휴처 발굴

회신을 기다리고 있겠습니다.

Useful Expressions

I read about your company in the March issue of Export/Import Africa.
Export/Import Africa지(誌) 3월호에서 귀사에 대한 기사를 읽었습니다.

We found your name in the World Supplier Directory.
세계공급업자총람에서 귀사의 상호를 보았습니다.

We manufacture air conditioners in Canada and are interested in purchasing your filters. Do you have a distributor in Canada?
캐나다에서 에어컨을 제조하고 있으며 귀사의 필터를 구입하는 데 흥미가 있습니다. 캐나다에 대리점이 있는지요?

We are seeking an agency for marketing and sales of these products in Russia.
러시아에서 이쪽의 제품을 마케팅, 판매하기 위해 현재 대리점을 찾고 있는 중입니다.

We manufacture dental equipment for export mainly to North America and Europe. We are interested in finding a local distributor or partner for the Asian market.
당사는 치과용 기기를 제조하여 현재 주로 북미와 유럽에 수출하고 있습니다. 아시아 시장 진출을 위해 대리점이나 제휴 업체를 찾고 있습니다.

We visited your web site and are very interested in your marketing service. I'd appreciate it if you could send us further information.
귀사의 웹사이트를 보고 귀사의 마케팅 서비스에 매우 흥미를 가지게 되었습니다. 좀더 자세한 정보를 보내주시면 감사하겠습니다.

We are interested in importing VPN routers. Please send us your product catalog along with your export price list.
VPN루터를 수입하고 싶습니다. 제품 카탈로그를 가격표와 같이 보내주십시오.

I'd appreciate it if you could send us some company information at:
~까지 귀사의 자료를 보내주시면 감사하겠습니다.

I would appreciate any information you can send us.
보내주실 수 있는 모든 자료를 보내주시면 감사하겠습니다.

Could you send us some information about your company (service)?
귀사(의 서비스)에 대한 자료를 보내주시겠습니까?

If you have other information about your service, I'd like to receive it. Do you have a web site?
귀사의 서비스에 관한 다른 자료가 있으면 받고 싶습니다. 웹 사이트가 있습니까?

If you cannot supply this technology, could you possibly direct us to someone who can?
만약 귀사에서 이 기술을 공급할 수 없다면 다른 가능한 곳을 소개해 주시지 않겠습니까?

문의에 대한 회신

문의에 대해 감사하고 자료를 보낼 경우에는 그 취지를 전합니다. 간단하게 판매 문구를 덧붙이는 것이 좋습니다. 마지막에 답장을 바라는 것도 전합니다.

Subject: X1000

Thank you for your e-mail.

We'll be happy to supply X1000. Attached are the product and price sheets.

If you have any questions, please let me know.
We look forward to your order.

해석

제목 : X1000

메일 감사합니다.

꼭 X1000을 공급해 드리고 싶습니다. 제품 설명서와 가격표를 첨부합니다.

문의 사항이 있으시면 알려주십시오.
주문을 기대합니다.

Subject: RE: Distributor in Korea?

Thank you for your e-mail.

Yes, we have a distributor in Korea, Samyoung Company in Seoul. The contact there is Mr. Hong Jung-min. I have forwarded your request to him, so he will get in touch with you shortly.

* contact 연락을 하는 상대, 담당자

제목 : RE: 한국에 대리점은?

메일 감사합니다.

네, 한국에 대리점이 있습니다. 서울에 있는 삼영회사입니다.
담당자는 홍정민 씨입니다. 귀사의 요구를 저쪽에 전달해 두었으므로 홍정민 씨로부터 연락이 갈 것입니다.

Useful Expressions

Thank you for your inquiry. We are sending you our company information by mail. You should receive it by the end of next week.
문의 감사합니다. 당사의 자료를 우송하겠습니다. 다음 주까지는 받으실 수 있을 것입니다.

Thank you for your inquiry about our marketing service.
당사의 마케팅 서비스에 관한 문의에 감사 드립니다.

I'll be happy to send you our brochure and newsletter.
저희 팜플렛과 뉴스레터를 기꺼이 보내 드리겠습니다.

We are pleased to learn of your interest in our products.
당사의 제품에 관심을 가져 주셔서 기쁩니다.

If you can tell us your requirements in detail, we'll be happy to send you a proposal.
자세한 용건을 알려주시면 기꺼이 제안서를 보내 드리겠습니다.

You will be receiving a copy of our LDF catalog soon.
당사의 LDF 카탈로그가 머지 않아 도착될 것입니다.

Today I mailed our company catalog.
오늘 당사의 카탈로그를 우송했습니다.

We would love to work with you.
꼭 거래하고 싶습니다.

To place an order, or for additional information, please e-mail me any time.
주문을 하시거나 다른 자료가 필요하실 경우 언제든 저에게 메일로 연락 주십시오.

We will be pleased to answer any questions you may have about our products.
당사 제품에 대해 질문이 있으시면 무엇이든 기꺼이 답변해 드리겠습니다.

I look forward to serving your connector needs.
귀사의 커넥터 요구에 서비스할 수 있기를 기대합니다.

자료·견본 송부에 대한 답례

자료를 받으면 상대방에게 받았다고 알려주는 것이 에티켓이며 원활한 커뮤니케이션을 이끌어 가는 요령입니다.

Subject: RE: X1000

Thank you for your product and price sheets. After we review them, we will get back to you.

 제목 : RE: X1000

제품설명서와 가격표 고맙습니다. 검토 후 연락 드리겠습니다.

Useful Expressions

Thank you for your quick response.
신속한 대응에 감사드립니다.

We received the sample of AX100 today. Thank you.
오늘 AX100 견본을 받았습니다. 감사합니다.

The information has been forwarded to our Purchasing Manager and you should hear directly from him.
자료는 구매과장에게 전달했습니다. 과장으로부터 직접 연락이 갈 것입니다.

We appreciate your interest in working with our firm and look forward to keeping in contact.
당사와의 제휴에 관심을 가져 주셔서 감사합니다. 앞으로도 교신하길 기대합니다.

자료 송부 후의 도착 여부 추적

상대로부터 연락이 없는 경우 자료가 제대로 도착되었는지, 질문이나 그 외 필요한 자료는 없는지 문의함과 동시에 거래의 가능성을 찾아보면 좋을 것입니다.

Subject: Company Catalog

I just wanted to see if you received the company catalog I mailed last week.
If there is any other information I can provide to facilitate your presentation to your boss, please let me know.

해석 제목 : 회사 카탈로그

지난 주에 우송한 회사 카탈로그가 도착되었는지 확인하고 싶습니다.
만약 상사에게 제안할 때를 대비하여 제안할 경우 도움이 될 자료가 필요하시다면 알려주십시오.

 ## Useful Expressions

I'm writing to make sure that you received the catalog I sent on June 15.
6월 15일에 보내드린 카탈로그가 무사히 도착되었는지 확인하고자 메일을 보냅니다.

I will be happy to answer any questions you may have and explain the unique features and benefits of this product.
만약 질문이 있으면 기꺼이 답변해 드리겠으며 본 제품의 독특한 특징이나 장점을 꼭 설명하고 싶습니다.

If you have questions or concerns that are not covered in the material I sent you, please feel free to contact me.
보내드린 자료 중에 커버되지 않은 질문이나 의문이 있으면 사양하지 마시고 연락 주십시오.

If there is any other way I can be of service to you, please contact me any time. I'm here to help you.
그 밖에 서비스할 것이 있으면 언제든지 연락 주십시오. 언제든 응하겠습니다.

Please let me know what other information you need to make a decision.
결단을 내림에 있어서 다른 자료가 필요하다면 알려주십시오.

I'll be back in touch in a couple of weeks to see which model best suits your needs.
어떤 모델이 고객의 요구에 가장 잘 부합되는지를 확인하기 위해 2~3주 후에 다시 연락드리겠습니다.

판매 (특정 상대에게 송신)

처음 상대에게 메일을 보내는 경우에는 어디에서 상대방을 알게 되었는지 간단하게 씁니다. 자사의 제품이나 서비스를 설명할 때는 그것이 어떠한 장점이 있는지를 상대에게 강조합니다.

Subject: Possible Collaboration for Korea

I enjoyed your article, Cataloging in Korea, in the March issue of Export Today. I thought we might be able to collaborate on marketing for the Korean market.

We are a consulting firm based in Seoul, specializing in the facilitation of business between U.S. and Korean companies. We provide US corporations with effective marketing communications tools for the Korean market: creating brochures, catalogs and web sites in Korea, for instance. You can learn more about our services at www.getglobal.com.

We are currently targeting U.S. mail-order companies for our Korean web site service. We can create Korean web pages for mail-order companies who are targeting Korean consumers.

If you are interested, I'd love to hear from you.

해석

제목 : 한국을 위한 협력 가능성

『Export Today』 3월호에 실린 귀사의 관련 기사 「한국에서의(통신판매)카탈로그 비즈니스」를 흥미 있게 보았습니다. 한국시장을 위한 마케팅에 관해 협력할 수 있지 않을까 생각합니다.

당사는 구미 기업간의 비즈니스 촉진을 전문으로 하는 서울에 소재한 컨설팅회사입니다. 당사는 한국시장을 위한 효과적인 마케팅 툴을 미국 기업에 제공하고 있으며 팜플렛, 카탈로그, 웹 사이트 등을 한국어로 작성하고 있습니다. 당사의 서비스에 대해서는 www.getglobal.com을 참조해 주십시오.

현재 한국어 웹 사이트 서비스를 미국의 통신회사를 위해 마케팅하고 있습니다. 한국의 소비자를 타깃으로 하고 있는 통신판매 회사를 위해 한국어 웹 사이트를 작성하겠습니다.

흥미 있으시면 회신을 주시기 바랍니다.

Useful Expressions

We received your name and address from Ms. Yoon So-Young with GlobalLINK.
귀사의 이름과 주소를 글로벌링크의 윤소영 씨로부터 받았습니다.

Mr. Kim Jeong-Ho with Apple Bank said you might be interested in our line of products. If you are interested, I'd be more than happy to send you our latest catalog.
에플은행의 김정호 씨로부터 귀사가 저희 제품에 흥미가 있을지도 모른다고 들었습니다. 괜찮으시다면 저희 최신 카탈로그를 보내드리겠습니다.

Thank you for stopping by our booth at the International Trade Show last week.
지난 주 국제 무역박람회에서 당사 부스에 들러 주셔서 감사합니다.

I understand that you are considering the purchase of a new printing machine.
귀사에서 새로이 인쇄기계 구입을 고려하고 있다고 들었습니다.

Our system will save you $3,000 in monthly electricity bills.
당사의 시스템을 사용하시면 전기요금을 매달 3,000달러 절약할 수 있습니다.

Best Company can help you create a sustained, competitive advantage in the Korean market.
베스트 컴퍼니는 귀사가 한국시장에서 우위를 차지하고 그 지위를 유지할 수 있도록 돕겠습니다.

Thank you for allowing us to evaluate your needs and for considering our product.
당사는 귀사의 요구를 검토하고 귀사는 당사의 제품을 검토해 주셔서 고맙습니다.

We appreciate the opportunity you've given us to learn more about your organization.
귀사에 대해 알 수 있는 기회를 주셔서 고맙습니다.

We are eager to make you a satisfied user.
귀사에게 만족할 만한 유저가 되고 싶습니다.

I'd be very interested in discussing how your company can benefit from our service.
당사의 서비스가 귀사에 얼마나 유익한지 설명드리고 싶습니다.

I'd appreciate the opportunity to discuss how we can work together.
양사가 얼마나 협력할 수 있는가에 대해 논의할 기회를 주신다면 고맙겠습니다.

We look forward to doing business with you.
귀사와 거래할 수 있기를 기대합니다.

We look forward to serving your storage needs.
귀사의 스토리지 요구에 도움이 될 기대합니다.

I'll be calling you next week to follow up on my e-mail.
메일을 검토하기 위해 다음 주에 전화드리겠습니다.

판매 (불특정 다수에게 송신)

스팸은 환영 받지 못하지만 관심을 나타낸 상대나 기존의 고객, 지인 등에게 판매 메일을 보낼 수 있습니다. 우선 읽는 사람의 주의를 환기시켜 관심을 끈 다음 상대에게 메리트를 강조하고 마지막에 어떤 행동을 촉구합니다.

Subject: The Korean Broadband Market Digest

GlobalLINK's monthly Korean Broadband Market Digest brings you the latest information on the Korean broadband market, ranging from DSL and cable to fiber optics and wireless data. The Digest updates industry executives on market developments to ensure success in the Korean IT market.

The Digest can be customized to meet the needs of individual clients. The Digest is available online in PDF format or by e-mail in Word format. A sample digest is available at www.getglobal.com.

GlobalLINK has a proven track record in providing customized reports on the Korean Broadband market to leading U.S. technology vendors, helping them to succeed in the Korean market.
GlobalLINK also has been providing customized research on U.S. e-business and telecommunications markets to a number of leading Korean companies and organizations for the last ten years.

To learn more about our Korean Broadband Market Digest, please visit www.getglobal.com.

* update 최신 정보를 전달하다　proven track record 쪽지가 붙은 실적

해석

제목 : 한국 브랜드 시장 다이제스트

글로벌링크의 월간 한국 브랜드 시장 다이제스트는 DSL이나 케이블에서 광통신이나 무선통신에 이르기까지 한국의 브로드밴드 시장에 관한 최신 정보를 보내 드립니다. 다이제스트는 업계의 경영진 모두가 한국의 IT시장에서 성공을 거둘 수 있도록 항상 최신 시장 동향을 전달하는 것입니다.

다이제스트는 각 클라이언트의 요구에 맞추어 주문제작이 가능합니다. 온라인으로 PDF 포멧, 또는 메일로 워드포멧으로 전달합니다. 다이제스트 견본은 www.getglobal.com에서 보실 수 있습니다.

글로벌링크는 주요 미국 기술 벤더 기업에 한국의 브로드밴드 시장에 관한 커스텀 리포트를 제공하여 한국에서 성공을 거두는 데 헌신해 왔습니다. 또한 글로벌링크에서는 과거 10년간 몇 개 회사의 주요 한국 기업과 단체를 위해 미국의 E-비즈니스와 통신 시장에 관한 커스텀 조사를 실시해 온 실적도 있습니다.

한국 브로드밴드 시장 다이제스트에 관한 자세한 사항을 알고 싶으시면 www.getglobal.com을 방문해 주십시오.

Useful Expressions

Korean Molding has been a world leader in the plastic molding industry for over 50 years.
코리안몰딩은 50년 넘게 플라스틱 성형업계에서 세계적 리더의 지위를 유지해 왔습니다.

ABC International has helped thousands of companies dramatically increase their sales.
ABC 인터내셔널은 몇 천 개의 기업이 극적으로 매출을 신장하는 데 헌신해 왔습니다.

It is this experience that has helped many businesses just like yours run smoother and more efficiently.
이러한 경험에 의해 귀사와 같은 많은 회사가 보다 원활하고 효과적으로 경영하도록 헌신해 왔습니다.

We are confident that the level of productions our system can supply are second to none.　　　　　　　　　　　* second to none 비교할 수 없다, 남에게 뒤지지 않다
당사의 시스템이 공급할 수 있는 생산 레벨은 누구와도 비교할 수 없다고 자신합니다.

This directory is the key reference guide for both financial and non-financial organizations worldwide that are interested in capturing market share in Korea.
이 편람은 한국에서 시장 점유율을 얻으려는 전세계의 금융 및 비 금융기관에 있어서 주요한 참고 가이드입니다.

This directory is a must that provides you with all the relevant information.
이 편람은 관련 정보를 모두 제공함에 있어서 없어서는 안 되는 것입니다.

This program is designed to provide special assistance to small business owners.
이 프로그램은 특별히 스몰 비즈니스의 경영자를 서포트하기 위해 만들어졌습니다.

Our packaged service appeals to small-to mid-sized overseas technology vendors starting in Korea.　　　　　　　　　　　* small-to mid-sized 중소규모의
당사의 패키지 서비스는 한국 진출을 도모하는 외국의 중소 기술 벤더들에게 인기가 있습니다.

We tailor our seminar so that it'll be best suited to the customer's requirements.
당사에서는 고객의 요구에 딱 맞도록 세미나를 커스텀 메이드 합니다.

If you are interested, please e-mail me for more information or visit www.getglobal.com.
관심이 있으시면 더욱 자세한 정보를 보내드리겠으니 저에게 메일을 보내시거나 www.getglobal.com을 방문해 주십시오.

판매에 대한 회답

다음은 판매 메일에 대해 질문할 때의 메일입니다. 거절할 경우나 이미 거래 관계가 있는 상대 또는 앞으로 거래하고자 하는 상대에게는 그 이유를 들어 답장을 하면 좋을 것입니다.

Subject: Questions about Your Service

Thank you for the information about your service.

We are interested in the following service and would like further information:
- Mail Forwarding
- Answering Service
- Bank Account Setup

<Questions>
1) Is there a set-up fee for the answering service?
2) Can we choose our own bank or do we have to use yours? If so, which one do you use?

We look forward to hearing from you.

* set-up fee 설치비용, 초기비용

해석

제목 : 귀사의 서비스에 관한 질문

귀사의 서비스에 관한 정보 고맙습니다.

아래의 서비스에 흥미가 있으며 자세한 정보를 받고 싶습니다.
- 메일 전송
- 부재중 전화 서비스
- 은행계좌 개설

<질문>
1) 부재중 전화 서비스에 대해서는 초기 개설비가 듭니까?
2) 은행은 이쪽에서 선택할 수 있는지, 아니면 그쪽의 은행을 사용해야 합니까? 그럴 경우 어떤 은행을 사용하고 있습니까?

회신을 기대합니다.

Useful Expressions

We are interested in learning more about your service. Please send us your proposal.
귀사의 서비스에 대해 좀더 알고 싶습니다. 제안서를 보내주십시오.

We're very interested in learning how you can help us launch our new product in Canada.
당사의 신제품을 발매하는 데 캐나다에서는 어떻게 지원해 주는지 알고 싶습니다.

We are very interested in penetrating the U.S. market and understanding how you could help in that endeavor.   * endeavor 시도, 노력
미국시장 진출에 상당한 흥미가 있으며 그것에 대해 귀사로부터 도움을 어떻게 받을 수 있는지 알고 싶습니다.

Would you please send me a proposal for how you would assist us in penetrating the Mexican marketplace?
당사의 멕시코 시장 진출을 어떻게 지원해 주시는지 제안서를 보내주시겠습니까?

We would be glad to meet with your local representative. Please have them contact us.
귀사의 현재 대리인(대리점)과 만나고 싶습니다. 저희에게 연락 주십시오.

I'm sorry, but we are not interested in the proposed project at this time.
유감입니다만, 현재로서는 제의한 프로젝트에 흥미가 없습니다.

At the moment, we are not focusing on South America. I may contact you if that changes.
현시점에서 당사는 남미에는 힘을 기울이지 않고 있습니다. 상황이 바뀌면 연락하겠습니다.

We have no need for your system.
당사에는 귀사의 시스템에 대한 수요가 없습니다.

We are happy with our current supplier.
기존의 공급자에게 만족하고 있습니다.

거래 · 제휴 신청

홈페이지를 통하여 세계 각국에서 거래 또는 제휴 신청 메일이 도착하게 되었습니다. 거래나 제휴를 신청할 때는 자사가 아니라 상대에게 있어서 그것이 어느 정도의 이익을 가져다 줄지를 강조합니다. 상대가 미국 기업인 경우 창업 몇 년이라는 전통과 자본금을 내세우는 것보다 매출, 시장 점유율, 기술력 등의 실적을 강조하는 것이 효과적입니다.

Subject: Possible Licensing-MMF

I visited you in Italy and discussed MMF business in 1999 when I was with XYZ Corporation. (XYZ used to supply finished products to your company.)

Would you be interested in a licensing arrangement in which you manufacture finished products while we supply technology and raw materials?

If you are not the right person to discuss licensing, could you please pass this e-mail to the appropriate party or let me know whom to contact?

Thank you for your consideration. I look forward to hearing from you.

* right person 적임자, 담당자

해석

제목 : MMF 라이센스의 가능성

XYZ 코퍼레이션 재직 중 1999년에 이탈리아에서 귀사를 방문하였으며 MMF 비즈니스의 이야기를 했습니다. (XYZ는 귀사에 완제품을 공급하고 있었습니다.)

당사가 기술과 원료를 공급하고 귀사가 완제품을 제조하는 라이센스 계약에 흥미가 있는지요?

만약 라이센스를 논의하는 데 귀사가 적임자가 아니라면 적임자에게 이 메일을 전송해 주시거나 누구에게 연락해야 하는지를 알려주시겠습니까?

검토해 주셔서 고맙습니다. 회신을 기대합니다.

Useful Expressions

I'm writing to inquire about a possible joint development arrangement between Best Technologies and World Corporation.
베스트 테크놀로지사와 월드 코퍼레이션간의 공동개발이 가능한지를 타진하기 위해 메일을 보냅니다.

Now we are seeking overseas partners to serve their clients who wish to develop their businesses in Korea.
당사에서는 현재 한국에서의 비즈니스 개발을 희망하는 클라이언트를 가지고 있는 외국 제휴 기업을 찾고 있습니다.

We are interested in licensing your coating technology. If you are interested, I would like to visit you and discuss it on my next trip to the U.S.
귀사의 코팅 기술을 라이센스 받고 싶습니다. 흥미가 있으면 다음 번 미국 출장 때 뵙고 상담하고자 합니다.

We are interested in an OEM arrangement with you. Please let me know if you would be interested.
귀사와의 OEM 계약에 흥미가 있습니다. 흥미가 있는지 알려 주시기 바랍니다.

The collaboration will enhance our product offerings and improve our respective access to necessary complementary technology.   * complementary 보완하다
이 협력에 의해 제휴할 수 있는 제품 군이 강화되고 양사에 있어서 필요한 보완 기술에의 액세스가 용이하게 될 것입니다.

This strategic partnership will improve the global competitiveness and operational efficiency of both companies.
이 전략적 파트너십에 의해 양사의 세계적 경쟁력과 업무 효율성이 향상될 것입니다.

The joint development will accelerate the creation of new products.
공동 개발에 의해 신제품의 개발이 가속화될 것입니다.

This technology-sharing alliance will give both of us the opportunity to enhance our existing products.
이 기술공유 제휴는 양사의 기존 제품을 향상시키기 위한 기회가 될 것입니다.

Would you please let me know if you are interested in some form of cooperation?
어떤 협력에 흥미가 있으면 알려주시지 않겠습니까?

We are attaching some information about IST. I hope it will give you a picture of our organization and an idea of possible ways we can work together.
IST에 관한 자료를 첨부합니다. 이것으로 당사의 개요 및 협력 가능한 방법을 알아 주셨으면 합니다.

If you're interested in discussing the possible partnership, I'm ready to visit California for further discussion.
제휴 가능성에 흥미가 있으시다면, 더욱 구체적인 논의를 위해 캘리포니아를 방문할 준비가 되어 있습니다.

거래·제휴 신청에 대한 회신

빨리 회답을 할 수 없는 경우에는 일단 나중에 회답하겠다는 뜻을 전합니다. 가능한 한 구체적인 날짜를 거론하는 것이 좋습니다. 검토를 위해 자료가 필요하다면 요청합니다.

📧 **[REPLY 1]**

Subject: RE: Possible Licensing-MMF

Thank you for your proposal about the licensing. Yes, I remember seeing you back in 1999.

I'm going to discuss it with our department head and will get back to you by next week.

해석 제목 : RE: MMF 라이센스의 가능성

라이센스 제안 고맙습니다. 네, 1999년에 만나 뵌 것을 기억하고 있습니다.

이 건으로 부장님과 상담해서 다음 주까지 회신하겠습니다.

📧 **[REPLY 2]**

I discussed the possible licensing with our department head and we're very much interested in the arrangement you proposed.

I'll be waiting to hear from you about how we can proceed.

해석 부장님과 라이센스 가능성을 상담했는데 제안하신 라이센스에 대단히 흥미가 있습니다.

어떻게 이야기를 진행시킬 것인지 귀사의 회신을 기다리고 있겠습니다.

Useful Expressions

Thank you for your interest in the possible joint venture between our two companies.
양사간의 공동 벤처 가능성에 대해 관심을 기울여 주셔서 고맙습니다.

It certainly presents new opportunities for us and that's something we would like to look into.
확실히 당사에 새로운 기회를 가져다 주며 어떤지 검토해 보겠습니다.

Could you please send me an outline of the joint efforts you are picturing?
당신이 생각하는 협력 관계의 개략을 보내주시겠습니까?

We would like to further explore the project with you and welcome your visit.
프로젝트를 귀사와 같이 좀더 검토하고자 하므로 귀사의 방문을 환영합니다.

We need to discuss it at the directors' meeting.
이사회에서 논의할 필요가 있습니다.

It needs to be discussed with all the departments involved.
모든 관련 부서와 논의할 필요가 있습니다.

It will be about two weeks before we can give you an answer. I will get back to you by June 30.
결정하는 데 약 2주 정도 필요합니다. 6월 30일까지 회신하겠습니다.

Please give us a month to explore the proposed opportunity.
신청 기회를 검토하는 데 1개월 말미를 주셨으면 합니다.

I hope this opportunity will develop into a mutually beneficial relationship.
이것으로 양사에 있어 유익한 관계로 발전하길 기대합니다.

We look forward to being able to pursue the opportunity in the near future.
가까운 시일 안에 제안에 응하고자 합니다.

거래 · 제휴 신청의 거절

우선 제안에 대해 감사하고 나서 이유와 함께 거절을 고합니다. 장래의 협력 가능성과 희망을 말하고 적극적인 말로 맺습니다.

Subject: RE: Possible Licensing-MMF

Thank you for the sample and relevant information.

It was immediately passed on to our parent company, ABC Corporation, for consideration there. Unfortunately, they decided that the product isn't feasible because the costs are considerably higher while the performance is similar to competitive products in the market.

I hope we'll find an opportunity to collaborate in the future.

해석

제목 : RE: MMF 라이센스의 가능성

샘플과 관련 자료 고맙습니다.

즉시 본사인 ABC 코퍼레이션에 전송하고 검토 받았습니다. 유감스럽게도 성능은 시장의 경합품과 같은 레벨이지만 가격이 꽤 비싸기 때문에 이 제품은 실현 불가능하다는 결정이 내려졌습니다.

나중에 다른 기회에 협력할 수 있기를 기원합니다.

Useful Expressions

We appreciate your interest in the possible partnership with us.
당사와의 제휴 가능성에 대해 흥미를 가져 주셔서 고맙습니다.

I'm sorry, but we have come to the conclusion that we are unable to pursue the licensing arrangement at this time.
유감이지만 현시점에서 라이센스 계약은 실시하지 않는다는 결론에 이르렀습니다.

I'm afraid we have to turn down your proposal.
유감이지만 귀사의 제안을 거절해야 합니다.

Unfortunately, ABC is not interested in the proposed project at this moment because we are not focusing in that area.
유감이지만 ABC에서는 그 분야에는 힘을 기울이지 않으므로 현재로선 신청하신 프로젝트에 흥미가 없습니다.

We already have a partner in Saudi Arabia.
사우디아라비아에는 이미 파트너가 있습니다.

We are not interested in the Australian market at this time.
오스트레일리아 시장에는 현재로선 흥미가 없습니다.

The sale of your products in Japan will require approval from the Ministry of Health, Labour and Welfare. This will require substantial time and financial resources. We are not ready to make that kind of commitment at this time.

* substantial 상당한, 꽤   financial resources 비용

귀사 제품의 일본 판매에는 후생노동성의 허가가 필요합니다. 그것을 얻기 위해서는 상당한 시간과 경비가 듭니다. 지금 시점에서 당사로서는 그러한 투자를 할 뜻이 없습니다.

We are concerned that we may have difficulties in gaining market acceptance.
시장에 받아들여질지 걱정입니다.

You probably are aware that your parent company and our parent company compete in the resin market.
아마 아시겠지만 귀사의 본사와 저희 본사는 수지 시장에서 경쟁하고 있습니다.

We regret not being able to give you a more favorable reply.
보다 호의적인 답변을 드리지 못해 유감입니다.

Thank you for your interest in our company and best wishes with your venture.
당사에 관심을 가져 주셔서 고맙습니다. 귀사의 사업 성공을 기원합니다.

거래 문의/견적 의뢰

수량, 구입 조건, 매매 기준 가격, 통화, 지불조건 등을 구체적으로 기재합니다.

Subject: NMF

We would like an official quote on the following two orders:

Product: NMF
Price: CIF Korea preferred (Bill quoted $2,000/MT FOB Montreal Port)

1) Qty: 1 Drum (sample order)
2) Qty: 5MT/quarter

Pls e-mail or fax your quote to +81-2-3123-4567. Thank you.

해석

제목 : NMF

아래 2가지 주문에 대해 정식적인 견적을 주셨으면 합니다.

제품 : NMF

가격 : 가능하면 CIF 조건으로(Bill에서는 FOB몬트리올 항에서 $2000/MT의 견적을 받았습니다.)

1) 수량 : 1드럼(샘플 주문)
2) 수량 : 5드럼/4분기

견적을 메일을 보내주시거나 81-2-3123-4567으로 팩스 보내 주십시오. 고맙습니다.

Subject: TMU

We're interested in the following product. Could you please quote us the FOB price?

Product: TMU
Qty: 200 units
Ship to: Korea

If you have any questions or need additional information, please let me know. I look forward to hearing from you.

해석

제목 : TMU

아래의 제품에 흥미가 있습니다. FOB가격을 받을 수 있는지요?

제품 : TMU
수량 : 200개
선적항 : 한국

질문이 있거나 더 필요한 정보가 있으시면 알려주십시오. 회신을 기다리고 있겠습니다.

Useful Expressions

We'd like a quote on the following.
아래에 대하여 가격을 제시해 주십시오.

We'll need 400 pieces of CFS. Could you please make your best offer FOB any European port?
CFS 조건으로 400개 필요합니다. 유럽 어느 항이나 괜찮으므로 FOB조건으로 베스트 오퍼를 제시해 주시기 바랍니다.

Also, could you provide bulk costs? We are interested in 30MT of EMP-300 and 2MT of EMP-500. These amounts would be distributed over a 12-month period starting in January of 2007.
벌크인 경우의 가격도 알려주시겠습니까? EMP-300이 30톤, EMP-500이 2톤이며, 2007년 1월부터 개시해서 12개월간에 걸쳐서 이것을 분산시키고자 합니다.

Could you quote your translation fee for a 35-page patent application from Korean into English? Sample pages are attached. The translation needs to be delivered by July 23.
35페이지의 특허 신청서를 한국어에서 영어로 번역하는 데 얼마나 걸리는지 견적을 주시겠습니까? 견본 페이지를 첨부합니다. 번역 납기는 7월 23일입니다.

If a volume discount is available, please indicate that.
수량 할인이 있다면 그것도 제시해 주십시오.

Please also let us know the delivery time and payment terms.
납기와 지불조건도 알려주십시오.

We need a firm quotation by Tuesday.
화요일까지 확정 가격이 필요합니다.

The work must be completed by the end of November.
납기는 11월말입니다.

Please e-mail or fax your offer to the following:
귀사의 오퍼를 메일이나 팩스로 아래로 보내주십시오.

 ## 견적/조건 제시

수량, 납기, 납입방법, 매매기준가격, 통화, 지불조건 등을 제시합니다. 오퍼에 기한이나 조건을 붙이는 경우는 그것도 명기합니다.

Subject: Quote for MEP

We are pleased to quote as follows:

Product: MEP-300
Price: $19.95/kg CIF Dallas Airport, Duty Unpaid
Quantity: 18kg (1 can)

Product: MEP-500
Price: $23.10/kg CIF Dallas Airport, Duty Unpaid
Quantity: 288kg (16 cans@18kg)

Delivery: Can be shipped the week of May 20 with ETA the week of May 27.
Payment: Wire transfer 15 days after receipt

We look forward to receiving your order soon.

해석

제목 : MEP 견적

아래와 같이 가격을 제시합니다.

제품 : MEP-300
가격 : $19.95/kg CIF 달라스 공항(관세 미불)
수량 : 18kg(1캔)

제품 : MEP-500
가격 : $23.10/kg CIF 달라스 공항(관세 미불)
수량 : 288kg(18kg×16캔)

납품 : 5월 20일이 있는 주에 출하 가능, ETA는 5월 27일이 있는 주
지불 : 수령 후 15일 전신 송금

주문을 기대합니다.

Subject: Translation Estimate

Thank you for sending me the sample pages for an estimate. I'll be happy to estimate as follows:

Table of Contents: 438 words
Heavy pages: 1,500 words
Total: 12,084

Typical Pages: 8,760 words
Exhibits: 1,386 words

Rate: 20 yen/word
Estimated Cost: 241,680 yen

Estimate is subject to the amount of formatting required as well as the final word count. Client is liable for the per word rate for the total of all words translated.

Delivery: April 3, 2007, 5 p.m., JST by e-mail in Word file

Thank you for your consideration. I look forward to working with you.

* subject to …을 조건으로   liable 책임이 있는

해석

제목 : 번역 견적

견적을 위해 견본 페이지를 보내주셔서 고맙습니다. 아래와 같이 견적해 드립니다.

목차 : 438 단어
단어 수가 많은 페이지 : 1,500 단어
합계 : 12,084 단어

평균 페이지 : 8,760 단어
첨부자료 : 1,386 단어

요금 : 1 단어당 20円
견적요금 : 241,680円

요금은 필요한 포맷의 양이나 최종적인 단어 수에 의해서 바뀝니다. 클라이언트에게는 번역된 모든 단어에 대해 단어 한 개당 요금을 지불 받습니다.

납품 : 2007년 4월 3일 일본시간 오후 5시 워드 파일을 메일로

검토해 주셔서 고맙습니다. 함께 일할 수 있기를 기대합니다.

Useful Expressions

We are pleased to quote you as follows:
아래와 같이 견적해 드립니다.

Terms: FOB Incheon
Shipment: Within 30 days after receipt of L/C
Payment Terms: Irrevocable L/C at sight in US dollars
조건 :　FOB 인천
출하 :　L/C 수령 후 30일 이내
지불조건 : USD 취소불능 L/C 일람불

The price will be 30,000 yen/kg or $277.77/kg (based on 108 yen/kg)
가격은 3만엔/kg, 277.77/kg(환율 108엔/kg)

The total fee and expenses for the LED research project will be as follows:
LED조사 프로젝트 요금 및 경비 합계는 아래와 같습니다.

Our minimum order is 1MT.
당사의 미니멈 오더는 1MT입니다.

50% of the total quoted fee is due upon signing the agreement. The remaining will be invoiced upon completion of the project.
계약 체결시에 견적 요금 총액의 반을 지불 받습니다. 나머지는 프로젝트 완료와 동시에 청구하겠습니다.

One third of the total fee is required as a deposit.
요금 총액의 3분의 1이 선불로서 필요합니다.

We'll ship your order upon receipt of your payment in full.
주문품은 요금을 전액 수령하는 대로 출하하겠습니다.

We can deliver the product by May 31.
제품은 5월 31일까지 보내 드릴 수 있습니다.

The PO should be addressed to:
주문서는 아래로 부탁 드립니다.

We offer you the following subject to our final confirmation.
당사의 최종 확인을 조건으로 아래를 오퍼합니다.

This quotation is valid until February 4, 2007.
이 견적은 2007년 2월 4일까지 유효합니다.

 주문

반드시 메일을 보관해 두며 상대방으로부터 주문 확인을 받습니다.

Subject: CML Orders

We need to place two orders for CML. I'll be faxing you these two POs.

PO# 10302 6MT delivery 3-25-07
PO# 10303 6MT delivery 4-3-07

Please confirm receipt of the POs. Thanks.

 제목 : CML 주문

CML의 주문을 2개 넣어야 하기 때문에 아래 주문서 2매를 팩스로 보냅니다.

PO# 10302 6MT 납품 2007년 3월 25일
PO# 10303 6MT 납품 2007년 4월 3일

주문서를 수령하시면 연락 주십시오. 고맙습니다.

Useful Expressions

I'm attaching our Purchase Order I-432.
주문서 I-432를 첨부합니다.

This is to confirm our order as follows:
주문을 아래와 같이 확인합니다.

We are pleased to accept your offer as follows:
귀사의 오퍼를 아래와 같이 수락합니다.

This is to confirm our acceptance of your counteroffer of November 17.
이것은 11월 17일자 귀사의 카운터 오퍼의 수락을 확인하는 것입니다.

We will accept your offer if you can ship by the end of January.
1월 말까지 출하해 주신다면 오퍼를 받아 들이겠습니다.

We will be ordering 10MT early next week for Dec. delivery.
12월 납품으로 다음 주 초에 10MT 주문하겠습니다.

주문 승낙/확인

이미 주문했는데 상대방에게서 주문서가 도착되지 않는 경우도 발생합니다. 메일이든 팩스든 주문서를 받은 다음에는 반드시 수령 확인서를 보내 둡니다.

Subject: RE: CML Orders

We received your PO #10302 and 10303.

PO# 10302 (6MT) will leave our plant on Feb. 20.
PO# 10303 (6MT) will leave our plant on March 10.

We'll get back to you with the ship's ETDs and ETAs next week.

해석

제목 : CML 주문

귀사의 주문서 번호 10302와 10303을 받았습니다.

PO# 10302(6MT)는 2/20에 당사 공장에서 출하될 예정
PO# 10303(6MT)는 3/10에 당사 공장에서 출하될 예정

선박 ETD(출항예정일), ETA(도착예정일)에 대해서는 다음 주에 연락하겠습니다.

Subject: Your PO for FXG

We haven't received the revised PO yet. We can't ship your order until we receive it. Please fax it at 81-3-1234-5678.

해석

제목 : 귀사의 FXG 주문서

개정한 주문서를 아직 못 받았습니다. 수령할 때까지 주문을 발송할 수 없습니다. 81-3-1234-5678로 팩스 부탁드립니다.

 **[REPLY]**

We just faxed a copy of the PO. Please confirm receipt.

 지금 주문서 사본을 팩스 보냈습니다. 수령했는지 연락 주십시오.

Useful Expressions

Thank you for your order of August 10 for AX100.
8월 10일자 AX100의 주문 감사합니다.

We appreciate your first order with World Electronics.
월드 일렉트로닉스에의 첫 주문 고맙습니다.

We will confirm your order as follows:
귀사의 주문을 아래와 같이 확인합니다.

This is to confirm your order placed by fax on March 3.
이것은 3월 3일에 팩스로 받은 주문을 확인하는 것입니다.

Your order will be shipped next week.
주문품은 다음 주에 출하하겠습니다.

Delivery is scheduled for October 15.
납품은 10월 15일 예정입니다.

Thank you for choosing Korean Plastics for your plastics needs.
귀사의 플라스틱 요구에 대하여 코리안 플라스틱스를 선택해 주셔서 고맙습니다.

We appreciate your confidence in our products.
당사의 제품을 선택해 주셔서 고맙습니다.

We haven't received your PO1234. Pls resend.
귀사의 주문번호 1234를 받지 못했습니다. 다시 발송해 주십시오.

MK10 and AF500 are available for immediate shipment, but MD40 won't be available until after Nov. 10. Should we ship MK10 and AF500 first?
MK10과 AF500은 즉시 발송할 수 있지만 MD40을 준비할 수 있는 것은 11월 10일은 지나야 됩니다. MK10과 AF500을 먼저 출하할까요?

Please ship the materials that are available.
지금 있는 것을 출하해 주십시오.

주문(거래 문의) 거절

우선 주문 또는 거래 문의에 대한 사의를 서술하고 제조 중지 · 재고 없음 · 이미 대리점이 있는 등 거절 이유를 설명합니다. 그 상품을 구할 수 있는 곳에 대한 정보도 제공하면 좋을 것입니다. 조건에 따라 응할 수 있는 경우는 그것을 전달합니다. 마지막에는 장래에 거래로 연결될 것 같은 뉘앙스의 문장으로 끝을 맺습니다.

Subject: PME

Thank you for your inquiry about PME.
Unfortunately, we do not have any inventory right now.
It'll be available by mid-July. We'll let you know as soon as it's ready for shipping.

FYI, we have GMA in stock and it can be shipped right away.
If you're interested in GMA, pls let me know.

Thank you again for your interest in our products.

해석

제목 : PME

PME에 대한 거래 문의 고맙습니다.
유감입니다만 현재 재고가 없습니다.
7월 중순에는 가능하므로 출하할 수 있게 되면 즉시 알려 드리겠습니다.

참고로 GMA라면 재고가 있어서 즉시 출하 가능합니다.
GMA에 흥미가 있으면 알려주십시오.

당사 제품에 대한 관심에 다시 한 번 감사드립니다.

Subject: RE: ACF Supply

We aren't accepting any new inquiries or orders right now even for research purposes because of a super-tight supply situation.

The supply is supposed to remain tight throughout 2007, but I'll be happy to let you know when our supply situation improves.

해석 제목 : RE: ACF 공급

공급이 매우 타이트하므로 현재 연구 목적이라도 신규 문의 또는 주문을 전혀 접수하고 있지 않습니다.

공급은 2007년 내내 대체로 타이트하지만 공급 상태가 완화되는 대로 꼭 알려 드리겠습니다.

We have an exclusive licensing relationship with another company and the relationship does not allow us to work with ABC.

However, the scope of the relationship may change in the future. When that happens, we will certainly let you know.

* exclusive 독점적인

해석 다른 회사와 독점 라이센스 계약을 하고 있어 ABC사와 거래할 수 없습니다.

그렇지만 앞으로 그 거래 내용이 바뀔 수도 있습니다. 그런 일이 생길 경우는 반드시 알려 드리겠습니다.

 ## Useful Expressions

Sorry, we do not produce surfactants.
미안합니다만 당사에서는 계면활성제는 만들지 않습니다.

Unfortunately, we have an exclusive agent in Singapore.
유감스럽지만 싱가폴에는 총대리점이 있습니다.

If you are interested in purchasing from them, you are welcome to contact them. Their name is ABC Trading and their number is 6123-4567.
만약 그곳으로부터의 구입에 흥미가 있으면 꼭 상대방에게 연락해 주십시오. 대리점의 이름은 ABC 트레이딩이며 전화번호는 6123-4567입니다.

We do not sell directly to consumers.
당사에서는 소비자에게 직판은 하지 않습니다.

I appreciate your inquiry, but we do not carry that item.
문의는 감사합니다만 당사에서는 그 상품을 취급하지 않습니다.

The product has been discontinued.
그 제품은 더 이상 판매(생산)하지 않습니다.

All we can supply right now is a sample for evaluation. We cannot supply 2000 lb.
현재 공급할 수 있는 것은 평가용 샘플뿐입니다. 2000 lb는 공급할 수 없습니다.

I'm sorry that CX200 is no longer available. However, we offer the following product that could substitute it.
죄송합니다만 CX200는 더 이상 판매하고 있지 않습니다. 그렇지만 그것을 대신할 수 있는 아래의 제품을 제공하고 있습니다.

I'm sorry, but we will not be able to meet the delivery date because our plant will be closed for the entire month of August for a semi-annual inspection. We will be happy to deliver in October.
죄송합니다만 반년에 한 번의 검사로 인해 8월 내내 공장이 쉬기 때문에 납기를 맞출 수 없습니다. 10월도 좋다면 기꺼이 납입하겠습니다.

We cannot meet your request price, which is 25% lower than our list price.
당사의 정가 25% 할인인 그쪽의 지정가로는 응하기 어렵습니다.

Your offer is appealing, but right now we are not ready to expand to Eastern Europe. When we are ready, we'd like to contact you.
귀사의 오퍼는 매우 흥미있습니다만, 지금 당장에는 동구에 진출할 준비가 되어 있지 않습니다. 준비가 되면 재차 연락하고 싶습니다.

If we can be of service to you in other ways, please let us know.
혹시 그밖에 도움이 될 수 있는 것이 있으면 알려주십시오.

We appreciate your interest in our products.
당사의 제품에 관심을 기울여 주셔서 고맙습니다.

Thank you for your continued interest in our products.
당사의 제품에 변함없는 관심을 기울여 주셔서 고맙습니다.

We look forward to being of service to you.
장래에 서비스할 수 있길 기대합니다.

교섭(가격 · 기타 조건)

조건은 모호하게 해 두지 말고 모두 명확하게 해 두는 것이 중요합니다. 계약서를 교환하기 전에 납득이 갈 때까지 협의, 교섭을 해 둡시다.

Subject: LDMX

We are still interested in getting a sample of LDMX, which you offered. The price we can accept is in the area of US$35/kg. Anyway, the first priority is to test the performance of the monomer. Please send a 1kg sample to my attention.

해석 제목 : LDMX

제공해 주신 LDMX의 샘플에는 지금도 흥미가 있습니다. 수용 가능한 가격은 US$35/kg입니다. 어쨌든 최우선시 해야 할 것은 모노머의 성능을 시험하는 것입니다. 1kg의 샘플을 제 앞으로 보내주십시오.

[REPLY]

Unfortunately, a price of less than $45/kg is impossible, but we'll send you a sample for your evaluation anyway.

해석 유감입니다만 $45/kg 미만의 가격은 불가능합니다. 어쨌든 평가를 위해 샘플을 보냅니다.

In your e-mail of 3 March you quoted US$45/kg as the lowest price possible. Can you explain the increase to US$52/kg FOB Korea within just two months?

I would immediately place an order for 500kg for US$45/kg in order to make a first test batch of a 5MT emulsion. If this trial works, we could consider buying up to 25MT per year. Please let me know.

해석

3월 3일자 귀사의 메일에서 최저 가능 가격은 $45/kg였는데, 2개월도 지나기 전에 FOB 한국 가격이 왜 US$52/kg로 상승했는지요?

5톤의 유제액의 시험 제작 제 1탄을 만드는 데 가격이 US$45/kg이면 500kg 곧바로 주문하고 싶습니다. 이것이 잘되면 연간 최고 25MT의 구입을 검토할 것입니다. 알려주십시오.

[REPLY 2]

No, the $45 figure was "mentioned" in my e-mail of January 21. It was not an official quote. An official quote was never made because an order quantity was never specified.

The price depends on the quantity as well as the potential for future growth. With your indication of an annual purchase of 25MT, we'll reconsider the price. We'll get back to you within a couple of days.

해석

아닙니다. 1월 21일자 저의 메일에서는 $45이라고 하는 숫자를 말한 것뿐이며, 정식 가격의 제시는 아니었습니다. 주문량이 구체적으로 제시되지 않았기 때문에 정식 가격 제시는 아직 하지 않았습니다.

가격은 수량 및 장래의 성장 가능성에 의합니다. 연간 구입량이 25MT이므로 가격을 재검토할 것입니다. 오늘 내일 중으로 회답하겠습니다.

Subject: Research Project

Regarding the proposed project on the new applications of your technology, we are very concerned about the time constraint and the quality of work (which might suffer due to the time constraint). We'd like to discuss the scope of work and your expectations for this project.

I'd also like to discuss the retainer agreement in connection with future projects.

* time constraint 시간적인 제약   scope of ... ...의 범위

해석

제목 : 조사 프로젝트

제안하신 귀사 기술의 신규 어플리케이션에 관한 프로젝트에 대하여 당사에서는 시간의 제약과 일의 질(시간의 제약 때문에 희생이 될지 모름)에 대해 매우 걱정하고 있습니다. 일의 범위와 이 프로젝트에 대한 귀사의 요망에 대해 논의하고 싶습니다.

또한 장래의 프로젝트에 관한 리테이너 계약에 대해서도 논의하고 싶습니다.

Subject: Our Offer for XYZ

The offer we made to you on July 13, 2006 expires on Sept. 2, 2006. However, you can extend this offer for fifteen (15) days with a small charge of 3%. The new offer will be US$9,888.00, valid until Sept.17, 2007.

Please let us know if you'd like to extend the offer.

* valid until ... ...까지 유효한

해석

제목 : XYZ의 오퍼

2006년 7월 13일에 제시한 오퍼는 2006년 9월 2일까지 유효합니다. 그렇지만 3% 수수료만 내면 이 오퍼를 15일 연장할 수 있습니다. 새로운 오퍼는 US$9,888이며, 2007년 9월 17일까지 유효합니다.

오퍼를 연장하실 것인지 알려주십시오.

Useful Expressions

We would like to work out an arrangement in which you are compensated for by receiving a percentage of the negotiated deal.
보수는 교섭한 금액의 수수료를 받아 주는 형태를 취하고 싶습니다.

I believe this structure of compensation will offer you the greatest amount of revenue.
이 보수 방법이면 당신에게 최고의 수입을 제공할 것으로 생각합니다.

If you agree to this arrangement, I believe we can move forward very quickly.
이러한 형태로 합의해 주신다면 앞으로 신속하게 진행할 수 있을 것이라 생각합니다.

Is there a volume discount?
수량 할인은 있습니까?

A volume discount is available for an order of 10,000 pieces or larger.
수량 할인은 1만 개 이상의 주문에 대해 적용됩니다.

I'd like to make you a counteroffer of US$ 5.00 per piece.
개 당 5달러의 카운터 오퍼를 신청합니다.

We usually work for a 10% commission, no less.
당사의 커미션은 통상 10%로서 그 이하로는 받지 않습니다.

The 8% commission will barely cover our expenses. We'll need at least 10%.
8%의 커미션으로는 간신히 경비가 커버되는 정도일 것입니다. 적어도 10%는 필요합니다.

Our royalty to other licensees is 5%. We cannot accept a lower rate.
다른 라이센시(피허락자)로의 로열티는 5%입니다. 이 이하로는 받아들일 수 없습니다.

We'd like to have the payment terms changed from 15 days after sight to at sight.
지불조건을 일람 후 15일에서 일람불로 바꾸어 주셨으면 합니다.

For international transactions, we accept only an L/C or prepayment.
외국과의 거래는 L/C 또는 선불만 받아들이고 있습니다.

I'm sorry, but we cannot accept cash on delivery for international shipment.
죄송합니다만, 외국으로의 출하에는 대금 상환 인도는 받아들일 수 없습니다.

We'd like a CIF Incheon price instead of the FOB price.
FOB 가격이 아니라 CIF 인천 가격을 제시해 주시겠습니까?

Is there any way the order can be delivered within two weeks?
주문품을 어떻게든 2주 이내에 보내주실 수 없습니까?

출하에 대해 주고받기

출하 관련으로 트러블이 일어나기 쉽기 때문에 서로 납득이 갈 때까지 이야기를 매듭짓고 서로 긴밀한 연락을 취하는 것이 중요합니다.

Subject: Air Freight

Can you give us an estimated cost in case we decide to air freight the PO10302?

Thanks.

해석　제목 : 항공 수송비

주문번호 10302를 항공 수송할 경우의 비용 견적을 받을 수 있습니까?
감사합니다.

[REPLY]

Here's the estimated air freight cost for 6,600 kg of GX100,

1,782,000 yen = approx. $15,000
incl. inland transportation from Seattle to Charlotte

Customs clearance on Fri
6-7 days to Charlotte (1 flight a week)

There will be a fuel charge of 79,200 yen = $660

Or we recommend shipping 3MT by air and 3MT by ocean. Then the air freight cost will be about half.

해석　GX100 6,600kg의 공수 비용 견적은 아래와 같습니다.
1,782,000엔(= 약 15,000달러)
시애틀에서 샬럿까지의 국내 수송 포함.
금요일 통관

샬럿까지 6, 7일(주 1편)

연료비 79,200엔(= 660달러) 듭니다.

또는 공수로 3MT, 배로 3MT 출하하는 것을 추천합니다. 그러면 항공 수송비는 약 반으로 해결됩니다.

📧 **[REPLY to REPLY]**

Thanks. We will advise if we need to go this route.

I agree that we would air only 3MT. We should have a decision by the end of next week or the beginning of the following week.

해석 고맙습니다. 이 방법으로 진행할 필요가 있으면 연락 드리겠습니다.

3MT만 항공 수송하는 데 찬성입니다. 다음 주 말이나 그 다음 주 초까지는 결정할 수 있을 것입니다.

Useful Expressions

If you decide to air freight, please let us know by March 29. Otherwise, the material will be sent to the port.
항공 수송할 경우는 3월 29일까지 알려주십시오. 그렇지 않으면 원료는 항구로 보내질 것입니다.

There's an option to air freight partially instead of the entire 4MT.
4MT 전부가 아니라 일부 항공 수송하는 옵션도 있습니다.

Just talked with ABC Cargo, but they have not received any documents reshipment. Can you have them sent again? I don't think the paperwork is being sent as we have requested or it would have already been there.
방금 ABC 카고와 이야기했는데 출하에 관한 서류를 전혀 받지 못했다고 합니다. 다시 발송해 주시겠습니까? 당사에서 요구한대로 서류가 보내지지 않은 것 같습니다. 그렇지 않으면 벌써 도착했을 것이기 때문입니다.

Re our PO#10302 for 24 drums of AC: half of order (12 drums) needs to be shipped by air asap and advise ship date. Remaining 12 drums by ocean asap.
주문번호 10302, AC의 24드럼 건 : 주문의 반(12드럼)은 가능한 빨리 항공 수송이 필요함. 출하일을 알려주십시오. 나머지 12드럼은 가능한 한 빨리 배로.

출하통지

상대방이 요구하지 않아도 통관업무 등이 순조롭게 진행되도록 출하통지를 해야 합니다.

Subject: Aug. Shipment <PO11366>

The PO11366 (2MT) will ship as follows:

ETD   Korea   July 31
ETA   Vancouver   Aug.18

It should arrive at your plant by Aug. 24.

Thank you for your business.

해석

제목 : 8월 출하 〈주문서 번호 11366〉

주문서 번호 11366(2MT)는 아래와 같이 출하합니다.

ETD   한국   7/31
ETA   밴쿠버   8/18

귀사의 공장에는 8월 24일까지 도착할 것입니다.

거래해 주셔서 감사합니다.

Useful Expressions

Just wanted to make sure B/L# TYLA 4197565 is arriving in Charleston as scheduled.
B/L번호 TYLA 4197565가 예정대로 찰스톤에 도착하는지 확인하고자 합니다.

Just to let you know the shipment is arriving in Houston by the 24th, as scheduled, according to ABC Express.
ABC 익스프레스에 의하면 적하(積荷)는 예정대로 휴스턴에 24일까지 도착한다는 것을 전하고자 합니다.

Your Purchase Order #12345 was shipped by air yesterday.
귀사의 주문번호 12345는 어제 항공편으로 출하했습니다.

Please acknowledge your receipt.
도착지를 알려주십시오.

We shipped the following to you last week.
아래의 상품은 지난 주에 출하했습니다.

You should receive it by the end of the week. Please let me know when you do.
물건이 주말까지 도착할 것입니다. 받으면 연락 주십시오.

Your order was shipped on Wednesday. The estimated arrival time in Hong Kong is Sept. 2.
주문하신 물건은 화요일에 출하되었습니다. 홍콩 도착 예정일은 9월 2일입니다.

All the shipping documents have been forwarded to your freight forwarder, Best Agent.
선적서류는 모두 귀사의 프레이트 포워더인 베스트 에이전트 앞으로 보냈습니다.

Attached are the shipping documents for the shipment that is scheduled to arrive at Savannah on April 30 (PO10736).
첨부한 것은 4월 30일 사바나에 도착 예정인 적하(주문번호 10736) 선적서류입니다.

 도착 확인

물건이 도착한 후 한 마디로 그 취지를 연락해 두면 불필요한 트러블을 피할 수 있으며, 원활한 커뮤니케이션으로 연결될 것입니다.

Subject: Aug. Shipment <PO11366>

The shipment arrived at our plant this morning. Thank you.

 제목 : 8월 출하 〈주문서 번호 11366〉

오늘 아침 저희 공장에 물건이 도착했습니다. 감사합니다.

Useful Expressions

Thank you for the shipment.
출하 감사합니다.

The shipment just arrived at Busan and will clear customs this afternoon.
물건이 부산에 도착하였으며 오늘 오후에 통관 예정입니다.

Thank you for your prompt delivery as usual.
매번 신속한 출하에 감사드립니다.

I just wanted to make sure you got the OT300.
OT300이 제대로 도착했는지 확인하고 싶었던 것뿐입니다.

Has the shipment arrived yet?
물건이 아직 도착하지 않았습니까?

If you don't receive the shipment by Friday, please let me know.
금요일까지 물건이 도착하지 않으면 연락 주십시오.

 ## 지불 재촉(최초)

기일까지 지불하지 않는 경우 우선 통지 정도의 friendly reminder를 보냅니다. 그런데도 지불하지 않는 경우는 Second Notice를 보내고 몇 번이나 연락해도 응답이나 지불을 하지 않는 경우 Final Notice 또는 Final Demand를 보냅니다. 당연히 어조는 점차 강해집니다. 최종 통지는 메일이 아니라 증거 문서로서 우송하는 것이 적절하지만, 일단 메일로 보내는 경우도 상정해서 예문을 소개합니다.

Subject: Payment <Invoice #12345>

This is just to remind you that your payment on invoice #12345 was due May 1. As of today (May 15), we have not received it.

If you have any questions about the invoice, please let us know. If payment has been made, please disregard this e-mail.

Thank you for your business.

해석

제목: 지불 〈청구서 번호 12345〉

이것은 청구서 번호 12345의 지불 기일이 5월 1일인 것을 알리는 것입니다. 5월 15일 현재 지불되지 않고 있습니다.

청구서에 대해 질문이 있으면 알려주십시오. 만약 지불하셨다면 이 메일은 무시하시기 바랍니다.

거래해 주셔서 감사합니다.

Subject: Payment for Invoice #98760

We have yet to receive a payment for Invoice #98760. It has been more than 15 days after receipt.

Could you look into this, please?

해석 제목 : 청구서 번호 98760의 지불

청구서 번호 98760에 대해 아직 지불 받지 못했습니다. 물건 도착 후 벌써 15일 이상이 지났습니다. 이 건을 알아봐 주시겠습니까?

[REPLY]

The invoice went to the wrong address (Chicago office). Then it was forwarded to me last Monday. I okayed payment and sent it on to Gail Witherspoon, Accounts Payable, last Monday. I will check on the payment tomorrow.

해석 청구서가 잘못된 주소(시카고 사무소)로 보내졌습니다. 그래서 지난 주 월요일 저에게 전송되어 왔습니다. 지불을 허가하고 지불 담당인 게일 위더스푼에게 지난 주 월요일에 보냈습니다. 지불이 어떻게 되었는지 내일 체크하겠습니다.

Useful Expressions

This is a friendly reminder about an overdue invoice. * overdue 기일이 지나다
미지불 청구서가 있음을 알려 드립니다.

This is just to let you know that your account is past due. * past due 기일이 지났다
지불 기일이 지났음을 알려 드립니다.

Our records show that your payment is not up to date.
당사의 기록에 의하면 귀사로부터의 지불이 지연되고 있습니다.

This statement shows an overdue balance.
명세서에 의하면 지불 기일을 넘긴 잔금이 있습니다.

Just a reminder that your payment of $10,000 is overdue.
1만 달러의 지불이 기일을 넘긴 것을 알려 드리는 것입니다.

We are writing to remind you of an unpaid balance of $40,000 on your account.
4만 달러가 미불인 것을 알리기 위해 메일을 보냅니다.

Our invoice number 12345 for $9,800 has not been paid yet.
9,800달러의 청구서 번호 12345가 아직 지불되지 않고 있습니다.

Please ensure that overdue invoices are paid without further delay.
지불 기일을 넘긴 청구서가 더 이상 늦지 않게 지불되도록 부탁합니다.

지불 재촉(두 번째 이후-최종통지)

두 번째 통지에서는 지불기한 초과에 대한 통지를 보내고 있음을 명기합니다. 끈질기게 재촉하거나 「지불하지 않으면 반품하라」고 강요하기보다 「사정이 있다면 상담에 응하겠다」며 대답을 재촉하거나 지불에 대한 기대를 적극적으로 전하는 것이 효과적입니다. 최종통지는 본래 증거문서로서 수취증명 첨부로 우송해야 합니다.

Subject: Payment <Invoice #12345>

We sent you an e-mail about the overdue payment on May 16, but we haven't received the payment yet.

If there is any reason you cannot make the payment, please let us know. We may be able to work something out.

We value and appreciate your business and look forward to your payment soon.

해석

제목 : 지불 〈청구서 번호 12345〉

5월 16일에 지불기한 초과에 대한 메일을 보내 드렸습니다만 아직 지불되지 않고 있습니다.

지불해 주실 수 없는 이유가 있으시면 알려주세요. 해결에 협력할 수 있을지도 모릅니다.

거래에 감사 드리며 가까운 시일 내에 지불 될 수 있길 기대합니다.

Subject: Final Notice

We have sent you several e-mails and letters about your overdue account for the last couple of months, but we have not had a response from you.

This is our final request for payment of the overdue balance of $10,000 on your account. If your payment in full is not received by Aug. 31, we will have no choice but to turn your account over to our collection agency.

We look forward to your prompt payment.

해석

제목 : 최종통지

과거 2개월간 기일이 지난 지불에 대해 몇 번이나 메일과 편지를 드렸지만 귀사로부터 답신을 받지 못하고 있습니다.

이것은 1만 달러의 미불분의 지불을 부탁하는 마지막 통지입니다. 8월 31일까지 전액 지불되지 않으면 이 건은 회수업자에게 넘기는 수 밖에 없습니다.

즉시 지불해 주시길 부탁합니다.

Useful Expressions

It was due May 19 and is now overdue 60 days.
5월 19일이 지불기한이었지만 벌써 기한을 60일 넘기고 있습니다.

We have received no response from you to our recent e-mail asking for payment.
일전에 보내 드린 지불에 관한 메일에 대해 답장을 받지 못하고 있습니다.

We faxed you a copy of the invoice on November 18, but it is still unpaid.
11월 18일에 청구서 사본을 팩스 보냈습니다만, 아직 지불되지 않고 있습니다.

Your bill of $1,000 is now overdue 60 days. Please remit your payment in full within 10 days.
1,000달러의 청구서는 이미 지불기한을 60일 초과하고 있습니다. 10일 이내에 전액 지불해 주십시오.

If there is any difficulty or specific situation we should be aware of, we would like to know.
만약 무슨 문제가 있거나 특별한 상황이 있으면 알려주셨으면 합니다.

We might be able to work out a payment schedule suitable to your needs.
귀사의 형편에 맞춰 지불계획을 세울 수 있을지도 모릅니다.

In order to avoid account suspension, please review your records and make sure that the past due invoices are paid without further delay.
거래 정지를 피하기 위해 귀사의 기록을 조사해 주시고 미불 청구서를 더 이상 지연 없이 지불해 주십시오.

If we do not hear from you within five days, your file will be turned over to our legal department. Please help us avoid that.
5일 이내에 답장이 없으면 귀사의 파일은 법무부에 보내게 됩니다. 그런 일이 없도록 협조 부탁 드립니다.

Your bill of $1,000 is now overdue 90 days. Please remit $1,000 in full by December 1.
1,000달러의 청구서가 지불 기일을 90일 넘기고 있습니다. 12월 1일까지 1,000달러를 전액 송금해 주십시오.

Despite our numerous requests, we have not been successful in collecting the outstanding balance due from your company.
몇 번이나 재촉했지만, 귀사로부터 미불 분이 수금되지 않고 있습니다.

This is our final request for payment of the overdue balance of $40,000 on your account.
이것은 미불 분 4만 달러의 지불을 부탁하는 마지막 통지입니다.

If your payment in full is not received by April 20, your file will be turned over to our legal department.
4월 20일까지 전액 지불해 주시지 않으면 귀사의 파일은 법무부로 보내질 것입니다.

If full payment is not received within the next 15 days, we will have to suspend your account and turn it over for collection.
앞으로 15일 이내에 전액 지불하지 않으시면 거래를 정지하고 회수업자에게 돌리겠습니다.

Please help us avoid turning to legal action.
법적 수단에 의지하지 않도록 협력해 주십시오.

계약서에 관해 주고 받기

미국에서는 특히 계약서가 매우 중시되고 있습니다. 당사자 간을 몇 번이나 왕래하고 수정을 하는 것이 예사입니다.

Subject: Amendments

I'm attaching
1) Draft of the Amendment to the License Agreement
2) Amendment to the NDA: the original has been mailed to Bob

  * NDA 비공개 계약(non-disclosure agreement)

해석 제목 : 보칙

아래를 첨부합니다.
1) 라이센스 계약 보칙의 드래프트
2) 비공개 계약의 보칙: 원본은 Bob에게 보냈습니다.

[REPLY]

Thanks for the amendments. We'll review and respond.

  * amendments 보칙, 수정조항

해석 (2개의) 보칙 감사합니다. 검토 후 답변 드리겠습니다.

Subject: NDA

We would like to make the changes indicated in the attached NDA. The changes, as you will see, only state that if the information is already public or becomes public through no fault of ABC Corporation, we are not bound to keep it secret.

If acceptable, have execution copies sent to my attention and we will get the signature on this end.

> **해석** 제목 : 비공개 계약
>
> 첨부한 비공개 계약서에 나타난 것처럼 변경사항을 추가하고 싶습니다. 변경사항은 보시는 바와 같이, 정보가 이미 공지되었거나 ABC 코퍼레이션의 과실에 의할 것도 없이 공지된 정보는 비공개 의무가 없다는 것뿐입니다.
>
> 이 조건을 수락하신다면 서명용 사본을 보내주십시오. 저희 쪽의 서명을 받겠습니다.

Subject: NDA

What is the status of the revised NDA?

We need to have that in place for next week and I would like a little time to review the agreement that comes back to make sure that everything is acceptable. When do you think we can see at least an electronic version of what is proposed?

> **해석** 제목 : 비공개 계약
>
> NDA 개정판 건은 어떻게 되었습니까?
>
> 다음 주에는 준비되어야 하며 (그 전에) 그쪽에서 되돌아오는 계약서를 재검토하고 모두 수용 가능한 지 확인하기 위해 약간의 시간이 필요합니다. 그쪽의 제안 버전의 전자판을 적어도 언제쯤 볼 수 있는지요?

[REPLY]

The NDA hasn't been approved by our legal department yet. We'll try to e-mail it to you by Tue.

> **해석** 비공개 계약서는 아직 법무부의 인가가 나지 않았습니다. 화요일까지 메일로 보내도록 노력하겠습니다.

Subject: NDA

In order for Mr. Bando to sign the NDA, official approval needs to be obtained from our parent company, which will take about a month. i.e. it cannot be done by July 12.

Our understanding is that this meeting will be only preliminary. So we'd rather discuss things that do not require an NDA.

* i.e. 즉, 다시 말해서(= that is)

해석 제목 : 비공개 계약

Bando 씨가 비공개 계약에 서명하려면 본사로부터 정식 허가를 받을 필요가 있으며, 약 1개월 정도 걸릴 것입니다. 즉 7월 12일까지는 할 수 없습니다.

저희가 이해하기로 이번 회의는 예비적인 것이며 비공개 계약을 필요로 하지 않는 사항을 논의했으면 합니다.

Subject: Second Amendment

Eventually we want to renew the entire Agreement, but for now we want to create the second Amendment covering the following items:

1) Company name: ABC → NeoABC
2) Addition of XZ200
3) Conditions of Sale: 1. Incoterms Incoterms 1990 → Incoterms 2000

해석 제목 : 제 2보칙

최종적으로는 전 계약서를 갱신하고 싶지만 우선은 아래의 항목을 커버한 제 2보칙을 작성하고자 합니다.

1) 회사명 : ABC → 네오ABC
2) XZ200의 추가
3) 판매조건 : 1. 인코텀스 인코텀스 1990 → 인코텀스 2000

My assistant, Christine Smith will be forwarding to you a confidentiality agreement within a couple of days. If you could supply whatever comments or changes you deem necessary by Tuesday, July 3, I will be sure to have it completed by the time we arrive. The confidentiality provisions will apply to issues associated with the manufacturing process.

해석 어시스턴트인 Christine Smith가 2~3일 이내에 비공개 계약을 전송할 것입니다. 7월 3일 화요일까지 필요하다고 생각되는 코멘트 또는 변경사항을 알려주시면 저희가 도착할 때까지 (계약서를) 준비해 두겠습니다. 비공개 규정이 필요한 것은 제조공정에 관한 사항입니다.

Frankly speaking, the suggested revision is not acceptable to us. If you insist on this change, we may be forced to ask for the removal of your exclusive right in France. We feel it's unfair that ABC can buy from anyone while we can sell only to ABC.

We're ready to sign the 1st Amendment if 2(c) is not included.

해석 솔직히 말씀드리면, 당사에서는 제안하신 수정안을 수용할 수 없습니다. 이 변경이 어떤 일이 있어도 필요하다고 주장하신다면 프랑스에서의 귀사의 독점권 박탈을 강요 받을지도 모릅니다. ABC사는 누구에게나 구입할 수 있는데 당사가 ABC사에만 판매할 수 있다고 하는 것은 불공평하다고 생각합니다.

2(c)가 포함되지 않는다면 제 1보칙에는 곧바로 서명할 수 있습니다.

Useful Expressions

Thank you for the draft of the Agreement. I'd like to have the following changes made.
계약서의 드래프트 감사합니다. 아래의 변경사항을 추가해 주셨으면 합니다.

I'm attaching the Sales Agreement revised by our counsel.　　* counsel 고문변호사
당사의 고문변호사에 의해 수정된 판매 계약서를 첨부합니다.

Based on our discussion at the meeting of last week, attached is a revised draft of the License Agreement.
지난 주 회의에서 논의한 것에 근거한 라이센스 계약의 개정판 드래프트를 첨부합니다.

All the changes discussed have been made.
논의된 변경은 모두 추가했습니다.

Please have it reviewed by all those concerned and if it meets with your approval, please print out two copies, sign both and send them to us for our signature.
관계자 전원이 검토해 주시고 승인을 받으면 2부 인쇄해서 양쪽에 서명하신 후 이쪽의 서명을 위해 송부해 주십시오.

Regarding the Agreement, I incorporated the changes you requested except that I took out the entire article about Deposits and Expenses at your request.
계약서에 관해 의뢰하신 변경은 추가했으며 귀하의 요구에 따라 선금과 경비에 관한 조항은 모두 삭제했습니다.

If you want to make further changes to the Agreement, please e-mail the revision.
계약서를 더 변경하고자 하시면 변경할 곳을 메일로 보내 주십시오.

We'd like to have the following sentence replaced with "subject to the other party's prior written consent."　　* prior written consent 사전 서면에 의한 승인
아래의 문장을 「다른 한쪽 당사자의 문서에 의한 사전 승인을 조건으로서」라고 바꿔 주셨으면 합니다.

The provision for Licensor's liability is not consistent with 5.2 (Limitation of Liability) in the Agreement.　　* liability 보상책임, 배상책임
라이센서의 보상책임에 관한 규정이 계약서의 5.2(책임의 한정)와 모순됩니다.

We will accept your counterproposal for payment terms. Please revise the Agreement accordingly.
지불조건에 관한 귀사의 반대 제안을 받아들이겠습니다. 계약서를 그렇게 수정해 주십시오.

We cannot sign the agreement unless the arbitration clause is added.
중재조항이 추가되지 않는 한 계약서에 서명할 수 없습니다.

We agree to all the revisions but the following:
다음 사항을 제외하고 모든 변경안에 동의합니다.

We look forward to receiving your comments on the proposed Agreement.
제안한 계약서에 관한 의견을 기대하고 있습니다.

회신 촉구

보낸 메일에 대해서 대답이 오지 않는 경우 처음에는 메일이 제대로 도착했는지 확인하는 어조로 재촉하면 좋을 것입니다. 서버의 트러블 등으로 상대에게 메일이 도착하지 않는 일도 있기 때문입니다. 게다가 언제까지 대답이 필요한지 구체적인 일시를 제시해서 소정의 일시까지 응해 주지 않는 경우엔 어떠한 악영향을 받을지를 전하면 설득력이 있습니다. 몇 번 재촉해도 대답이 없는 경우는 단호한 표현을 사용해도 무방합니다.

Subject: Agreement

I sent you e-mails on May 1, 5 and 10, asking you to review the attached agreement, but I haven't heard from you. Did you get any of my e-mails?

The agreement needs to be finalized by the end of the week, so could you pls respond by tomorrow?

해석

제목 : 계약서

5월 1일, 5일, 10일에 메일을 보내고 첨부한 계약서를 검토해 주실 것을 부탁했는데 아직 답장을 받지 못하고 있습니다. 저의 메일이 도착했는지요?

계약서는 주말까지 완성해야 하는데, 내일까지 답장을 받을 수 있습니까?

Useful Expressions

I just wanted to make sure you received my e-mail of Oct. 25 since I haven't heard back from you yet.
아직 답장을 받지 못했습니다. 10월 25일자 저의 메일을 받으셨는지 확인하고자 합니다.

I sent several messages asking for your answer, but I haven't had any response. I'm wondering if my messages haven't reached you. If you have received them, could you please let me know?
답장을 받기 위해서 몇 번이나 메시지를 보냈지만, 아무런 답신도 받지 못했습니다. 혹시 메시지가 도착하지 않은 것인지요? 만약 도착했으면 알려주시겠습니까?

I've been trying to get hold of you the last three weeks, but haven't been able to.
지난 3주 동안 당신과 연락하려고 했지만 되지 않습니다.

I'm still waiting for your answer about the timing of supply.
공급 시기에 대해 아직 답장을 기다리고 있습니다.

Have you had any feedback on our request for supply increase?
공급을 늘리겠다는 요청에 대해 뭔가 피드백이 있었습니까?

Any word on the progress of the project?
프로젝트의 진전에 관해서 뭔가 통지는 없는지요?

I need your answer by Friday. Please respond.
금요일까지 회답이 필요합니다. 답장 부탁드립니다.

I hate to rush you, but I need to know by tomorrow.
급하게 재촉하고 싶지는 않지만, 내일까지 필요합니다.

 메일 수신 통지

질문이나 의뢰에 대한 회답을 즉석에서 보낼 수 없는 경우에도 곧바로 회신을 해서 상대의 메일을 받았음을 전하고 언제까지 회신할 것인지 구체적인 일시를 전달해 둡시다. 상대도 안심해서 당분간은 재촉을 하지 않을 것입니다.

Subject: RE: Model Change

We received your question about the model change. Unfortunately, Ms. Ann is out of town.

I'll have her contact you as soon as she returns on April 21. In the meantime, if there's anything I can do for you, please let me know.

해석 **제목 : RE: 모델 변경**

모델 변경에 관한 질문을 받았습니다. 공교롭게도 안 씨는 출장 중입니다.

4월 21일 돌아오면 곧바로 연락하도록 하겠습니다. 그때까지 제가 할 수 있는 일이 있으면 알려주십시오.

Subject: RE: Complaint

Thank you for your e-mail. It has been forwarded to our customer service department. They will respond to you within 48 hours.

Thank you for contacting GlobalLINK.

해석 **제목 : RE: 클레임**

메일 고맙습니다. 귀하의 메일은 고객 서비스부로 전송되었습니다. 그 부서에서 48시간 이내에 회신이 갈 것입니다.

글로벌링크에 연락 주셔서 고맙습니다.

Useful Expressions

I'm swamped right now, but I'll get back to you by the end of the week.
지금 일손을 놓을 수가 없습니다만 주말까지는 회신하겠습니다.
　　　　　　　　　　　　　　　　　　　　　　　　　　　　　　* swamped 매우 바쁜

I'll look into it and get back to you early next week.
조사해서 다음 주 초에는 회신하겠습니다.

I'm traveling now and will have to gather my files before I can answer your question. I will work on it after I get back to my office early next week.
지금 출장중이며 질문에 답하기에 앞서 파일(정보)을 모을 필요가 있습니다. 다음 주 초에 사무실로 가서 작업하겠습니다.

He is out of town and won't be back until next Friday. I'll make sure that he responds to your e-mail as soon as he returns.
그는 출장 중이며 다음 주 금요일까지 돌아오지 않습니다. 돌아오는 대로 귀하의 메일에 반드시 회신하도록 하겠습니다.

I forwarded your message to our sales department.
귀하의 메시지는 영업부에 전송했습니다.

Lee Jang-hee, our Business Development Director, will get back to you within a couple of days.
사업개발 담당 부장 이장희가 2~3일 이내에 연락드릴 것입니다.

If you don't hear from him within a couple of days, please contact me again.
만약 2일 이내에 연락이 없으면 다시 저에게 연락 주십시오.

자동응답메일

매일 대량의 메일이 도착하는 부서에서는 아래와 같이 자동응답 기능을 사용해서 대처하면 편리합니다.

Subject: Your E-mail to GlobalLINK

Thank you for contacting GlobalLINK. Your message has been received and a customer service representative will be responding to you within 24 hours.

해석 제목 : 글로벌링크로의 귀하 메일

글로벌링크에 문의해 주셔서 감사합니다. 고객님의 메시지를 받았습니다. 24시간 이내에 고객서비스 담당자가 회신할 것입니다.

Subject: Your Inquiry

GlobalLINK Member Services has received your email inquiry and looks forward to responding to you as soon as possible.

Our staff is available to respond to your inquiries during regular business hours, Monday through Friday, 9 am to 5 pm(KST), excluding holidays. Generally, you can expect to receive a personal email response from us within two business days. We appreciate your patience while awaiting our response.

Please do not reply to this email. Replies to this email will not be processed and will not receive a response.

Thank you again for contacting GlobalLINK and we look forward to assisting you with your question!

* JST 일본표준시간 (=Japan Standard Time)

해석 제목 : 귀하의 질문

글로벌링크 · 멤버서비스에서는 고객님의 문의 메일을 받으면 가능한 한 빨리 회신할 수 있길 기대하고 있습니다.

당사의 스탭은 휴일을 제외하고 월요일부터 금요일, 오전 9시부터 오후 5시(한국 표준 시간)까지의 통상 영업시간 내에 고객님의 문의에 응답하고 있습니다. 통상 2 영업일 이내에 고객 한 분 한 분께 회신 메일이 도착합니다. 회신을 기다려 주셔서 감사합니다.

이 메일로는 회신을 하지 말아 주십시오. 이 메일로의 회신은 처리되지 않으며 답장을 받으실 수 없습니다.

재차 글로벌링크에 문의해 주셔서 거듭 감사드립니다. 고객님의 질문에 회답하기를 고대합니다.

Useful Expressions

We appreciate your taking the time to contact us online.
온라인으로 일부러 문의해 주셔서 감사합니다.

This message is automatically generated to confirm that your e-mail to GlobalLINK customer support was received.
이 메시지는 고객님의 메일이 글로벌링크 고객서비스 앞으로 수신된 것을 알리기 위해서 자동 작성된 것입니다.

This response is to acknowledge receipt of your email.
이 답장은 고객님의 메일 수신을 알리는 것입니다.

You should receive a personalized response within 24 hours.
고객님에게 보낸 답장이 24시간 이내에 도착할 것입니다.

We have received your e-mail, and you should be receiving a response within 1 to 2 business days.
고객님의 메일을 받았습니다. 1~2 영업일 이내에 답장이 도착할 것입니다.

The ABC.com Online Response team is on hand seven days a week from 8 am to 9 pm, KST.
ABC 닷컴 온라인 회신팀은 주 7일 오전 8시부터 오후 9시(한국표준시간)까지 대기하고 있습니다.

While we strive to answer all the messages within 48 hours, during periods of a high volume, we are not always able to reach that goal. We appreciate your patience.
모든 메시지에 대해 48시간 이내에 회신하고자 노력하고 있지만, 대량의 메시지를 받았을 경우에는 그것을 반드시 지킬 수는 없습니다. 기다려 주셔서 감사합니다.

 **재촉하기**

약속 기일이 지나도 의뢰한 견본이나 자료를 받을 수 없는 경우는 기대나 감사를 전면에 내세우고 재촉을 계속합니다. 「곤란합니다」를 연발하며 비난하는 듯한 톤이 아니라 받지 못하면 프로젝트에 악영향을 주며 거래를 계속할 수 없다고 긴급함을 전합니다.

Subject: Mr. Martin's Picture

We haven't received the picture from Mr. Martin yet. Could you send it to me at sample@getglobal.com by Monday, the 24th? Otherwise, we'll have to print the story without his picture.

If you can't send it by Mon for any reason, pls let me know ASAP.

Thanks for your help.

해석

제목 : Martin 씨의 사진

Martin 씨한테서 아직 사진을 못 받았습니다. 24일 월요일까지 sample@getglobal.com으로 보내주실 수 있습니까? 그렇지 않으면 사진 없이 기사를 실어야 합니다.

어떠한 이유로 월요일까지 보내주실 수 없는 경우는 빨리 알려주세요.

도와주셔서 고맙습니다.

Useful Expressions

I just wanted to check the status of the product samples—have they been shipped yet?
제품 샘플의 상황을 체크하고 싶은데 이미 발송되었는지요?

As of today, we haven't received the sample of MT100. I hope it's on its way here.
오늘 현재 MT100의 샘플을 아직 못 받았습니다. 이쪽으로 출하 중이기를 바랍니다.

We are anxiously waiting for your proposal.
당신의 제안을 열망하고 있습니다.

I need the data to finish my report, which is due Wednesday. I'd appreciate it if you'd send it to me by Monday.
보고서를 완성하는 데 그 데이터가 필요합니다. 마감은 수요일입니다. 월요일까지 보내주시면 고맙겠습니다.

I'm leaving town on Tuesday. Is there any way you could fax me the evaluation results for our samples by the end of the week?
화요일부터 출장입니다. 이번 주말까지 이쪽의 샘플에 대한 평가 결과를 팩스로 보내주실 수 없습니까?

Thanks for expediting the process!
진행을 앞당겨 주셔서 감사합니다!

Thank you for making this happen on time.
기일대로 실시할 수 있게 해 주셔서 감사합니다.

I look forward to receiving the price list by Fri.
금요일까지 가격표를 받을 수 있기를 기다리고 있겠습니다.

오해 풀기

메일 상대가 영어를 모국어로 하는 사람이라고 한정할 수는 없습니다. 틀린 영어를 사용했을 수도 있고 이쪽에서 의도하는 것이 전달되지 않거나 상대가 말하는 것을 착각하는 일도 있을 것입니다. 상대를 비난하거나 기분이 상하지 않도록 배려하면서 동시에 서로의 의사 소통을 원활히 할 수 있도록 분명히 의사를 전달할 필요가 있습니다.

Subject: Shipment

→ I received Product A and C. As I said before, please do not send A and C together.

I think there's some misunderstanding here.

What you had told me was not to send Product A and B together. That's why I sent A and C together. So should I not send A and B or A and C together? Can you clarify?

해석   제목 : 출하

→ 제품 A와 C를 받았습니다. 전에 전한 것처럼 A와 C는 같이 보내지 마십시오.

약간의 오해가 있는 것 같습니다.

전에 들은 것은 A와 B를 같이 보내지 말라고 해서 A와 C를 같이 보낸 것입니다. 그러면 A와 B도, A와 C도 같이 보내선 안 됩니까? 확실히 해 주시겠습니까?

Useful Expressions

For which purchase order was the shipment?
출하는 어느 주문서에 대한 것입니까?

I'm not quite sure what you meant by "short list". Can you explain?
말씀하시는 short list라고 하는 것이 어떤 의미인지 잘 모르겠습니다. 설명해 주실 수 있습니까?

I don't think I got my point across in my last e-mail. The record before March 2007 is not available online. That's why I'm asking. I need the detailed session activity for December 2006 and January 2007.
지난 번 메일에서 저의 의도를 이해하지 못한 것 같습니다. 2007년 3월 이전의 기록은 온라인에서는 열람할 수 없습니다. 부탁한 것은 그 때문입니다. 2006년 12월과 2007년 1월의 자세한 세션 활동이 필요합니다.

Thank you for answering my question, but what I wanted to know was how to get connected on my notebook, not on my desktop.
질문에 답해 주셔서 감사합니다. 하지만 제가 알고 싶었던 것은 데스크탑이 아니고 노트북에서 연결하는 방법입니다.

I guess I didn't phrase my question right. Let me rephrase it.
질문 방법이 나빴던 것 같습니다. 다시 여쭈어 보겠습니다.

In your last e-mail, you said you are not sure if the machine is working fine. Which machine are you talking about?
지난 번 메일에서 기계가 제대로 작동하지 않는다고 하셨는데, 어느 기계를 말씀하시는 것입니까?

I want to make sure we're talking about the same version.
서로 같은 버전을 이야기하고 있다는 것을 확인하고 싶습니다.

약속하기

만나고 싶은 이유를 말하고 일시와 장소를 제안합니다. 일시는 상대의 형편을 고려해 가능하면 두 가지 안 이상을 제안합니다. 상대가 준비해 두길 바라는 것이 있다면 그것도 전합니다.

Subject: Our Visit

We would like to visit with you to discuss the future supply of BXC in late Jan. or early Feb. (I'm available only after Jan. 25.)

We'll need to invest $1MM or more in order to increase manufacturing capacity and need to make sure that enough demand is there.

Pls let me know which week looks good for your people.

해석

제목 : 방문

앞으로 BXC의 공급을 논의하기 위해 1월 하순이나 2월 상순에 방문하고 싶습니다. (제가 형편이 되는 것은 1월 25일 이후뿐입니다.)

제조 물량을 늘리려면 100만 달러 이상의 투자가 필요하며 충분한 수요가 있음을 확인해야 합니다.

귀사 분들은 어느 주가 적당한지 알려주십시오.

[REPLY]

How about the week of 2/12?

Tentatively attending for ABC Corporation would be B. Kenton, D. Landon, B. Naza and me. Please advice as soon as possible so we can assure availability of everyone.

Thanks,

해석

2월 12일의 주는 어떻습니까?

현재 ABC 코퍼레이션에서 참석하는 것은 B. Kenton, D. Landon, B. Naza 그리고 저입니다. 전원 참석할 수 있도록 가능한 한 빨리 알려주십시오.

감사합니다.

Useful Expressions

We would like to visit with you the week of July 3 to further discuss our joint project. Please let me know what day will be the best for you.
공동 프로젝트 건으로 7월 3일의 주에 귀사를 방문하고 싶습니다. 적당한 날을 알려주십시오.

We are very interested in continuing our discussions about opportunities in this field, possibly in person. May we set up a meeting either in Japan or Germany?
이 분야에서의 기회에 대해 가능하면 꼭 만나서 대화를 계속하고 싶습니다. 일본이나 독일에서 미팅을 정해도 좋을까요?

We think it will help the discussion if we visit you for a face-to-face meeting at this point.
이 시점에서 귀사를 방문해서 실제로 만나 미팅을 하면 대화가 진척되리라 생각합니다.

About the July visit for further discussion on our project, please coordinate through Ms. Kim.
프로젝트 논의를 위한 7월 방문에 대해서 김 씨와 조정해 주십시오.

September 25, 26 and 27 would be fine with us.
9월 25~27일 이쪽은 괜찮습니다.

Our preference is March 25 and 26.
저희 쪽 희망은 3월 25일과 26일입니다.

Will this work for you?
이 일정이 괜찮습니까?

Would you let me know when and where would be convenient for you?
적당한 일시와 장소를 알려주시지 않겠습니까?

If this date is not good for you, please let me know when would be a good time. I'll adjust my schedule accordingly.
이 날이 적당하지 않으면 언제가 좋을지 알려주십시오. 그것에 맞추어 스케줄을 조정하겠습니다.

We would appreciate it if you could schedule a plant tour for one day and a meeting for the other day.
하루는 플랜트 투어, 또 다른 하루는 회의로 스케줄을 짜 주시면 고맙겠습니다.

I need to buy an air ticket by this Friday, so please confirm our appointment by Wednesday, your time.
이번 금요일까지 항공권을 사야 하기 때문에 수요일까지 그쪽의 방문 예정을 확인해 주십시오.

It's such a short notice, but are you available tomorrow?
매우 갑작스럽지만 내일 뵐 수 있습니까?

I have communicated the meeting dates to several World associates and am waiting for a reply.
월드의 동료 몇 사람에게 회의 일정을 전하고 회답을 기다리고 있는 중입니다.

약속 변경/거절

예정의 변경은 가능한 한 빨리 전합니다. 예약 신청을 거절할 경우는 그 이유를 설명하고 대체 안이 있으면 제안합니다.

Subject: Itinerary Change

In trying to meet Dave's schedule needs, now we are planning to fly from Shanghai to Tokyo the afternoon of June 6 (Sunday). We would like to meet with you on the 7th instead of the 8th. We'll leave Narita on the 8th at 2:10 PM.

Sorry for the constant changes. Hope this is not a problem. I'm pretty sure there will be no more!

해석

제목 : 일정 변경

Dave의 스케줄에 맞추기 위해서 6월 6일(일) 오후 상해에서 동경으로 날아갈 생각입니다. 뵙는 날짜는 8일이 아니라 7일로 하고 싶습니다. 우리는 8일 오후 2시 10분 비행기로 나리타를 출발합니다.

계속 변경해서 죄송합니다. 문제가 되지 않으면 좋겠습니다. 이제 더 이상 변경은 없습니다.

Subject: Nov. 8 Appointment

I'm sorry, but I have to cancel my 11/8 appointment. I have to leave town for an emergency at one of our plants. I'll get back to you to reschedule.

해석

제목 : 11월 8일 방문약속

죄송합니다만 11월 8일 방문약속을 취소하지 않으면 안 됩니다. 공장의 긴급사태 때문에 출장을 가게 되었습니다. 예정 변경을 위해 다음에 연락드리겠습니다.

Useful Expressions

Is there any way we can move our lunch appointment from Tue to Wed?
점심식사 약속을 화요일에서 수요일로 옮길 수는 없습니까?

Can we start at 10 am rather than 1 pm? I have a conflict.
오후 1시가 아니고 오전 10시부터 시작할 수 없습니까? 스케줄이 겹칩니다.

Most of us will be out of town during that week. Mid September will be better for us.
그 주는 저희들 대부분이 부재입니다. 9월 중순이 적당합니다.

I'm sorry to inconvenience you, but I need to postpone our appointment until next month.
폐를 끼쳐 죄송합니다만 약속을 다음 달까지 연기하지 않으면 안 됩니다.

Mr. Park won't be available to make the trip before December 15, so we will have to visit with you in January.
박 씨는 12월 15일까지 출장을 갈 수 없기 때문에 방문은 1월까지 기다리지 않으면 안 됩니다.

We will let you know as soon as we decide on the date.
날짜가 정해지는 대로 알려드리겠습니다.

I'm sorry, but I'm fully booked that week.
죄송합니다만 그 주는 스케줄이 꽉 찼습니다.

Honestly speaking, I think it's rather premature to meet at this time and we should probably wait until the end of July. * premature 시기 상조의, 너무 이른
솔직히 말해서 지금 미팅을 하는 것은 조금 시기상조라고 생각합니다. 7월말까지 기다리는 것이 좋다고 생각합니다.

I'm not the right person for you to see about that product. You may want to contact Ms. Yoshida at yoshida@getglobal.com.
저는 그 제품 건으로 만나기 위한 적임자가 아닙니다. 요시다 씨 yoshida@getglobal.com에게 연락해 보십시오.

You probably should see someone from Overseas Sales. I'll have someone from the department contact you.
해외 영업부의 사람을 만나시는 것이 좋다고 생각합니다. 그 부서 사람에게 연락드리라고 하겠습니다.

 **출장준비**

호텔 예약 등 출장준비를 의뢰할 때는 일정 등 자세한 정보를 제공합니다. 만약 예산이 있으면 그것도 전달해야겠지요. 감사의 뜻도 잊지 않습니다. 준비를 부탁 받았을 경우는 가능한 한 빨리 답변을 합니다. 공항까지 마중 나가는 경우는 약속 장소를 명확하게 하고 만날 것을 기대한다는 내용을 전달합니다.

Subject: Hotel Arrangement

Would you make hotel reservations for us?

We are looking for a reliable yet reasonably priced hotel, $200-250/night. We will need 3 rooms checking in Sun, June 6, and checking out Wed, June 9.

I'd appreciate it if you could provide us with room rates and confirmation numbers.

해석

제목 : 호텔 수배

호텔을 예약해 주실 수 있습니까?

신뢰할 만하고 요금이 적당한 일박 200-250달러 정도의 호텔을 찾고 있습니다. 6월 6일(일) 체크인 해서 6월 9일(수) 체크아웃인 3개의 방이 필요합니다.

요금과 예약 번호를 알려주시면 감사하겠습니다.

[REPLY]

I'll be happy to make hotel reservations for you. Would you like to be in a certain area of Seoul (i.e. Jongno, Gangnam, Myeongdong, etc.)?

해석 기꺼이 호텔 예약을 돕겠습니다. 서울에서 희망하시는 지역은 있습니까(종로, 강남, 명동 등)?

Useful Expressions

Could you please arrange accommodations for me? • accommodations 숙박시설
호텔을 예약해 주실 수 있습니까?

I would prefer either Hilton or Hyatt.
힐튼이나 하야트를 희망합니다.

Could you arrange transportation from the airport to the hotel?
공항에서 호텔까지의 교통 수단을 준비해 주실 수 있습니까?

Could you please reserve a smoking single room at the Intercontinental?
인터콘티넨탈에서 흡연 가능한 싱글룸 1개를 잡아주시겠습니까?

My budget for accommodations is $250/night.
저의 숙박 예산은 하룻밤에 250달러입니다.

Is there any hotel you can recommend near your office?
귀사 근처에 추천할 만한 호텔은 없습니까?

What is the taxi fare from the airport to your office?
공항에서 귀사까지 택시를 타면 요금은 얼마 정도입니까?

What is the best way to get to downtown Seoul from Incheon Airport?
인천공항에서 서울의 중심지까지 가려면 어떻게 가는 것이 제일 좋습니까?

We've reserved two single rooms at Hotel Seoul for two nights.
호텔 서울에서 2박 싱글룸 2개를 예약했습니다.

You need a whole day to visit our plant, which is 1-hour train ride away from Incheon. To visit both plant in Suwon and headquarters in Seoul, you'll need at least three days, including the day of arrival.
공장은 인천에서 전철로 1시간 걸리며 방문하는 데 꼬박 하루가 필요합니다. 수원 공장과 서울 본사 양쪽 모두를 방문하려면 도착일을 포함해서 최소한 3일은 필요합니다.

Attached is the map from your hotel to our office.
호텔에서 당사까지의 지도를 첨부했습니다.

No reservation is necessary for the train. You can buy train tickets right before you get on the train.
전철은 예약할 필요가 없습니다. 탑승 전에 표를 사면 됩니다.

On October 5, we will pick you up at Incheon. We'll be waiting for you right outside of customs.
10월 5일은 인천까지 마중 가겠습니다. 세관을 막 빠져 나오는 곳에서 기다리겠습니다.

We'll meet you at the baggage claim area.
하물 수취소에서 뵙겠습니다.

예정 확인

출장 방문일이 가까워지면 상대방에게 재차 확인하는 것이 좋습니다.

Subject: Our July Visit

We have decided to stay overnight in Tokyo and leave Tuesday, July 27, on a noon flight. This should give us plenty of time to meet with you on the afternoon of Monday, July 26, and even have dinner.

We will be staying at the Imperial Hotel. We have a 9 am meeting with another company that will likely include lunch. The location of this meeting is not finalized so we may just return to the hotel afterward.

해석

제목 : 7월 방문

동경에서 1박을 하고 7월 27일 화요일 정오 편으로 출발하기로 했습니다. 이것으로 7월 26일 월요일 오후에 느긋하게 뵐 수 있으며 저녁 식사를 함께 하는 것도 가능합니다.

임페리얼호텔에 머물 것입니다. 9시에 타사와 회의가 있는데 아마도 점심식사를 같이 하게 될 것이라 생각합니다. 회의 장소는 아직 정해지지 않았지만 회의 후에는 호텔로 돌아올지도 모릅니다.

[REPLY]

I think leaving on Tuesday is an excellent idea.

We'll pick you up at the hotel. How about 2 pm? It takes less than 10 minutes to our office.

What would you like to have for dinner – Tempura, Sukiyaki, Shabu-Shabu or Sushi?

해석

화요일에 출발한다는 것은 훌륭한 생각이라고 생각합니다.

호텔까지 마중 나가겠습니다. 2시에 어떻습니까? 당사까지는 10분 이내입니다.

저녁 식사는 튀김, 스키야키, 샤브샤브, 스시 중에서 무엇이 좋을까요?

📧 **[REPLY to REPLY]**

2 pm on Monday, July 26 is fine.

I like Sushi, but I think my associates would prefer Tempura.

Thanks for your help!

해석

7월 26일 월요일 2시가 좋습니다.
저는 초밥을 좋아합니다만 동료들은 튀김 쪽이 좋을 것입니다.
도와주셔서 감사합니다.

Subject: Our July 26 Meeting

We are finalizing meeting schedules for our trip to Europe and would like to get a list of attendees for our afternoon meeting. As you're aware, I will be accompanied by Haruyoshi Gotanda, Manager, Specialty Chemicals, and Muneo Iida, Technical Manager.

We will be arriving in Helsinki on Sunday, July 25, in late afternoon and staying at Scandic.

해석

제목 : 7월 26일 회의

유럽 출장 회의 스케줄을 최종 조정하고 있는 중입니다만 오후 회의 참가자 리스트를 받을 수 있습니까? 아시는 바와 같이 저는 스페셜티 화학품과장, 고탄다 하루요시 그리고 기술 과장 이이다 무네오와 같이 뵙겠습니다.

7월 25일 일요일 오후 늦게 헬싱키에 도착해서 스캔딕에 머뭅니다.

📧 **[REPLY]**

From ABC, the following people will be attending the July 26 meeting:
- Mamoru Tanaka, Manager, Engineering
- Takumi Kanazawa, Engineer, Engineering
- Ichiro Honda, Asst. Manager, Overseas Sales

Mr. Tanaka and Mr. Kanazawa have been involved in the product development for about 5 years. Mr. Honda handles shipping to Finish Technologies.

We anticipate a casual meeting over dinner.

해석
ABC에서는 아래의 일행이 7월 26일 회의에 참가합니다.
- 엔지니어링 과장, 다나까 마모루
- 엔지니어링과 엔지니어, 카나자와 타쿠미
- 해외영업과장 혼다 이찌로

다나까와 카나자와는 제품개발 관련 경력이 약 5년 정도 됩니다. 혼다는 피니시 테크놀로지스의 출하를 담당하고 있습니다.

협의는 저녁식사를 포함해서 캐쥬얼로 실시할 생각입니다.

Diane Nelson and I look forward to meeting with you tomorrow, Saturday, February 8, at 11:00 a.m. at the airport. Please let me know your airline and flight number.

해석
다이안 넬슨과 저는 내일 2월 8일 토요일 오전 11시에 공항에서 뵐 수 있길 기대하고 있습니다. 항공회사와 플라이트 넘버를 가르쳐 주세요.

📧 **[REPLY]**

Tomorrow I'm arriving at 10:50 am by Reno 689. If you can pick me up, please wait in the car outside. I'll meet you at the curb outside of Terminal A. I don't have check-in luggage, so I'll come out right away.

* curb 보도의 연석

내일 오전 10시 50분에 리노 689편으로 도착합니다. 만약 마중 나와 주실 수 있다면 밖의 차 안에서 기다리고 계십시오. 터미널 A를 나와서 도로 옆에서 만납시다. 체크인 짐은 없기 때문에 바로 나가겠습니다.

Useful Expressions

I would like to confirm our meeting of February 8.
2월 8일 미팅을 확인하고자 합니다.

This is to confirm our visit on Tuesday, July 18. Would 10 a.m. work for you?
7월 18일 화요일 저희들의 방문 확인입니다. 아침 10시에 어떻습니까?

I would appreciate it if you could let me know who else is attending from your company.
귀사에서는 그 외에 어떤 분이 출석하는지 알려주시면 감사하겠습니다.

I'll be arriving at Munich Wednesday night and staying at Hotel Opera in case you need to contact me.
저는 뮌헨에는 수요일 밤 도착해서 호텔 오페라에 묵을 예정입니다. 필요할 경우 이곳으로 연락 주십시오.

What time do you anticipate arriving on Mon?
월요일은 몇 시 경에 도착하실 예정입니까?

We'll arrive in Cincinnati Sun night and relax Mon morning. We'll probably stop by after lunch – 1:30 or 2 or whenever is convenient for you.
일요일밤에 신시내티에 도착하며 월요일 아침은 쉬겠습니다. 점심 식사 후 1시 반이나 2시, 또는 그쪽의 적당한 시간에 들를 생각입니다.

We would appreciate your confirmation of the 11/8 meeting at 10 am by Monday as we have to buy air tickets no later than Monday.
늦어도 월요일에는 항공권을 사야 하기 때문에 월요일까지 11월 8일 오전 10시의 미팅 확인을 해 주시면 감사하겠습니다.

If I don't hear from you, I'll see you in your office on Nov. 8 at 10 am.
만약 답장이 없으면 11월 8일 오전 10시에 귀사에서 뵙겠습니다.

I don't believe we've decided on a time for the meeting. Could you follow up on this?
회의 시간을 아직 결정하지 않았다고 생각합니다. 폴로 업 해 주실 수 있습니까?

If you are not too tired, we'd like to take you out for dinner after we get to the hotel.
호텔에 도착한 후 만약 피곤하지 않으시다면 저녁식사를 대접하고 싶습니다.

I'd like to show you around in town on Saturday.
토요일에는 관광을 시켜드리고 싶습니다.

 상담 · 회의 협의

약속을 할 때는 아래와 같이 장소나 내용, 참가자 등의 협의를 병행해서 하게 됩니다.

Subject: 9/12 Meeting

On the 12th, would you like to talk to us in the hotel lobby? Or do you need a conference room for your presentation? If so, we'll be happy to reserve a conference room at our headquarters in Seoul.

해석 제목 : 9/12 회의

12일은 호텔 로비에서 이야기합니까? 아니면 프레젠테이션에 회의실이 필요합니까? 만약 그렇다면 서울 본사에서 회의실을 예약하겠습니다.

[REPLY]

Either way is fine with us. With a small group, we could just use handouts or simply view it off the computer. I hope to have the slides for the meeting to you in a day or two so that everyone can be prepared.

I'll leave it up to you-hotel or on site. Again, we are available the entire day and want it to be as productive as possible.

해석 어느 쪽이든 괜찮습니다. 인원수가 적으면 배포 자료로 충분하며 컴퓨터를 봐도 괜찮습니다. 여러분이 준비할 수 있도록 하루 이틀 중에 회의에서 사용하는 슬라이드를 보내드릴 생각입니다.

호텔로 할 것인지 회사로 할 것인지 그 쪽에 맡기겠습니다. 거듭 말씀드리지만, 하루 종일 비어 있기 때문에 가능한 한 생산적으로 보내고 싶습니다.

If you want to discuss BX100 at the meeting, pls let us know the following prior to the meeting:
1) Desired specifications: composition, purity, specs of competitive product(s) and sample(s)
2) Desired quantity and price
3) Quality criteria

I look forward to hearing from you.

회의에서 BX100의 건을 협의하신다면 사전에 아래 사항을 알려주시기 바랍니다.
1) 희망하시는 사양 : 배합, 순도, 경합품의 사양과 샘플
2) 희망하시는 수량과 가격
3) 품질 기준

답장을 기다리고 있겠습니다.

Useful Expressions

Attached is an agenda. If there's anything else you'd like to discuss, please let me know.
의제를 첨부합니다. 그 밖에 의논하실 것이 있으시면 알려주세요.

Attached is a list of topics and questions to consider for our visit. Later in the week I will send a copy of some slides on the technology, which we can discuss our visit.
방문 때 고려해야 할 토픽과 질문 리스트를 첨부합니다. 이번 주 방문 때 소개할 기술에 관한 슬라이드를 송부합니다.

Please e-mail in advance specific questions and issues you would like to discuss at the meeting so that we can be prepared.
회의에서 논의하고 싶은 특별한 질문이나 의제가 있으시면 준비할 수 있도록 미리 메일로 보내주십시오.

We'd like to use the meeting to introduce ABC to XYZ management and learn more about XYZ, and start developing a strong relationship with key managers.
회의에서는 XYZ사의 경영진에게 ABC사를 소개해서 XYZ사에 대해 좀더 알고 주요 관리직 분들과 돈독한 관계를 수립하기 위한 시간을 갖고 싶습니다.

In about a week, I will send a copy of slides that we would like to share to clarify our goals for the meeting. I will also create a list of questions that we would like to discuss. If there are any specific issues that you would like to discuss, please send them to me.
1주일 정도로 회의 목적을 분명히 하기 위해서 슬라이드 사본을 보내드립니다. 또한 논의하고 싶은 질문을 리스트 업 합니다. 그 쪽에서 이야기하시고 싶은 특별한 사항이 있으시면 전송해 주십시오.

거래처 소개

거래처 등을 소개할 경우 그 회사의 개요나 소개하는 이유를 전합니다.

Subject: IM Technology

I know a young company in Seoul that has proprietary IM technology with a focus on the corporate market. They have been wanting to enter the U.S. market. A manager from this company was in San Jose in Oct. Here's their web site. www.getglobal.com.

If you're interested, I can send you more info.

해석 제목 : IM 기술

서울에서 기업용으로 독자적인 IM 기술을 가진 신흥회사를 알고 있습니다. 그 회사는 미국 시장으로의 진출을 희망하고 있으며, 그 회사의 매니저가 10월에 샌어제이를 방문했습니다. 동사의 웹 사이트는 www.getglobal.com입니다.

흥미가 있으시면 좀더 자세한 정보를 보내드리겠습니다.

[REPLY]

Thanks for the info. Yes, we would be interested in talking to Best IM and finding out more about their Instant Messaging to see why it won the best of show at Tokyo's Interop.

Then I would introduce them to the account manager I would assign to the project.

I look forward to hearing from you.

해석 정보 고맙습니다. 네, 베스트 IM사로 이야기를 해서 왜 그 회사의 인스턴트 메시징이 동경 인터롭에서 베스트상을 수상했는지 알고 싶습니다.

그러면 그 회사를 프로젝트를 담당하는 고객 매니저에게 소개할 수 있습니다.

회신을 기다리고 있겠습니다.

Subject: Job Referral

A client of ours in Tokyo is looking for a J-E translator. It's a technology company that needs to have business documents and possibly technical documents translated once in a while.

They recently had their business plan translated by a translation firm (a wholly-owned subsidiary of a very well-known company) and the quality was pretty bad.

They are looking for a translator who can retranslate the business plan. This is a rush job-needs to be done by next week. If you're interested, I'll pass your name to our client, so pls let me know ASAP.

해석

제목 : 업무 소개

동경의 클라이언트가 영일번역을 찾고 있습니다. 기술계 회사로 비즈니스 문서와 아마도 기술 문서를 가끔 번역할 필요가 있습니다.

최근 번역회사(매우 유명한 기업의 100% 출자 자회사)에 비즈니스 플랜 번역을 의뢰했는데 퀄리티가 상당히 나빴습니다.

이 비즈니스 플랜을 다시 번역할 번역자를 찾고 있습니다. 급한 일로 다음 주까지 끝낼 필요가 있습니다. 흥미가 있으면 클라이언트에 소개해 드리겠으니 빨리 알려주십시오.

Useful Expressions

A client in Japan is looking for VPN routers with the following specifications. If you're interested in sourcing, I'll set you up with the client.   * sourcing 공급원을 찾는 것
일본의 클라이언트가 아래와 같은 사양의 VPN 라우터를 찾고 있습니다. 조달에 흥미가 있으시면 소개해 드리겠습니다.

I thought you might be a better person to answer her questions and also that she might be a potential client for you.
당신이 그녀의 질문에 대답할 수 있는 적격자이며 그녀가 당신의 클라이언트 후보가 되는 것은 아닐까 생각했습니다.

There is a potential client who wants to enter the Chinese market.
클라이언트가 될 것 같은 회사로 중국시장에 진출하고 싶어하는 회사가 있습니다.

They have an agent in Japan, but the client is not happy with them.
일본에 대리점이 있지만, 클라이언트는 그 회사에 만족하지 않습니다.

I would like to help this client. Do you know anyone in Korea who can be of help?
이 클라이언트를 돕고 싶습니다. 한국에서 도와줄 수 있는 누군가를 알고 계신지요?

 가격 인상 알림

이해를 구하기 위해서 이유를 설명하고 사과하는 것이 아니라 상대방의 이해에 감사를 표합니다.

Subject: Price Change

This is to notify you that effective with Sept. 1, 2006 shipments, ABC will increase the price of all polyester staple fiber products for the apparel, home furnishings, nonwovens and industrial markets by 3 yen/kg.

This increase is necessary because feedstock prices have increased due to global tightness in ethylene glycol supply and unprecedented high oil prices.

We assure you we remain committed to providing the high level of quality and support services that you have come to expect.

We appreciate your understanding of the need for this price increase and look forward to serving you now and in the future.

* effective 유효한   feedstock 공급 원재료

해석

제목 : 가격 변경

2006년 9월 1일 출하부터 ABC에서는 어패럴, 가정장식, 부직포, 공업 시장용 모든 폴리에스테르 스테이플 섬유 제품의 가격을 kg당 3엔 인상함을 알려드립니다.

이번 가격 인상은 에틸렌글리콜의 글로벌 공급 부족과 예전에 없었던 석유 가격의 상승에 의해 원료 가격이 인상했기 때문입니다.

지금까지와 같이 고객님께서 기대하시는 고품질과 서포트 서비스의 제공에 전력을 다할 것을 약속합니다.

이 가격 인상의 필요성을 이해해 주심에 감사드리며 앞으로도 서비스할 수 있도록 부탁드립니다.

Useful Expressions

ABC Corporation is increasing the price of its Alfa line effective June 1, 2007.
ABC 코퍼레이션은 2007년 6월 1일부터 알파 제품 가격을 인상합니다.

We are raising the monthly price for our basic service. The price increase to $21.95 per month will go into effect July 2, 2007 for all new subscribers and August 1, 2007 for our current customers.   * go into effect 발효되다
당사의 베이직 서비스의 월간 요금을 인상합니다. 신규가입자는 2007년 7월 2일부터, 기존 고객은 2007년 8월 1일부터 월 21.95달러로 인상됩니다.

Due to the recent appreciation of the yen, it is necessary to increase prices by 6%.
최근의 엔고(円高) 때문에 가격을 6% 올릴 필요가 있습니다.   * appreciation of the yen 엔고(円高)

I will be sending you a new price list. If you have any questions, please let us know.
새로운 가격표를 보내드립니다. 질문이 있으면 알려주십시오.

Effective April 1, the price of VX300 will be 1,000 yen. The increase is necessary due to the increased cost of raw materials.
4월 1일자로 VX300 가격이 1000엔이 됩니다. 원료 가격이 올랐기 때문에 인상이 필요합니다.

Because of increased production costs, we will have to raise the price to US$ 10/kg.
생산 가격의 상승 때문에 가격을 kg당 10달러 올리지 않을 수 없습니다.

Recently the Japanese yen sharply appreciated from ¥110 to ¥104 for a US dollar. Because of this, we are unable to ship BFG for $20/piece any longer. The price translates into below cost for us.   * translate into ... …와 환산하다
아시는 바와 같이 최근 일본엔이 1달러 110엔에서 104엔으로 급등했습니다. 이 때문에 BFG를 개당 20달러로 출하할 수 없게 되었습니다. 이 가격으로는 원가 이하가 됩니다.

The new price is still lower than the world's lowest, in the Indian and Taiwanese markets.
새 가격은 세계 최저의 인도 및 대만 시장의 가격보다도 아직 낮은 것입니다.

We haven't raised the price in six years.
6년간 가격을 올리지 않고 있습니다.

We feel that these increases will still allow you to sell our products at competitive prices.
가격 인상을 해도 아직 당사 제품을 경쟁력 있는 가격으로 판매하실 수 있다고 생각합니다.

Thank you for your understanding and continued business.
이해와 계속적인 관심 어린 애정 감사합니다.

I hope you will understand the necessity for this price increase.
이 가격 인상의 필요성을 이해해 주시길 부탁드립니다.

이전 알림/안내

이전하는 날과 장소를 연락합니다. 업무 확대 등 적극적인 이유에 의한 이전이거나 이전에 의한 메리트가 있으면 그것도 전하면 좋을 것입니다.

Subject: Our Expanded Facility

We are pleased to announce that ABC Industries is relocating to a larger production facility in Busan. Our headquarters personnel will be serving you from the new location effective June 1.

The new state-of-the art plant will provide us with significantly more capacity. This will ensure that we will continue to meet our customers' needs promptly and with the highest quality. To create a seamless transition to the new facility, production teams will be moved in stages over several weeks. This step-by-step transfer, along with the redundancy of operations and ample additional inventories, means that no delivery schedules will be affected by the move.

Our investment in expanded facilities and even more advanced production systems is tangible evidence of our commitment to meeting and exceeding customer expectations for the very best in plastic packaging solutions.

We look forward to continuing to serve you from the new facility.

해석

제목 : 당사의 확충시설

ABC 인더스트리에서는 부산보다 더 큰 생산 설비로 이전함을 알려드립니다. 본사의 사원은 6월 1일부터 새로운 거점에서 서비스하겠습니다.

새로운 최신 설비 공장에서는 캐파가 상당히 증가하기 때문에 앞으로도 확실하게 고객의 요구에 신속하고 또한 최고의 품질로 대응할 수 있습니다. 새로운 시설의 심리스로 옮겨갈 수 있도록 각 생산 팀은 몇 주일에 걸쳐 단계마다 이전합니다. 업무의 중복과 충분한 예비 재고와 함께 이 스텝 바이 스텝 이전으로 인해 납품 스케줄은 이전에 의한 영향은 전혀 받지 않습니다.

확충시설과 더욱 발전된 생산 시스템 투자는 확실히 최고의 플라스틱 포장 솔루션에 대한 고객의 기대에 부응하고 이를 뛰어넘기 위한 당사의 전념을 명백히 증명하는 것입니다.

새로운 시설로부터 고객에게 계속 서비스할 수 있기를 기대하고 있습니다.

Subject: We're moving on April 1, 2007!

We're moving on April 1, 2007!

Here is our new address:
1-1 Jongno
Jongno-gu, Seoul.
Phone +81-3-1234-5678
Fax +81-3-9876-5432

제목 : 2007년 4월 1일 이전합니다!
2007년 4월 1일 이전합니다.
새 주소는 아래와 같습니다.

Useful Expressions

On November 19, ABC Corporation will be moving to a new building in Seoul.
11월 19일 ABC 코퍼레이션은 서울의 새로운 빌딩으로 이전합니다.

GlobalLINK will be at our new location at 1-1 Jongno, Jongno-gu on May 1.
5월 1일자로 글로벌링크는 종로구 종로 1-1의 새 주소로 이전합니다.

ABC will move its headquarters to Busan effective August 30.
ABC는 8월 30일자로 부산으로 본사를 이전합니다.

As of October 1, our customer service center relocated to Daejeon.
10월 1일자로 당사 고객 서비스센터는 대전으로 이전했습니다.

Due to facility expansion, we are moving our R&D division to Kanagawa on April 1.
시설 확장 때문에 4월 1일 연구 개발 부문을 카나가와로 이전합니다.

Our fax number after April 1 will be 81-2-3453-8023.
4월 1일 이후 팩스 번호는 81-2-3453-8023입니다.

Our phone and fax numbers are the same.
전화 번호와 팩스 번호는 바뀌지 않습니다.

Our manufacturing division will remain at the old address.
제조 부문은 옛 주소에 남습니다.

Please stop by when you are in the area.
근처에 오실 때는 들러주십시오.

 신제품·서비스 소개

상대의 흥미를 끌도록 신제품과 서비스의 특징 및 장점을 설명합니다. 질문이 있으면 회답하는 취지나 자료가 필요하면 송부하는 취지를 전합니다. 또 주문 방법을 전해서 상대의 행동을 촉구합니다.

Subject: Expansion of Collocation Services

To Our Valued Clients:

We're excited to announce an expansion of our collocation services. In addition to collocating machines provided by our clients, we're now providing "managed dedicated servers". This is a natural step up for clients that need more power and control than available on a shared server, but who don't want to go through the effort and expense of maintaining their own server.

Because the server is dedicated to you, 100% of the server's power is available to meet your Internet Hosting needs. This also permits the server, and its software, to be optimized to the specific requirements of your Internet use. Certain features not possible on a shared server become straightforward on a dedicated server.

Just as with shared servers, Global Online will provide and maintain the hardware and software platform for your server. We'll also provide the same redundant network connectivity, automated backup, excellent history of availability, and responsive customer support to which all our clients are already used.

We can provide managed collocation services using a variety of different machines, running either Linux or Solaris. This provides a range of options from a basic entry-level server to enterprise-level servers with RAID protected disks and redundant power supplies.

If you are interested in these services, please contact me at info@getglobal.com.

> **해석**

제목 : 콜로케이션 서비스의 확대

고객 여러분께 :

당사 콜로케이션 서비스 확대를 알려드립니다. 클라이언트에 의해 제공하는 머신의 콜로케이션에 가세해 이번「매니지드 전용 서버」를 제공하게 되었습니다. 이것은 현재의 공유 서버 이상의 파워 및 컨트롤을 희망하면서 독자적으로 서버를 유지하는 노력과 비용을 피하고 싶은 클라이언트에게는 자연스러운 스텝 업니다.

서버는 고객 전용이므로 서버 파워의 100%를 고객의 인터넷 호스팅 요구에 부응하기 위해 사용하실 수 있습니다. 또한 이로 인해 서버 및 그 소프트를 귀사의 인터넷 이용의 구체적인 요건에 맞추어 최적화하는 것이 가능해집니다. 공유 서버에서는 가능하지 않았던 일부 기능이 전속 서버에서는 가능해집니다.

공유 서버와 같이 글로벌 온라인에서는 귀사의 서버 하드와 소프트 플랫폼을 제공 또는 보수합니다. 또한 당사의 클라이언트가 이미 하는 동일한 리던던트 네트워크 커넥티비티, 자동 백업, 뛰어난 가용성 이력, 응답이 좋은 고객 서포트를 제공합니다.

당사는 리눅스 또는 Solaris를 가동시킨 다양한 머신을 사용해서 매니지드 콜로케이션 서비스를 제공할 수 있습니다. 이로 인해 기본적인 초기 서버에서 RAID 보호 디스크나 리던던트한 전원을 갖춘 엔터프라이즈 레벨의 서버까지 많은 옵션을 제공할 수 있습니다.

이러한 서비스에 흥미가 있으면 info@getglobal.com으로 연락해 주십시오.

Subject: Come See Our New Web Site!

We've Just Launched A New Site At GetGlobal.com!

Over the past several months we've been working hard to bring you a newly designed web site. Using suggestions from our users, we have made some changes that we hope you will find helpful.

Come check out our new site at: http://www.getglobal.com

You should find our new site easier to navigate, with additional web site management resources. We appreciate your interest in GetGlobal.com's tools and look forward to continuing to provide you with innovative web site maintenance, promotion and monitoring services.

해석

제목 : 새 웹 사이트를 봐 주십시오!

GetGlobal.com에서는 새 사이트를 개설했습니다.

과거 수 개월에 걸쳐 새롭게 디자인된 웹 사이트 도입을 위해 노력을 거듭해왔습니다. 유저 여러분의 제안을 받아들여 고객님께 도움이 되도록 수정했습니다.

꼭 http://www.getglobal.com에 오셔서 당사의 새로운 사이트를 봐 주세요.

새로운 웹 사이트 관리 자원 등에 의해서 사이트의 안내가 보다 용이하게 되어 있음을 아실 수 있으리라 생각합니다. GetGlobal.com의 툴에 관심을 기울여 주셔서 감사합니다. 계속해서 혁신적인 웹 사이트 관리, 프로모션, 모니터 서비스를 제공해 드릴 수 있길 기대합니다.

Useful Expressions

ABC is pleased to announce the following new product.
ABC에서는 아래와 같은 신제품을 발표합니다.

ABC Software today released the new version of ABCNet.
ABC 소프트웨어에서는 오늘 ABC 넷의 새 버전을 발매했습니다.

ABC has added two models to its line of printers for small offices.
ABC는 소규모 사무실용 프린터에 2개의 모델을 추가했습니다.

In response to strong customer demand for a more reliable network, ABC has introduced Always.
보다 신뢰할 수 있는 네트워크에 대한 고객의 강한 요망에 부응해 ABC에서는 올웨이즈를 발매했습니다.

The newly expanded GetGlobal.com web site has launched.
새롭게 확장한 GetGlobal.com이 오픈했습니다.

We have just added WorldTech products to our marketplace of more than 20,000 business products.
2만점 이상의 업무용 제품을 취급하는 당사의 마켓 플레이스에 월드 테크닉의 제품을 추가했습니다.

GetGlobal.com offers you a unique opportunity to shop for office supplies without leaving your desk.
GetGlobal.com은 자리를 떠나지 않고 오피스 용품을 구매하실 수 있는 독특한 기회를 제공하겠습니다.

As a valued GetGlobal.com customer we are committed to keeping you updated about our new features and offers.
소중한 GetGlobal.com 고객에게 새로운 특징이나 특전에 대해 항상 알려줄 것을 약속합니다.

HXT is available at your local distributor or you can fax us the attached order sheet at 81-3-1234-5678.
HXT는 가까운 대리점에서 구입하시거나 81-3-1234-5678로 첨부의 주문서를 팩스로 보내주십시오.

Your distributor will be happy to demonstrate the new model for you.
귀사를 위해서 대리점이 새로운 모델의 설명을 실시합니다.

To learn more about the new service, please visit getglobal.com.
새로운 서비스에 관한 자세한 사항은 getglobal.com을 방문해 주십시오.

 캠페인 알림

발매, 특별가격, 무료 봉사, 선물 증정 등을 알리는 메일입니다. 기한이 한정되는 경우는 그것을 서술합니다. 자세한 사항은 홈페이지에서 보도록 하면 좋을 것입니다.

Subject: Korea's Software Market Report – Special Offer!

Order now and receive a 15% discount!

Korea Soft just published PC Software Market Report 2007.

Korea's software market is the second largest after the U.S., importing US$3 billion of software each year.

The report discusses the market overview, industry structure, trends and opportunities and challenges for overseas software developers. The table of contents is available at www.getglobal.com.

If you order the report by Feb. 10, you'll receive a 15% discount.

Order now online, by fax or mail and take advantage of this special offer!

For questions or additional information, please contact info@getglobal.com.

해석

제목 : 한국 소프트웨어 시장 리포트–특별 할인

지금 주문하시면 15% 할인!

코리아 소프트에서는 PC소프트웨어 시장 리포트 2007년을 막 발간했습니다.

한국의 소프트웨어 시장은 미국에 이어 제 2위로 매년 30억 달러 상당의 소프트웨어를 수입하고 있습니다.

리포트에서는 시장 개요, 업계 구조, 트랜드, 해외 소프트웨어 개발업자에게 있어서는 기회와 과제가 커버되어 있습니다. 목차는 www.getglobal.com에서 보실 수 있습니다.

리포트를 2월 10일까지 주문해 주시면 15% 할인해 드리겠습니다.

온라인, 팩스 또는 우편으로 지금 주문하셔서 이 특별 할인을 이용하십시오!

질문 및 상세한 정보가 필요하시면 info@getglobal.com으로 연락해 주십시오.

Useful Expressions

ABC Corporation invites you to participate in an exclusive online sale.
ABC 코퍼레이션에서는 고객님을 온라인 한정 세일에 초대합니다.

For a limited time, you can take advantage of these blowout offers.
기간 한정으로 이 대방출 서비스를 이용하실 수 있습니다.   ＊blowout 도를 넘은, 폭발적인

Order by August 28 and receive $100 off single user or $300 off company-wide site license.
8월 28일까지 주문하시면 싱글 유저용이 100달러, 회사 전체 사이트 라이센스가 300달러 할인됩니다.

ABC Corporation will be starting our summer sales campaign on June 15. All our products will be 10% off until August 31.
ABC 코퍼레이션에서는 6월 15일에 여름 세일 캠페인을 개시합니다. 8월 31일까지 당사 모든 제품을 10% 할인해 드립니다.

World Software has just released our new software, BestSoft. For limited time, we are offering free download on our web site.
월드 소프트웨어에서는 새로운 소프트웨어인 「베스트 소프트」를 발매했습니다. 한정 기간 동안 당사 웹 사이트에서 무료 다운로드를 하실 수 있습니다.

With our upgrade campaign, user of BestSoft 4.x and 5.x can upgrade to 6.0 at a discounted rate.
업그레이드 캠페인으로서 베스트 소프트 4.x 및 5.x를 사용하시는 고객님에게는 할인 가격으로 6.0으로 업그레이드 해 드립니다.

Here's a special offer for GlobalLINK's customers.
글로벌링크 고객님을 위한 특별 할인입니다.

Take advantage of our Christmas specials until December 28, 2007.
2007년 12월 28일까지 크리스마스 스페셜을 이용해 주십시오.

The offer ends Friday, July 18, 2007.
할인은 2007년 7월 18일 금요일에 종료합니다.

To find out more about these exclusive offers, visit our web site http://www.getglobal.com/
이 한정 서비스에 대한 자세한 사항은 당사 웹 사이트 http://www.getglobal.com/을 방문해 주십시오.

For more details on this LIMITED-TIME offer, or to place your order now, click here.
기간 한정 할인에 대한 자세한 사항 또는 지금 주문하고자 하신다면 이곳을 클릭해 주십시오.

 이벤트 알림

자신의 회사가 주최하거나 협찬하고 있는 이벤트를 알리는 메일입니다. 자세한 사항은 홈페이지를 방문하도록 하면 좋을 것입니다.

Subject: Third Asia Forum

We will be hosting the Third Asia Forum on Sept. 15 and 16 at World Hotel. 15 panelists from all over Asia will discuss how Asian countries can cooperate and prosper together in the 21st century.

The speakers include Dr. Lee Tzu Yang, National University of Singapore, Dr. Mitesh Patel, Liberty Institute (India), and Mr. Prida Tiasuwan, Social Venture Network (Thailand).

Please visit www.getglobal.com for more information.

해석

제목 : 제3회 아시아 포럼

당사에서는 9월 15~16일 월드 호텔에서 제3회 아시아 포럼을 주최합니다. 아시아 각국으로부터 15명의 패널리스트가 21세기를 향해서 아시아 여러 나라가 얼마나 협력하고 함께 번영할까를 논의합니다.

싱가폴 국립대학의 Lee Tzu Yang 박사, 리버티 연구소(인도)의 Mitesh Patel 박사, 사회 벤처 네트워크(타이)의 Prida Tiasuwan 씨 등이 강연합니다.

자세한 사항은 www.getglobal.com을 방문해 주십시오.

Useful Expressions

WorldPhone Korea will be hosting the Telecommunications Fair September 8-10 in Seoul.

* host 주최하다

월드 폰 코리아에서는 9월 8~10일 서울에서 텔레커뮤니케이션 페어를 개최합니다.

Java Japan will be holding its annual International Java Competition. A total of 100 million yen worth of prizes will be awarded. Entries will be accepted until August 23. We look forward to your entries!

자바재팬에서는 연차 국제 자바 공모를 실시합니다. 총액 1억엔 상당의 상금이 수여됩니다. 참가 신청은 8월 23일까지입니다. 귀하의 신청을 기다리겠습니다!

We will be co-sponsoring the 2007 Web Design Exhibition at the World Hall for three days from May 1 through 3.

5월 1일부터 3일까지 3일간 월드 홀에서 2007년 웹 디자인전을 공동 주최합니다.

GlobalLINK will be holding a career management seminar with BestRecuruit on October 23.

10월 23일 글로벌링크는 베스트 리크루트와 경력 관리 세미나를 개최합니다.

We will be participating in the International Friendship Festival as one of the supporting organizations, which will be held at Odaiba on August 4 and 5.

당사는 8월 4~5일에 오다이바에서 열리는 국제 우호 페스티벌에 후원 기업으로서 참가합니다.

Please join us to promote international understanding.

국제 친선을 위해서 꼭 참가해 주십시오.

On behalf of Female Entrepreneurs, we would like to invite you to hear Miyuki Kasai, President of Japan Online, speak about "Creating a Winning Website".

여성 기업가 모임을 대표해 재팬 온라인 사장, 카사이 미유키의 강연 「필승 웹 사이트 작성법」에 초대하고 싶습니다.

International Entrepreneurs' Network will be inviting Mr. David Pollack as a special guest at its annual meeting.

국제 기업가 네트워크에서는 연차 모임에 특별 게스트로서 David Pollack 씨를 초대하고 있습니다.

Join Entrepreneur's Roundtable, where you will learn how to get maximum benefit from your company's website.

기업가 라운드 테이블에 참가해 주십시오. 자사 웹 사이트에서 어떻게 최고의 메리트를 얻을 수 있는지 배울 수 있습니다.

With 300 leading industry executives expected, the Summit is a must-attend event for anyone involved in the mobile market.

300명의 주요 업계 경영진의 참가가 예상되며 서밋은 모바일시장 관계자에게는 빠뜨릴 수 없는 이벤트입니다.

견본시 출전 알림

전시회의 이름, 출전품, 부스 번호를 전하고 부스에 들러 주도록 촉구합니다. 강연을 맡거나 세미나를 여는 경우는 그것도 전합니다. 자세한 사항은 홈페이지를 보게 합니다.

Subject: IT Expo

BestTech will be exhibiting at IT Expo in Las Vegas, November 15th through 19th (Booth L1234).

The company and its strategic partners will be providing demonstrations in its four key application areas – Maintenance, Inspection, Data Collection, and Training. Attendees will also be able to see actual demonstrations of some new applications that have been recently integrated into BestTech's Mobile Assistant.

For more information about our demonstrations at the show, please visit www.getglobal.com.

We look forward to seeing you at Booth L1234 in November.

해석

제목 : IT 엑스포

베스트테크에서는 11월 15~19일 라스베가스의 IT 엑스포에 출전합니다(부스 L1234).

그 회사는 전략 파트너와 함께 주요 어플리케이션 4분야 – 보수, 점검, 데이터 수집, 연수 – 로 논증을 실시합니다. 또한 참가자 여러분에게는 최근 베스트테크사의 모바일 어시스턴트에 통합된 새로운 어플리케이션의 실연도 보실 수 있습니다.

전시회에서의 논증에 관한 자세한 사항은 www.getglobal.com을 방문해 주십시오.

11월 부스 L1234에서 뵙기를 기대하고 있겠습니다.

Useful Expressions

ABC Corporation will be introducing its latest home theater system at 2007 International CES in Las Vegas.
ABC 코퍼레이션은 라스베가스의 2007년 국제 CES에서 최신 홈 시어터 시스템을 발매합니다.

World Driver will be exhibiting and demonstrating WinDriver at the Hardware Engineering Conference, May 4-7, Seattle WA, USA, Pavilion A123.
월드 드라이버에서는 미국 워싱턴 주 시애틀에서 5월 4~7일에 열리는 하드웨어 엔지니어링 회의 파빌리온 A123으로 윈드라이버를 전시 및 설명합니다.

We will be announcing a number of new products at Performance Racing Industry Show.
퍼포먼스 레이싱 업계 쇼에서는 수많은 신제품을 발표할 예정입니다.

Our new model will be demonstrated at Booth 1234. Please stop by.
새 모델은 부스 1234에서 설명할 것입니다. 아무쪼록 (저희 부스에) 들러 주십시오.

ABC Corporation will be at Booth 3333 at CompuTex Taipei.
ABC 코퍼레이션은 콤퓨텍스 타이뻬이에서 부스 3333에 출전하고 있습니다.

The booth will feature a new line of photo printers.
부스에는 새로운 사진 프린터 제품군을 두루 갖추고 있습니다.

I hope you are planning to attend the Networld on May 3. We will be holding a workshop on data management.
5월 3일에 넷 월드에 참가하실 예정이라 생각합니다. 당사에서는 데이터 관리에 관한 워크숍을 개최합니다.

Please stop by our booth for a complete demonstration of the products.
부스에서 제품의 완전한 논증을 실시하므로 들러 주십시오.

Mr. Yamamoto, President of ABC Corporation, will be the keynote speaker for the convention.
ABC 코퍼레이션 사장 야마모토가 대회에서 기조 강연을 맡습니다.

견본시/전시회의 출전 의뢰

테마는 어떠한 이유로, 어떤 업계와 시장을 대상으로 하고 있고, 어떤 사람들이 참가하는지를 설명합니다. 또한 출전하면 어떠한 장점이 있는지를 강조합니다.

Subject: Best Technology Show

You are invited to exhibit at the fifth annual Best Technology Show. The three-day event brings together over 500 of the world's top technology companies offering state-of-the-art products and solutions.

Last year the booth space was sold out a month before the Show. Make arrangements for your booth today! Visit www.getglobal.com for details, including the rates.

An early-registration discount will be given for registrants if postmarked by Feb. 28, 2007. Booth space is available on a first-come, first-served basis. Apply now to secure the space you prefer!

Each exhibitor receives a 3mx3m exhibit space. Each exhibit registration includes two exhibit admissions and two box lunches.

Complete the attached Exhibit Application with your choice of booth space. You will receive confirmation of your booth number and an Exhibitor Kit within two weeks after submitting your application.

We hope you can join us in 2007!

* on a first-come, first-served basis 선착순으로

해석

제목 : 베스트 테크놀로지 쇼

제5회 베스트 테크놀로지 쇼에 귀사를 초대하고자 합니다. 이 3일에 걸친 이벤트에는 최첨단 제품이나 솔루션을 제공하는 세계의 톱 테크놀로지 회사 500사 이상이 모입니다.

작년에는 쇼 1개월 전에 전시 스페이스가 완매되었습니다. 귀사의 부스를 오늘 준비해 주십시오! 요금 등 자세한 사항에 대해서는 www.getglobal.com을 방문해 주십시오.

조기 신청 할인은 2007년 2월 28일 소인의 신청까지 유효합니다. 전시 스페이스는 선착순입니다. 희망하시는 스페이스를 확보하기 위해서도 지금 신청하십시오.

출전에는 3m×3m의 전시 스페이스를 이용하실 수 있으며, 입장 2명과 도시락 2인분이 포함됩니다.

첨부한 전시 신청서에 희망하시는 전시 스페이스를 기입해 주십시오. 신청 후 2주일 이내에 부스 번호와 출전자 키트가 전달될 것입니다.

2007년에 참가해 주시길 부탁드립니다.

Subject: Corporate E-Learning 2007

Dear Friends:

ABC Korea is staging a "Corporate E-Learning 2007" conference at the Intercontinental Hotel in Seoul on Sept. 3-4.

After hearing about your unique e-learning customization solutions from our conference producer, and checking your web site, I believe that GlobalLINK would derive significant benefits as a niche corporate partner at this event.

So far, Best Software, Nica, SmartLearn and XYZ Corporation have confirmed their participation as sponsors. This means that four out of the seven sponsor openings are already booked, and we expect the remainder to be confirmed by tomorrow, May 27, Korea time.

We are targeting a minimum of 100 elite decision-makers to attend this event through our direct telephone/fax invitations and marketing brochures, as the attached package options explain.

I'm attaching two files:
- Conference overview
- Two sponsorship package options

I will call you Thursday afternoon, your time, to answer any questions and see if this is something you wish to proceed with.

For more information on the conference and ABC Japan, please visit http://www.getglobal.com.

해석

제목 : 기업 E러닝 2007년

여러분

ABC 코리아에서는 9월 3~4일 서울 인터콘티넨탈 호텔에서 「기업 E러닝 2007년」을 개최합니다.

회의 제작 회사에서 귀사의 독특한 E러닝 커스터마이제이션에 대해 듣고 또 귀사의 웹 사이트를 둘러본 후, 본 이벤트의 니치 공동개최 기업으로서 글로벌링크는 큰 메리트를 얻을 수 있을 것이라 생각합니다.

현재 베스트 소프트웨어, 나이카, 스마트란, XYZ 코퍼레이션의 공동개최 기업으로서의 참가가 정해져 있습니다. 이는 공동개최 기업 후보 7개 회사 중 4개 회사가 이미 예약한 것이며, 나머지 기업도 내일 한국 시간 5월 27일까지 참가를 결정할 것이라 생각합니다.

첨부한 패키지 옵션에 있듯이 전화나 팩스로 직접 권유, 광고 팜플렛을 통해서 이 이벤트의 참가자로서의 엘리트의 의사결정자 최저 100명을 타겟으로 하고 있습니다.

파일을 2개 첨부합니다.
* 회의 개요
* 공동개최 패키지 2 옵션

질문에 대답하고 흥미가 있는지 여쭙고자 그쪽 시간으로 목요일 오후에 전화하겠습니다.

본 회의 및 ABC 재팬에 대한 자세한 사항은 www.getglobal.com을 방문해 주십시오.

Useful Expressions

Join us for the 2nd Annual Technology Summit, which follows up on the success of last year's summit.
작년 서밋의 성공에 이어 제2회 연차 테크놀로지 서밋에 참가해 주십시오.

The Food Processing Show is a must for any supplier of products and services to the food processing industry.
식품 가공 쇼는 식품 가공업계에의 제품 및 서비스 공급업자에게 있어서는 필수 쇼입니다.

For more than a decade, Network Korea has been the place to unveil cutting-edge network solutions.   * unveil 발표하다, 밝히다   cutting-edge 최첨단의
10년 이상 네트워크코리아는 최첨단의 네트워크 솔루션을 발표하는 장이 되고 있습니다.

This summit is designed to benefit any executive who believes that the arrival of wireless content, technology and commerce will affect the world as profoundly as the Internet.
이 서밋은 무선 컨텐츠, 기술, 코머스의 도래가 인터넷과 같은 정도로 세계에 크게 영향을 준다고 믿는 경영진에게 메리트를 제공하기 위해 기획되었습니다.

The two-day event is designed to educate and connect the creators of the 21st century's great technology revolution.
2일간의 이벤트는 21세기의 위대한 기술 혁명 담당자를 교육하고 만남의 장을 제공하기 위해 기획되었습니다.

Our first summit was attended by over 500 executives, 35 exhibitors, 60 speakers, and 100 press members.
제1회 서밋에는 경영진 500명 이상, 출전자 35사, 강연자 60명, 매스컴 관계자 100명이 참가했습니다.

iWireless Summit will bring together key decision makers, executives, and entrepreneurs who will build the Wireless industry's future.
i무선 서밋에는 무선 업계의 미래를 건설할 주요 의사 결정자, 경영진, 기업가 등이 모입니다.

We are expecting an audience of nearly 300 representing the Korean building industry.
한국의 건설 업계를 대표하는 300명 가까운 참가자를 예정하고 있습니다.

Here is your best opportunity to talk to the people charting the course of IT innovations.   * chart a course 진로를 나타내다, 이끌다
귀하에게 있어서 IT혁신의 길을 이끄는 사람들에게 말을 걸 수 있는 최고의 기회입니다.

Our exhibit floor will allow you to showcase the latest technology and business solutions, launch new products, build brand recognition and enhance your company's image in front of highly targeted audiences, including potential customers, business partners, the press, industry analysts and suppliers.
전시 플로어에서는 잠재적 고객, 비즈니스 파트너, 매스컴, 업계 애널리스트, 공급업자 등 타겟이 매우 좁혀진 청중 앞에서 최신 기술, 비즈니스 솔루션, 그리고 신제품 발표와 브랜드를 확립하여 귀사의 이미지를 향상하는 것이 가능합니다.

To reserve your space, complete the attached exhibit agreement. Don't hesitate –space is limited!
스페이스를 확보하려면 첨부한 출전 합의서에 기입해 주십시오. 주저하고 있을 틈이 없습니다. 스페이스에는 한계가 있습니다!

Due to high demand, all available booths were sold for Best Technology 2007.
수요가 많아 베스트 테크놀로지 2007에서는 전시 스페이스 부스가 완매되었습니다.

강연의뢰

이벤트의 내용과 개최 일시, 장소 또는 참가자 층을 전합니다. 강연료나 경비 등의 조건에 대해서도 처음부터 명기해 두는 것이 좋습니다.

Subject: Speaking at International Network Conference

I would like to invite you to speak at the International Network Conference on April 9-12, 2007 in Tokyo. We're organizing the event in cooperation with IEEE. Last year more than 200 people participated.

It would be a great benefit to the conference if you could accept our invitation and give us an overview on the status of the optical network. We'd like to offer $6,000, including travel expenses, for your presentation.

The duration of the talk will be 30 minutes. The schedule of the conference is not finalized, but we will let you know next month exactly when you are speaking.

Dr. Venkatesh, I would appreciate hearing from you by January 24. We are hoping you can help make our conference a success.

Many thanks in advance and best regards,

* duration 계속, 지속시간

해석

제목 : 국제 네트워크 회의에서의 강연

2007년 4월 9~12일 동경에서 열리는 국제 네트워크 회의의 강연을 부탁드리고 싶습니다. 본 이벤트는 IEEE와의 공동개최로 기획하고 있습니다. 작년에는 200명 이상의 참가자가 있었습니다.

맡아 주셔서 광(光)네트워크 상황의 개요를 이야기해 주시면 회의는 매우 유익할 것입니다. 강연에 대해 여비를 포함해서 6,000달러를 지불하고자 합니다.

강연 시간은 30분입니다. 회의의 스케줄은 미정입니다만 다음 달에는 강연 일정을 알려드리겠습니다.

Venkatesh 박사님, 1월 24일까지 회답해 주시면 고맙겠습니다. 이 회의가 성공하도록 도움 주시길 부탁 드립니다.

미리 깊이 감사드림과 동시에 잘 부탁드리겠습니다.

Useful Expressions

We would be honored if you would consent to deliver our keynote speech, on March 8, on the topic of the latest developments in the U.S. pharmaceutical industry.
3월 8일에 미국 제약업계의 최신 정보라고 하는 테마로 기조 강연을 부탁드리고 싶은데, 받아들여 주신다면 영광입니다.

Would you be interested in speaking at Global Network's monthly meeting? The members represent 20 countries, presenting global contacts and business opportunities.
글로벌 네트워크의 월례회의에서 강연해 주실 수 있는지요? 20개국 이상의 멤버로 구성되며 세계적인 교류와 비즈니스 기회를 제공하고 있습니다.

We'd like you to give an hour presentation on the latest developments in Bangalore.
방갈로르에서의 최근 움직임에 관해 1시간의 강연을 부탁드리고 싶습니다.

You will be one of five panelists at the symposium.
심포지엄에서 5명의 패널리스트 중 한 명이 되어 주십시오.

We'd like you to address the issue of privacy.
프라이버시 문제에 관해서 이야기해 주셨으면 합니다.

Presentations are 45 minutes.
강연 시간은 45분입니다.

The choice of subject is up to you. Technology, applications, processes and case studies are always well received.
테마는 자유롭게 선택해 주십시오. 기술, 애플리케이션, 프로세스, 사례 연구는 항상 인기가 있습니다.

Your appearance will add significant value to the Fair, and will be a superb opportunity for the Korean audience to learn about the U.S. healthcare industry.
귀하가 참가해 주시면 전시회의 가치가 크게 높아져서 한국의 청중이 미국 의료업계에 관해 배울 수 있는 훌륭한 기회가 됩니다.

Your involvement will bring great PR to your organization (over 30,000 promotional pieces are mailed).
협력해 주시면 귀사에 있어서 큰 PR이 될 것입니다(3만 이상의 선전물을 우송합니다).

We will offer $1,000 plus travel expenses.
1,000달러 플러스 여비를 제안하겠습니다.

If you have a set rate for such a speaking engagement, please indicate it.
이러한 강연에 대해 정해진 금액이 있으시면 알려주십시오.

앙케이트의 협력 요구

최근에는 온라인으로의 앙케이트가 일반적입니다. 메일로 협력을 호소해 앙케이트가 게재된 **URL**를 전합시다. 참여할 의사가 없는 사람에게 앙케이트 용지를 메일로 첨부하는 것은 네티켓 위반입니다.

Subject: GlobalLINK Customer Survey

Dear GlobalLINK Customer,

We need your help!

Please accept this invitation to participate in an online survey to share your thoughts and opinions about online services GlobalLINK is offering. GlobalLINK values your input and will use the results of this research to better serve you and continuously improve our service.

The link below will take you to a survey hosted by an independent research company. Any information you provide will be kept strictly anonymous and confidential. You will never be prompted for sensitive account or private information.

Please click to fill out the survey:
www.getglobal.com/survey

It will take you about 10 minutes to complete the survey. Thank you for your participation.

* survey 앙케이트   anonymous 익명의

해석

제목 : 글로벌링크 고객 앙케이트

글로벌링크 고객님께

고객님의 도움을 필요로 하고 있습니다!

글로벌링크가 제공하는 온라인 서비스에 대한 고객님의 생각이나 의견을 듣기 위한 온라인 앙케이트에 협조를 부탁드립니다. 글로벌링크에서는 고객님의 입력을 중시해 향후 고객님의 요구에 의해 서비스하기 위해, 또 당사의 서비스를 계속 향상시키기 위해서 이 조사 결과를 이용할 것입니다.

아래의 링크를 클릭하시면 제3자인 조사회사에 의한 앙케이트로 이동합니다. 제공해 주신 정보는

모두 익명을 유지하고 또한 엄수합니다. 소중한 계좌 정보나 프라이버시 정보를 질문하는 일은 결코 없습니다.

아래를 클릭하시고 앙케이트에 기입해 주십시오.
www.getglobal.com/survey

앙케이트 응답에는 10분 정도 걸립니다. 참여해 주셔서 감사합니다.

Useful Expressions

As a valued ABC customer, we would like to invite you to participate in an online survey about online auctions.
ABC의 소중한 고객님께 온라인 옥션에 관한 온라인 앙케이트에 참여해 주시길 부탁드립니다.

Would you please answer the attached questionnaire? We would appreciate it if you could respond by May 28th.
아래의 앙케이트에 응답해 주실 수 있는지요? 5월 28일까지 응답 주시면 고맙겠습니다.

Would you please help us by answering the few questions on the attached survey?
첨부한 앙케이트의 질문에 응답해서 도와주실 수 있는지요?

We are conducting research on the effectiveness of cross-cultural training.
다른 문화간 연수 효과에 대해 조사를 실시하고 있습니다.

We are working with Best Research, an independent market research company, to help us collect the data.
제3자인 시장 조사 회사, 베스트 리서치가 데이터 수집을 도와주고 있습니다.

We can assure you that this is strictly a non-commercial endeavor, and we will supply you with a copy of our findings. We hope they will provide you with some value in exchange for your time in helping us.
이것은 상업 목적의 조사는 결코 아니며 조사 결과는 반드시 보내드립니다. 도와주시는 시간과 교환할 어떠한 가치를 제공할 수 있으리라 생각합니다.

It is easy to participate in this survey. Just click on the link below:
앙케이트에 참여하는 것은 간단합니다. 아래의 링크를 클릭하기만 하면 됩니다.

Your valuable input is greatly appreciated.
고객님의 귀중한 입력에 깊이 감사드립니다.

If you are willing to participate in the survey, please send an e-mail to info@getglobal.com.
참여하실 의향이 있으시면 info@getglobal.com으로 메일을 보내주십시오.

Thank you for your interest in participating in the survey.
앙케이트 참여에 관심을 가져 주셔서 감사합니다.

전재 허가 요구

자신이 누구이며 어떤 출판물을 무엇에, 어떤 목적으로, 어떻게 사용하는지를 명기합니다. 협력에 대한 답례에 대해서도 미리 말해 둡시다. 홈페이지에 사용하는 경우는 상대방을 볼 수 있도록 URL을 기재합니다.

Subject: Permission to Use Mr. Neeleman's Letter

I'm writing a book, "Complaining and Responding Skillfully in English," scheduled to be published by the Korea Times in Korean in January 2007.

I'd like your permission to use Mr. Neeleman's letter of Sept. 23, which is posted at http://www.jetblue.com/learnmore/privacypolicy.html, as a good example of a letter responding to customer complaints. (I understand that JetBlue was applauded for its good PR after the incident.)

I'm a published author of 13 books in Korea, with 9 books translated and published in Japan, Taiwan, China and Hong Kong.
Korea: http://www.getglobal.com/library/library.html
Overseas: http://www.getglobal.com/library/international.html

The Korea Times is a publisher of Korea's oldest English-language newspaper and also publishes many English-related books (http://www.koreatimes.com). A copy of my upcoming book will be mailed to you after it's published.

Thank you for your cooperation, which will be of great benefit to my readers.

* upcoming 이번의, 머지 않아

해석

제목: Neeleman 씨의 편지 사용 허가

저는 2007년 1월 한국어로 코리아타임즈사에서 출판 예정인 「클레임 vs. 클레임 대응 영어」라고 하는 저서를 집필하고 있습니다.
http://www.jetblue.com/learnmore/privacypolicy.html에 게재된 9월 23일자 Neeleman 씨의 편지를 고객 클레임에 뛰어난 회답 예로써 사용할 수 있도록 허가를 받았으면 합니다. (그 사건 후 제트 블루사는 그 뛰어난 홍보에 대해서 칭찬을 받았다고 들었습니다.)

저는 한국에서 13권의 저서를 출판하고 있으며 일본, 대만, 중국, 홍콩에서도 9권이 번역 출판되고 있습니다.
한국: http://www.getglobal.com/library/library.html
해외: http://www.getglobal.com/library/international.html

코리아타임즈사는 한국에서 가장 오래된 영자신문 출판사로 다수의 영어 관련 책을 출판하고 있습니다. (http://www.koreatimes.com). 신간이 출판되면 귀사에 일부 보내드리겠습니다.

협력 감사합니다. 협력해 주시면 독자에게 매우 도움이 될 것입니다.

Subject: Permission Sought

I'd like your permission to use some of your material from "American misconceptions about Japan FAQ" for our newsletter, GlobalLINKER, which is distributed to our clients and associates in the U.S. (A sample of GlobalLINKER can be viewed at available at http://www.getglobal.com.)

The title of the article will be "Are we that different?–Similarities and differences between Americans and Japanese". The newsletter will say "The following are excerpts from Mr. Tanaka's web site, "American misconceptions..."
(http://www.cs.indiana.edu/~tanaka/m/)

Of course, you'll receive a copy of our newsletter. Your cooperation would be appreciated.

Thanks,

* excerpt from ... …로부터의 발췌

해석

제목 : 전재허가 요청

미국의 클라이언트나 동료에게 보내는 당사의 연간 뉴스레터, 글로벌링크에 귀하의 「일본에 관한 미국의 오해 FAQ」에서 일부 인용하고 싶습니다. (http://www.getglobal. com에서 글로벌링크의 샘플을 보실 수 있습니다.)

기사의 타이틀은 「우리는 그렇게 다를까요? –미국인 일본인의 유사점과 차이점」입니다. 「아래는 다나까씨의 웹 사이트 『일본인에 관한……』(http://www.cs.indiana.edu/ ~tanaka/m/)에서 인용한 것입니다」라고 첨가합니다.

물론 당신에게도 뉴스레터를 보내드리겠습니다. 협력해 주시면 감사하겠습니다.

Useful Expressions

I hereby request permission to copy chapter 5 of "Complaining and Responding Skillfully in English" by Mitsuyo Arimoto.   * hereby 이것(이 메일)에 의해
Mitsuyo Arimoto가 쓴 「클레임 vs. 클레임 대응 영어」의 5장(章)의 전재 허가를 부탁드립니다.

I'd like to produce 40 copies of this chapter to be distributed at our legal seminar at no cost to the participants.
법무 세미나에서 배포용으로 이 장(章)을 40부 카피하고 싶습니다. 수강자에게는 무료로 배포합니다.

We would appreciate it if you would let us use your photo on our web site? http://www.getglobal.com.
사진을 이 쪽의 웹 사이트 www.getglobal.com에서 사용하게 해주시면 감사하겠습니다.

I'd like to use your article in the next issue of our newsletter. The article will include your name and bio.
당사 뉴스레터의 다음 호에서 귀하의 원고를 사용했으면 합니다. 원고에는 귀하의 이름과 약력을 넣겠습니다.

Your artwork will add a great value to our web page.
귀하의 아트워크는 저희 웹 페이지에 큰 가치를 줄 것입니다.

Such information will be of great benefit to our readers.
그러한 정보는 저희 독자에게 매우 도움이 될 것입니다.

We will, of course, include a permission line: Reprinted by courtesy of ABC.
물론 ABC 코퍼레이션의 호의에 의해서 전재된 허가문을 덧붙입니다.

Please specify any credit line or conditions you may require.
희망하시는 크레디트 표기 또는 조건 등이 있으시면 알려주십시오.

I'd like to quote from your e-mail on our website with your permission.
허가를 하시고 보내주신 메일을 당사 웹 사이트에서 인용했으면 합니다.

Would you give us your permission to quote from the attached e-mail on our website?
첨부했던 이메일을 당사 웹 사이트에서 인용할 수 있는지요?

Would you let us quote what you said in your e-mail on our website?
귀하의 메일 내용을 당사 웹 사이트에서 인용하게 해주시겠습니까?

전재 허가 승락/거절

허가를 주는 전재물과 사용 목적을 명기하고 특히 사용해 주었으면 하는 저작권이나 허가문이 있으면 그것을 기재합니다. 거절하는 경우는 감사 등의 내용 등으로 적극적으로 시작하고, 허가할 수 없는 이유를 밝힙니다. 저작권이나 사용권이 다른 사람이나 단체에 있는 경우라면 그 취지를 전합니다.

Subject: Permission for Publication

You have my permission to use my photograph, "Mars at Closest," from my website, www.astropics.com, in your magazine. The permission is for one-time use only.

Would you send me a copy of your magazine once it's published?

해석 제목 : 전재 허가

당사의 웹 사이트 www.astropics.com의 사진 「최접근의 화성」에 대해 귀하의 잡지에서의 사용을 허가합니다. 단, 한 번의 사용만 허용합니다.

발간 후 귀하의 잡지를 1부 보내주시겠습니까?

Subject: Permission for Publication

Thank you for contacting us.

We do not hold the translation rights for the book. Please contact the agent, Susan Gluck at WM International, susan@getglobal.com.

해석 제목 : 전재 허가

연락 감사드립니다.

이 책의 번역권은 그 회사에는 없습니다. WM인터내셔널사의 에이전트인 Susan Gluck, susan@getglobal.com에게 연락하십시오.

Useful Expressions

「허가」

We are pleased to grant permission to use the article in your training manual.
귀사 연수 자료용으로 기사(記事) 사용을 기꺼이 허가합니다.

We hereby grant you the rights to use our graphics.
이것에 의해 당사의 그래픽스 사용을 허가합니다.

You are free to use my article as long as you credit me.
저에게 크레디트를 주시는 한 원고는 자유롭게 사용하셔도 좋습니다.

Our material may be reprinted only for non-commercial purposes.
비영리적인 목적에만 전재를 허가합니다.

We understand that this manual will be for internal use in your organization only and not be used outside of it.
이 매뉴얼은 귀사의 사내에서만 사용되며, 회사 밖에서는 사용되지 않는 것으로 이해하고 있습니다.

We ask that all quoted material contain the following note: All rights reserved by GlobalLINK.
인용하는 자료에는 모두 아래의 문장을 넣어 주십시오: 모든 권리는 글로벌링크에 있다.

Please use the following copyright note with all appearances of the material.
게재시는 모두 아래의 저작권 표시를 사용해 주십시오.

We'd love to receive a copy of the book once it's completed.
저서가 완성되면 1부 주시면 기쁘겠습니다.

「답장」

Thank you for allowing us to use your material.
사용을 허가해 주셔서 감사합니다.

Thank you for granting your permission.
허가해 주셔서 감사합니다.

「거절」

Thank you for your inquiry about the reproduction of the article.
기사(記事)의 복제에 대해 문의 주셔서 감사합니다.

I'm glad you enjoyed my photography, but it's available only for non-commercial use.
저의 사진을 마음에 들어해 주셔서 기쁘지만, 비영리적인 목적에만 이용 가능합니다.

The rights you requested do not belong to us. Please contact The Korea Times.
당신이 요구한 권리는 저희에게 없습니다. 코리아타임즈에 연락해 보십시오.

Unfortunately, the author does not allow the reproduction of the chapter.
유감스럽지만 저자는 그 장(章)의 복제를 허가하지 않습니다.

We do not control the rights you requested.
귀하께서 요구한 권리는 당사의 권리 밖입니다.

The papers presented at the conference remain the property of the authors and aren't copyrighted by us.
회의에서 발표된 논문은 저자의 소유물이며 이 쪽에는 저작권이 없습니다.

This particular ad carries the client's name and would require their agreement for reproduction. With their agreement, we would be only too happy to help, but I don't think we will be able to get it before your deadline.
이 광고에 대해서는 클라이언트의 회사명이 나오고 있어 상대방의 합의 없이는 복제를 허가할 수 없습니다. 합의만 되면 기꺼이 협력하겠지만 기일까지 합의를 얻을 수 있을 것 같지 않습니다.

Please let us know if we can be of help in any other way.
다른 형태로 도울 수 있는 일이 있으면 알려주십시오.

홈페이지의 링크 신청

홈페이지로의 링크는 페이지에서 무단 링크를 허가하고 있지 않는 한 반드시 허가를 얻도록 합니다. 링크하는 것에 의한 메리트를 강조합니다.

Subject: Link Request

Dear Webmaster:

We would like to link your site to ours.

We are a consulting firm in Seoul specializing in U.S.-Korea business development. We are interested in linking your home page to our e-commerce page (www.getglobal.com/ec). Most of our visitors are professionals in the Korean e-commerce industry. I'm sure they will enjoy your rich, useful content while you will receive increased traffic from Korea.

If you have any questions about our site or linking, please let me know. I look forward to your favorable reply.

Best regards,

* linking 링크하는 것

해석

제목 : 링크 의뢰

웹마스터님께

당 사이트에서 귀사의 사이트로 링크를 걸고 싶습니다.

우리는 미한간의 비즈니스 개발을 전문으로 하는 서울에 있는 컨설팅 회사입니다. 당사 사이트의 E 코머스 페이지에서 귀사의 홈페이지로 링크하도록 해 주셨으면 합니다. 당 사이트 방문자의 대부분이 한국의 E코머스 업계에서 활약하는 프로패셔널입니다. 그들이 귀 사이트의 풍부하고 유용한 내용을 즐길 수 있는 한편, 귀 사이트로 한국으로부터의 트래픽이 증대할 것입니다.

당 사이트 및 링크에 대해 질문이 있으면 알려주십시오. 기분 좋은 답장을 기다리고 있겠습니다.

Useful Expressions

I'd like to have our web site linked to yours.
이쪽의 웹 사이트를 그쪽으로 링크하고 싶습니다.

Would you like to exchange links? I am going to list GlobalLINK's web site as a related link and would love it if you would list my site as one of your links.
링크를 교환하지 않겠습니까? 글로벌링크의 웹 사이트를 관련 링크로서 게재하겠으므로 그 쪽에서도 링크로서 게재해 주시면 고맙겠습니다.

Please visit our site and let me know if you would allow us to link your site to ours.
저희 사이트를 보시기 바랍니다. 그리고 귀 사이트로의 링크를 승인해 주실 수 있는지 알려주십시오.

We would appreciate your permission for linking our site to yours.
저희 사이트로부터 귀 사이트로의 링크를 허가해 주시면 감사하겠습니다.

I hope you'll give us permission for the linking.
링크하는 것을 허가해 주시길 희망합니다.

 [REPLY]

Subject: RE: Link Request

Your request for a link to our web site has been accepted.

Please note that it may be up to a day after approval before the index is updated, at which time your entry will be visible. All entries are subject to review once added.

We'd also appreciate a link from your site back to our site.

해석   제목 : RE: 링크 의뢰

당사 웹사이트로의 링크 의뢰가 승인되었습니다.

승인 후 인덱스가 갱신되는 데 최고 하루가 걸리기도 하므로 양해 바랍니다. 인덱스가 갱신되면 그 쪽의 엔트리가 나타납니다. 추가 후 모든 엔트리는 점검을 받습니다.

그 쪽에서도 저희 사이트에 링크해 주시면 고맙겠습니다.

IR 관련(주주총회 알림)

주주총회 알림은 일반적으로 우편으로 보내지만, 메일로 알리는 회사도 있고 온라인으로 투표할 수 있는 곳도 있습니다. 주주에게 통지 메일이나 온라인 투표는 대부분 외부의 전문회사를 통해 행해집니다.

Subject: ABC Technologies Annual Shareholder Meeting

Dear Shareholder:

Please join us on Thursday, March 31, 2007, at 9:30 am for the Annual Meeting of the Shareholders of ABC Technologies. The meeting will be held at Best Hotel in Seoul. Attached is an official notice of the meeting along with a map to the location.

At the meeting, the shareholders will elect the board of directors for the ensuing year. A shareholder proxy and background summaries for the nominees, as well as an update on the company's progress and financial information, are in the mail.

Thank you for your continuous support of ABC Corporation. We hope you can attend the meeting.

* ensuing 다음의   proxy 대리위임장

해석

제목 : ABC 테크놀로지스 연차 주주총회

주주 여러분

2007년 3월 31일 오전 9시 반, ABC 테크놀로지스의 연차 주주총회에 참석해 주십시오. 총회는 서울 베스트 호텔에서 개최됩니다. 총회의 정식 통지를 장소에 대한 약도와 함께 첨부합니다.

총회에서 주주 여러분은 다음 년도의 이사를 선출해 주십시오. 주주 대리위임장 및 (이사) 후보 약력은 회사의 진전 및 재무 정보와 함께 우송했습니다.

ABC 코퍼레이션을 계속 지원해 주셔서 감사합니다. 총회에 참석해 주시기 바랍니다.

Useful Expressions

Attached is a notice of the 2007 ABC Corporation annual shareholders meeting.
2007년 ABC 코퍼레이션의 연차총회 통지를 첨부했습니다.

Thank you for providing ABC Corporation with the authority to send the attached to you electronically.
첨부물의 전자적인 송부를 ABC 코퍼레이션에 허가해 주셔서 고맙습니다.

It is our pleasure to provide you with the attached press release.
첨부한 프레스 릴리스를 송신할 수 있어서 기쁘게 생각합니다.

You elected to receive shareholder communications and submit voting instructions via the Internet.
당신은 인터넷에 의한 주주 통지의 수신 및 투표 지시의 제출을 선택했습니다.

This is a notification of the 2007 ABC corporation Annual Meeting of Stockholders.
이 통지는 2007년 ABC 코퍼레이션 연차 주주총회에 관한 것입니다.

ABC Corporation has released important information to its shareholders.
ABC 코퍼레이션은 주주에 대해 중요한 정보를 발표했습니다.

You can view this information at the following website:
이 정보는 아래의 웹사이트에서 보실 수 있습니다.

You can enter your voting instructions and view the shareholder material at the following site:
아래 사이트에서 투표에 관한 지시를 실시해서 주주를 위한 자료를 보실 수 있습니다.

The relevant supporting documentations can also be found at the following sites:
또한 관련 자료는 아래 사이트에서도 보실 수 있습니다.

취직 문의에 대한 회답

대량의 이력서를 받는 대기업에서는 각 응모자에게 이러한 대응이 드물지 모르겠지만, 웹사이트를 보고 이력서를 보내온 응모자와 주고받은 예입니다.

Subject: RE: Career Opportunity

Thank you for your résumé.

I'd appreciate it if you could answer the following questions:
1) What kind of job are you interested in?
2) What is your career goal?
3) What is your experience and proficiency with the computer and the Internet?

I look forward to hearing from you.

해석

제목 : RE : 취직 가능성

이력서 고맙습니다.

아래 질문에 답변해 주시면 감사하겠습니다.
1) 어떤 직종에 흥미가 있습니까?
2) 캐리어 목표는 무엇입니까?
3) 컴퓨터나 인터넷의 경험과 지식은 어느 정도 됩니까?

답변 기다리겠습니다.

Useful Expressions

Thank you for your e-mail inquiring about a job opening at Best Product.
베스트 프로덕트의 구인에 관한 메일 감사합니다.

Thank you for responding to our ad for the position of accountant.
회계직 구인 광고에 응모해 주셔서 감사합니다.

Thank you for your inquiry. We have an opening for an administrative assistant.
문의 감사합니다. 현재 관리 어시스턴트를 모집하고 있습니다.

The position requires a minimum of 5 years experience.
이 일자리는 최소 5년간의 경험을 필요로 합니다.

A successful candidate will initially join as a manager in our Corporate Finance department in Hong Kong.
채용된 응모자는 우선 홍콩의 기업 재무부 매니저로서 입사하게 됩니다.

Fluency in English is a must.
뛰어난 영어 실력은 필수입니다.

The company offers a competitive compensation package, depending on your experience and qualifications.
보수 및 기타는 경험과 자격에 의합니다만, 타사에 뒤지지 않습니다.

We are not a trading firm and are unable to provide the experience you're looking for.
당사는 무역회사가 아니기 때문에 귀하가 희망하는 직종은 제공할 수 없습니다.

The only type of work we could offer right now is office work including bookkeeping.
지금 공석인 것은 경리를 포함한 사무직뿐입니다.

If you are interested, please e-mail me your résumé.
흥미가 있으시면 이력서를 메일로 보내주십시오.

If we decide to interview you, we will contact you within the next two weeks.
면접을 하게 되면 2주일 이내에 연락드립니다.

We will contact you again only in the event that your profile corresponds to our needs as described in the job offer. In any case, we will read your application closely.
모집요항에 있는 대로 보내주신 귀하의 프로필에 대해서는 이쪽에서 필요성을 인정했을 경우에게만 연락하겠습니다. 어쨌든 귀하의 응모 서류는 정성스럽게 읽겠습니다.

Thank you for your interest in GlobalLINK.
글로벌링크에 관심을 기울여 주셔서 감사합니다.

 면접 통지

해외에서의 응모로 상대방으로부터 전화를 받을 때는 콜렉트콜이라도 좋다는 취지를 전하면 좋을 것입니다.

Subject: Interview

Thank you for your résumé.

Would you like to come in for an interview next week?
How about Wednesday at 11 am?

 제목 : 면접

이력서 고마웠습니다.
다음 주 면접에 오실 수 있는지요? 수요일 오전 11시는 어떻습니까?

Useful Expressions

I'd like to set up an interview for next week.
다음 주에 면접을 보고 싶습니다.

As a preliminary step, we'd like to conduct a telephone interview.
예비 단계로서 전화면접을 하고 싶습니다.

We will be scheduling interviews at our headquarters in Seoul in September. If you are still interested in the position of Marketing Assistant, please reply by e-mail.
9월 서울 본사에서 면접을 실시합니다. 아직 마케팅 어시스턴트직에 흥미가 있으시면 메일로 답변 부탁드립니다.

Please call me collect at 81-3-3453-2797 to schedule an interview.
면접 일시를 정하겠으니 81-3-3453-2797로 콜렉트콜로 전화 주십시오.

Please let me know when you'll be available for an interview.
언제 면접 보러 오실 수 있는지 알려주십시오.

취직 문의에 대한 회신 –거절할 때

이력서 단계에서 거절할 때의 예문입니다. 우선 응모에 대해 감사하고 채용할 수 없는 이유를 말합니다. 그 후 이력서 처리에 대해서 쓰고 마지막은 상대방의 취직 활동을 격려하는 문장으로 맺습니다.

Subject: Your Résumé

Thank you for your résumé.

Unfortunately, we do not currently have any opening that matches your credentials and experience.

We will keep your résumé on file and if the situation changes in the future, we will contact you.

Good luck with your career search!

해석

제목 : 귀하의 이력서

이력서 고맙습니다. 유감이지만 현재 귀하의 자격과 경험에 부합되는 직무가 없습니다.

이력서를 보관하고 있다가 나중에 상황이 바뀌면 연락드리겠습니다.

취업 활동의 성공을 기원합니다.

Useful Expressions

I'm sorry, but we are not currently hiring.
유감이지만 현재 당사에서는 채용을 실시하고 있지 않습니다.

Thank you for applying for the position of financial analyst, but the position has been filled.
재무분석직에 응모해 주셔서 감사합니다만 그 자리는 찼습니다.

At this time, we have no position that matches your skill, but we will keep your résumé on file.
현재 귀하의 스킬에 맞는 자리가 비어 있지 않습니다. 이력서는 보관하고 있겠습니다.

I'm sorry, but we have determined that your qualifications do not best meet our particular needs at this time.
유감이지만 귀하의 자격은 현시점에서 당사의 특정 요구에 최적이 아닌 것으로 판단됩니다.

What we value is real-world experiences rather than advanced degrees.
당사에서는 높은 학위보다도 실무 경험을 중시하고 있습니다.

If you are interested in short-term projects, we might be able to offer you a temporary position when such need arises.
혹시 단기 프로젝트에 흥미가 있으시다면 그러한 필요가 생겼을 경우 단기직을 제공할 수 있을지도 모릅니다.

Thank you for applying at ABC Korea.
ABC코리아에 응모해 주셔서 감사합니다.

We appreciate your interest in GlobalLINK.
글로벌링크에의 관심에 감사드립니다.

Good luck with your search for an internship.
인턴십 찾기에 행운을 기원합니다.

Best of luck to you in your job search.
취직 활동에 대해 행운을 기원합니다.

We wish you every success in your career search.
직업을 구하시는 데 성공하시길 기원합니다.

인사조회

인사 채용에 즈음하여 이전 근무처에 조회를 할 경우의 메일입니다.

Subject: Noriko Okamoto <Reference>

We received your name from Noriko Okamoto as a reference. She has applied for the position of Research Associate with us and we are reviewing her application.

I'd like to ask you a few questions about her. When is good for me to call?

If you prefer to communicate by e-mail, I'd be happy to e-mail my questions.

Thank you for your time and cooperation.

해석

제목 : 오까모토 노리꼬 씨 〈조회〉

오까모토 노리꼬 씨로부터 조회처로서 귀하의 이름을 받았습니다. 오까모토 씨는 당사의 리서치 어소시에이트직에 응모하였기에 당사에서 응모 서류를 검토하고 있는 중입니다.

오까모토 씨에 대해 2, 3가지 질문을 하고 싶은데 언제 전화드리면 좋은지요?

메일이 좋으시다면 기꺼이 질문을 메일로 보내드리겠습니다.

시간 내주시고 협조해 주셔서 감사합니다.

Useful Expressions

Your name was given to me by Shogo Nishidera as a reference for a system analyst position.
귀하의 이름을 시스템 애널리스트직의 조회처로서 니시데라 쇼고 씨로부터 받았습니다.

We're in the process of reviewing his application.
그의 응모 서류를 검토하고 있는 중입니다.

I understand she worked for you for a couple of years.
귀사에서 2년 정도 근무한 것으로 이해하고 있습니다.

He may get involved in a research project I do for a client. Could I ask you a few questions about Steve?
클라이언트를 위해 실시하는 조사 프로젝트에 참가해 주실지도 모릅니다. 스티브에 관해서 2, 3가지 질문해도 좋은 지요?

I'd appreciate it if you could answer a few questions about him.
그에 관해서 2, 3가지 질문에 응답해 주시면 고맙겠습니다.

In what capacity did he work?
어떤 직무에서 근무했습니까?

How long was she with GlobalLINK?
글로벌링크에는 몇 년 근무했습니까?

Were you satisfied with his work?
그의 일에 만족하셨습니까?

Would you hire her again?
또 그녀를 고용하시겠습니까?

Any additional information about him would be appreciated.
그밖에 그녀에 관한 정보가 있으면 무엇이든 고맙겠습니다.

 인재 찾기

인재를 입소문으로 찾는 경우의 메일입니다. 이러한 메일은 자주 옵니다.

Subject: Software Engineer

Do you know of any software engineer who is willing to relocate to Tokyo? Our client, a large content provider in Tokyo, is looking for a software engineer for the development of agent software and database integration software. The company offers a competitive compensation package.

Requirements:

- UNIX knowledge
- JAVA knowledge a plus
- Japanese ability (speak/read/write)
- Preferably 6-10 years of software development experience

Any referrals would be appreciated.

 제목 : 소프트웨어 엔지니어

동경으로 전근할 의향이 있는 소프트웨어 엔지니어를 알고 계십니까? 동경의 클라이언트인 대기업 컨텐츠 프로바이더가 에이전트 소프트웨어나 데이터베이스 통합 소프트웨어 개발을 할 수 있는 소프트웨어 엔지니어를 찾고 있습니다. 급여는 타사에 뒤지지 않는 패키지를 준비하고 있습니다.

조건
- UNIX 지식   - JAVA 지식이 있으면 더 좋음
- 일본어 능력(회화, 읽기, 쓰기) - 가능하면 6~10년 소프트웨어 개발 경험이 있을 것

어떠한 소개라도 감사드립니다.

Useful Expressions

We are looking for game concept designers who have some knowledge in programming.
프로그래밍 지식이 어느 정도 있는 게임 컨셉 디자이너를 찾고 있습니다.

I need a service manager for Japan, based south of Tokyo. If you know of anyone who has the skills and might be interested, please give them my contact information.
일본에서 서비스 매니저가 필요합니다. 거점은 동경 남쪽입니다. 스킬을 갖추고 있고 흥미가 있는 사람을 알고 계시면 저에게 연락처를 알려주십시오.

인재 소개

이것은 반대로 인재를 회사에 소개하는 메일입니다.

Subject: Wireless Expert Available <Referral>

A friend of mine, who works for a start-up technology company that is trying to raise money, will be laid off in two months unless they hit the jackpot very soon.

He just started looking for a job. He's got many years of engineering and business development experience in the wireless field, including Sprint.

If you know of any company that might be in need of his skill set, would you let me know? I'll have him send you his résumé if you need it.

해석

제목 : 무선 전문가 구직 중 〈소개〉

지금 조달 중인 스타트 업의 테크놀로지 기업에서 일하는 친구가 가까운 시일 내에 그 회사가 일발 적중을 하지 않으면 2개월 안에 레이오프되어 버립니다.

그는 전직 활동을 시작했는데 스프린트를 포함 무선 분야에서 오랜 세월 엔지니어링과 비즈니스 개발 경험이 있습니다.

그의 스킬 세트를 필요로 하는 회사가 있으면 알려주시겠습니까? 필요하면 그에게 직접 그쪽으로 이력서를 보내도록 하겠습니다.

Subject: Marketing Assistant

I have a candidate for your marketing assistant position. She is bilingual in J-E and graduating with her BA in international business/marketing in June.

If you're interested, I'll e-mail you her résumé.

> 해석

제목 : 마케팅 어시스턴트

귀사의 마케팅 어시스턴트 후보가 있습니다. 일본어와 영어 2개 국어를 하고, 국제 비즈니스 및 마케팅을 전공한 학생으로 6월에 졸업합니다. 흥미가 있으면 이력서를 메일로 보내겠습니다.

Subject: Controller Candidate

Are you still looking for a controller?

If so, I can send you a candidate's résumé. He has 20+ yrs of experience in the controller/cost management area.

> 해석

제목 : 컨트롤러 후보

아직 컨트롤러를 모집 중입니까?

그렇다면 후보자의 이력서를 보내겠습니다. 컨트롤러/코스트 관리 분야에서 20년 이상의 경험을 갖고 있는 사람입니다.

Subject: Need an intern?

Would you like to hire a free intern from ABC University?

I just interviewed this one. (her résumé attached) She has no work experience, but has a BA in business administration and is interested in entering the financial investment field.

She's from Taiwan, but went to high school and college in the U.S. and speaks pretty good English. She can work until early Sept.

Right now we don't really need an intern, but if she can't find another position, we'll hire her.

If you are interested, you can e-mail her at intern@getglobal.com or call her.

해석

제목 : 인턴이 필요합니까?

ABC대학의 무상 인턴을 고용하지 않겠습니까?

지금 막 면접을 했는데(이력서 첨부), 실무 경험은 없지만 대학에서 비즈니스 관리를 전공하고 재무 투자 분야에 들어가고 싶어합니다.

대만 출신이며, 고등학교와 대학을 미국에서 나와서 영어는 매우 잘합니다. 9월 초순까지 일할 수 있다고 합니다.

당사에서는 지금 인턴은 필요하지 않지만 그녀가 다른 곳에서 인턴직을 찾지 못할 것 같으면 당사에서 고용할 것입니다.

흥미가 있으시면 직접 본인에게 intern@getglobal.com으로 메일을 보내시거나 전화를 주십시오.

Useful Expressions

I know a couple of people who might be interested in the position.
그 직무에 흥미가 있을지 모르는 사람을 2~3명 알고 있습니다.

He is a Japanese journalist who has been a freelancer for WorldNews. He is adept at writing stories and research pieces on U.S.-Japanese business relations. His contract with WorldNews is over and he is looking for freelance work. I thought that he might be of interest to your overload work you have. His name is Shoji Fukuyama and his phone # is 090-1234-5678.
월드 뉴스에서 프리랜스를 해 온 일본인 저널리스트이며, 기사를 쓰거나 미·일 비즈니스 관계에 관한 조사를 하는 데 뛰어납니다. 월드 뉴스와의 계약이 다해 프리랜스 일을 찾고 있습니다. 그 쪽에서 취급하지 못하는 일을 하는 데 좋지 않을까 생각했습니다. 후쿠야마 쇼지 씨라고 하며, 전화번호는 090-1234-5678입니다.

 소개 의뢰

왜 소개를 원하는지 이유를 간단히 추가합니다.

Subject: ABA

Do you happen to know the ABA president's e-mail address?

I used to be the co-president for the ABA Busan Chapter and I would like to introduce myself to him.

해석   제목 : ABA

혹시 ABA 회장의 메일 주소를 가지고 있습니까?

예전에 ABA 부산 지점의 부회장을 지냈기 때문에 인사를 하고 싶습니다.

 Useful Expressions

When we met at the GN meeting, you said you know a company who might be interested in our service. Could you give me their name and number?
GN 미팅에서 만났을 때 당사의 서비스에 흥미가 있을지도 모르는 회사를 아신다고 하셨습니다. 상대방의 이름과 전화번호를 가르쳐 주실 수 있는지요?

Thank you in advance for any referrals that you might send our way.
이쪽으로 보내줄지도 모르는 소개에 대해 미리 답례를 말해 둡니다.

We will appreciate your passing on this information to anyone you think could benefit.
이 정보가 도움이 되는 사람이라면 누구에게라도 전해주면 고맙겠습니다.

 ## 소개

그 사람을 소개하는 이유를 간단히 말합니다.

Subject: Referral

I just referred someone to you. This company, called Asahi, is looking for a Japanese interpreter for a deposition in San Francisco. I thought your partner might be interested. Hope you don't mind.

 해석

제목: 소개

지금 어떤 사람에게 당신을 소개했습니다. 아사히라고 하는 이 회사는 샌프란시스코에서 증언록취를 일본어로 통역하는 사람을 찾고 있다고 합니다. 그쪽의 파트너가 흥미 있어 할 것 같아서요. (마음대로 소개해도) 문제 없겠지요.

Useful Expressions

We do not provide that service, but I can give you the name and number of a company that does.
당사에서는 그러한 서비스를 제공하지는 않지만, 제공하고 있는 회사의 이름과 전화번호를 알려드릴 수 있습니다.

He knows so many people and I'm sure he can get you going in the right direction.
그는 발이 넓기 때문에 올바른 방향으로 이끌어 줄 것이라 생각합니다.

Chapter 2

클레임 & 클레임대응 메일

 물건이 도착하지 않음

물건이 도착하지 않은 경우엔 자사의 운송업자에게 확인해 보는 것이 우선입니다. 그래도 상황을 알 수 없을 때는 출하하는 곳에 주문번호, 도착예정일 등을 알리고 출하상황을 연락하도록 전합니다.

Subject: PO#12345

PO#12345 was supposed to arrive here on Oct. 17, right? We have yet to receive it.

Please let us know the status of the shipment.

해석

제목 : 주문번호 12345

주문번호 12345는 10월 17일에 이곳에 도착할 예정이었죠? 아직 받지 못했습니다.

출하 상황을 알려주십시오.

Useful Expressions

The product was supposed to be delivered Oct. 31, but as of Nov. 7 we haven't received it.
제품은 10월 31일 도착할 예정이었지만 11월 7일 현재 아직 받지 못했습니다.

We need to supply to our customer by Feb. 28. If the shipment doesn't arrive by Feb. 23, we won't be able to and may lose this account.
2월 28일까지 거래처에 납품해야 합니다. 2월 23일까지 상품이 도착하지 않으면 고객을 잃을 수도 있습니다.

The delayed delivery has already affected our sales.
납품 지연이 이미 판매에 영향을 미치고 있습니다.

Due to a material shortage, we are running on a very tight supply schedule. A few days' delay could kill our business.
원료 부족으로 인해 매우 타이트한 공급 스케줄로 조업하고 있습니다. 며칠 늦는 것만으로도 비즈니스를 잃을 수도 있는 것입니다.

We are receiving inquiries and complaints from our customers. Unless our order is delivered by April 30, we will have to cancel it.
고객으로부터 문의와 불평을 받고 있습니다. 4월 30일까지 주문품이 도착하지 않으면 취소하지 않을 수 없습니다.

Unless we receive immediate delivery, we'll cancel our order and seek a refund.
즉시 납품되지 않으면 주문을 취소하고 환불을 청구하겠습니다.

Despite our e-mail of June 5 requesting for immediate delivery, we haven't received our order as of today. Please cancel it and refund $20,000 in full immediately.
6월 5일 즉시 납품해 달라고 하는 취지의 메일을 보냈습니다만, 오늘 현재 아직 주문품이 도착되지 않았습니다. 취소하고 즉시 $20,000 전액 환불해 주십시오.

출하 지연의 사과

출하 지연이 판명된 시점에서 거래처에 연락해 두는 게 원칙이지만, 어떤 이유로 연락할 수 없었던 경우의 해명입니다.

Subject: RE: PO#12345

According to the freight company, the shipment is being held in customs because other freight in the container is being checked. It should be released by the end of the week.

If your order does not arrive by Oct. 24, please let us know. We hope you have not been seriously inconvenienced by the delay.

해석

제목 : RE: 주문번호 12345

수송회사에 의하면 화물은 컨테이너의 다른 짐이 검사되고 있기 때문에 세관에서 홀드 상태라고 합니다. 주말까지는 통관될 예정입니다.

10월 24일까지 주문이 도착하지 않으면 알려주십시오. 이번 지연에 의해서 큰 불편이 생기지 않길 빕니다.

Subject: PO#98760 <Shipment Delay>

The manufacturer of Best Gadget just informed us that the shipment will be delayed because product inspection is not completed. Therefore we will not be able to ship your order on April 29 as scheduled.

We apologize for any inconvenience. We will let you know as soon as the product becomes available for shipment.

해석

제목 : 주문번호 98760 〈출하지연〉

베스트 가제트의 제조원으로부터 제품 검사가 끝나지 않았기 때문에 발송이 늦는다고 방금 연락이 왔습니다. 따라서 예정된 4월 29일의 발송은 할 수 없게 되었습니다.

불편을 끼쳐 죄송합니다. 제품의 발송 준비가 갖추어지는 대로 알려드리겠습니다.

Useful Expressions

I'm sorry for the delay in shipment.
출하가 지연되어 죄송합니다.

I'm sorry that we cannot fill your order immediately as we are temporarily out of stock. We expect to ship it by August 4.
죄송합니다만, 일시적으로 재고가 없어 곧바로 출하할 수 없습니다. 8월 4일까지는 출하할 예정입니다.

We are sorry that we are unable to fulfill your order by the requested delivery date.
죄송합니다만, 희망하시는 기일까지는 주문품을 납품할 수 없습니다.

I'm sorry that your parts order will be delayed by two weeks.
죄송합니다만, 주문 파트는 2주일 늦습니다.

The ordered item is out of stock and backordered until September.
주문하신 물건은 현재 재고가 없어서 9월까지 수주가 남아 있습니다.

Due to unexpectedly great customer demand, it is on backorder until December.
고객으로부터 기대 이상의 요구 때문에 12월까지 수주가 남아 있습니다.

We are very sorry that we are unable to complete the project by the scheduled deadline.
프로젝트를 예정 기일까지 끝낼 수 없게 되어 대단히 죄송합니다.

If you wish, we could substitute AT50. Otherwise, your order will remain as is and we will rush it to you as soon as we can restart production.   * substitute 대용하다
만약 괜찮으시면 대신 AT50을 출하하겠습니다. 그렇지 않으면 주문을 받아 두었다가 제조를 재개하는 대로 서둘러 보내드리겠습니다.

We have given your order highest priority, and as soon as the stock is replenished, your order will be on its way.
귀사의 주문은 최우선시키고 있습니다. 재고가 들어오는 대로 출하하겠습니다.

We will let you know as soon as the merchandise is ready for shipment.
납품의 출하 준비가 되는 대로 연락드리겠습니다.

We apologize for the delay and we thank you for your patience.
배송이 늦은 점 사과드리며, 기다려 주셔서 감사합니다.

We apologize for the inconvenience this delay may have caused you.
이번 지연으로 인해 불편을 끼쳐드리게 되어 죄송합니다.

출하 지연의 해명

출하 상황을 모르는 경우는 일단 곧바로 대답을 하고 상황을 알고 나서 다시 연락하도록 합니다. 계약서에는 반드시 자연재해, 테러, 노사분쟁, 정부명령 등 불가항력의 경우 면책조항이 포함되어 있습니다. 그러한 이유로 출하가 늦는 경우는 할 수 있는 것에 초점을 좁혀 이해를 구합니다.

Subject: RE: PO#12345

I am sorry that the delivery is late-it's because of the harbor workers' strike.

We fully understand your frustration. However, the force majeure clause in the sales agreement exempts us from meeting the specified deadline under certain unavoidable circumstances, including labor controversies.

The strike is over and the shipment is on its way. The new ETA is 11/15.

Thank you for your patience. Please let me know if there's anything else we can help you with.

* force majeure 불가항력   exempt 면제하다   labor controversies 노동쟁의

해석

제목 : RE: 주문번호 12345

입하가 지연되어 죄송합니다. 지연은 항만 노동자의 파업에 의한 것입니다.

당신이 초조해하는 것은 잘 압니다. 그렇지만 매매계약서의 불가항력 항에 따라 노동쟁의를 포함한 일정한 불가피한 상황하에서는 정해진 기일을 지킬 수 없는 경우의 면책이 정해져 있습니다.

파업은 끝났고 하물은 그쪽으로 가고 있는 중입니다. 새로운 도착 예정일은 11월 15일입니다.

인내에 감사드립니다. 그 밖에 도움이 될 만한 일이 있으면 알려주십시오.

Useful Expressions

The shipment left our plant on Oct. 1 as scheduled. We have contacted our freight forwarder to track it. As soon as we hear from them, we'll get back to you.
화물은 예정대로 10월 1일에 공장에서 출하되었습니다. 운송회사에 연락해서 추적하고 있습니다. 통지가 오는 대로 연락드리겠습니다.

Upon receipt of your e-mail, we immediately reported the loss to the carrier and they are attempting to locate the carton. We should be able to report back on its status within a week.
메일 수령 후 곧바로 분실을 수송회사에 통지해서 카톤을 찾고 있는 중입니다. 1주일 이내에 상황을 알릴 수 있을 것입니다.

The boat was unable to dock yesterday because of the typhoon.
태풍 때문에 배는 어제 착안할 수 없었습니다.

I hope this delay is acceptable.
이번 지연을 용인해 주시기 바랍니다.

I hope the delay has not seriously inconvenienced you.
이번 지연이 귀사에 큰 불편을 끼치기 않길 바랍니다.

다른 물건이 도착

무엇이 잘못되어 있었는지, 그 잘못을 어떻게 바로잡으면 좋을지를 명확하게 전합니다. 잘못된 점을 명확하게 하기 위해서 관련 서류를 첨부하거나 팩스를 보내도록 합니다.

Subject: PO #4557

We received your shipment yesterday. As shown in the attached order sheet and shipping invoice, we ordered Part No. 810, but 100 units of Part No. 801 arrived.

We would appreciate your expediting delivery of the correct part. Please also let us know what you want us to do with the wrong part.

* expedite 신속히 처리하다

해석

제목 : 주문번호 4557

어제 화물을 받았습니다. 첨부한 주문서와 청구서에 있듯이 파트번호 810을 주문했는데 도착한 것은 파트번호 801이 100개였습니다.

올바른 파트를 신속히 보내주시면 고맙겠습니다. 또 잘못 보내온 파트를 어떻게 하면 좋을지 알려주십시오.

Useful Expressions

We received 100 dozen VT-100 instead of VT-200. We ordered 100 dozen VT-200.
VT-200이 아니고, VT-100을 100다스 받았습니다. VT-200을 100다스 주문했습니다.

We ordered large, but received extra large. Please send us the right size immediately.
L을 주문했는데 XL가 도착했습니다. 올바른 사이즈를 빨리 보내주십시오.

The order was received incomplete, lacking the following items:
주문품은 도착했지만 부족품이 있습니다. 아래와 같은 물건이 부족합니다.

We are returning the merchandise we did not order.
주문하지 않은 입하 상품을 반송합니다.

We need to receive the correct item by July 10.
올바른 물건을 7월 10일까지 받아야 합니다.

Because of the shipment error, we have not been able to make timely delivery to our customers.
이 출하 미스 때문에 고객에게 납기에 맞추어 납품할 수가 없습니다.

Please reship the ordered merchandise and also let us know what you want us to do with the mistaken shipment.
올바른 상품으로 다시 출하해 주십시오. 또 잘못 보낸 상품을 어떻게 해야 할지 알려주십시오.

Please correct the problem as soon as possible.
즉시 문제를 바로잡아 주십시오.

We would appreciate your rushing the missing pieces to us.
부족분을 서둘러 보내주시길 부탁드립니다.

I'll be looking for the replacement shipment within seven days.
대체 출하를 7일 이내에 해 주십시오.

* replacement 교환품

품질이 다른 것에 대한 사과

이쪽의 실수로 잘못된 물건을 보냈을 경우 곧바로 올바른 물건을 보낸다는 취지를 알리고 불편을 끼친 것을 사과합니다. 올바른 물건을 발송한 시점에서 그 취지를 알려줍니다.

Subject: PO #4557

Thank you for your e-mail telling us that you received the wrong part.

We are embarrassed to have made such a careless mistake. Today we are shipping Part No. 810 by air at our expense. I hope that the air shipment will reach you in time to avoid any serious delay on your end.

We apologize for your inconvenience and assure you that no error like this will ever happen again.

When you have time, please ship back Part No. 801, and we will deduct the shipping charge from our invoice.

해석

제목 : 주문번호 4557

잘못된 상품을 받으셨다는 메일 감사합니다.

부주의하게 이렇게 실수를 하게 되어 부끄럽습니다. 주문하신 올바른 파트번호 810을 오늘 당사 부담으로 항공편으로 출하하겠습니다. 그쪽에서 큰 지연이 발생하기 전에 항공편이 귀사에 도착하길 빕니다.

불편 끼쳐드린 점을 사과드리며 이러한 실수가 두 번 다시 일어나지 않을 것을 보증하겠습니다.

시간이 있을 때 파트번호 801을 돌려 보내 주십시오. 청구서에서 우송료를 차감하겠습니다.

Useful Expressions

Thank you for your e-mail telling us about the shipment of the wrong item.
잘못된 물건을 출하했다는 메일 고맙습니다.

Please accept our sincerest apologies on the recent mix-up concerning the shipment of BestShot.
이번 베스트 쇼트 출하에 대한 착오에 대해 진심으로 사과드립니다.

Your corrected order should arrive shortly, as it was sent on November 21.
주문품은 재차 11월 21일에 출하했으므로 곧 그쪽에 도착할 것입니다.

We have no excuse for making an error like this.
이러한 실수를 범했던 것에 변명의 여지가 없습니다.

We are sorry for the inconvenience this has caused and have arranged to ship the right merchandise.
이 건으로 불편을 끼쳐드린 점 죄송합니다. 올바른 상품을 발송할 수속을 취했습니다.

I hope the discount will compensate in part for the trouble we have caused you.
불편을 끼쳐드린 만큼 가격 인하를 해서 일부라도 벌충되었으면 합니다.

We will do everything possible to prevent such a mistake in the future.
앞으로 이런 잘못이 발생하지 않도록 가능한 모든 것을 하겠습니다.

You can count on us for better service in the future.
앞으로 보다 좋은 서비스를 제공하겠으므로 기대해 주십시오.

주문한 대로 물건을 출하했다는 반론

주문 대로 물건을 보낸 경우 상대방의 주문서를 첨부해서 주문 대로 보냈음을 전합니다. 상대방의 실수를 비난하지 말고 희망하는 물건을 보내는 취지를 전합니다.

Subject: PO #4557

Thank you for your e-mail of Jan. 29.

Attached is your purchase order #4557, which we received on Dec. 15, for 100 units of Part No. 801. If you would like to order 100 units of Part No. 810, we will be happy to ship them. Could you please issue another PO?

If you would like to return Part No. 801, we will issue a credit memo as soon as we receive it.

 제목 : 주문번호 4557

1월 29일자 메일 감사합니다.

저희가 12월 15일에 받은 주문번호 4557을 첨부합니다. 거기에는 파트번호 801이 100개라고 되어 있습니다. 파트번호 810을 주문하고 싶으시면 기꺼이 보내 드리겠습니다. 주문서를 새롭게 발행해 주실 수 있습니까?

파트번호 801의 반품을 희망하실 경우는 반품을 받는 대로 크레디트 메모를 발행하겠습니다.

Useful Expressions

I looked into our records and found that the order was placed for Series No. 1, not No. 2. Attached is a copy of the order you placed on Dec. 15.
저희 기록을 조사해 봤더니 시리즈 No. 2가 아니고 시리즈 No. 1을 주문하신 것을 알 수 있었습니다. 12월 15일 귀사로부터 받은 주문서 카피본을 첨부합니다.

We'll be happy to exchange Series No. 1 for No. 2, but we'll have to ask you to return No. 1 at your expense.
기꺼이 시리즈 No. 1을 No. 2로 교환해 드리겠습니다만, No. 1의 반송은 귀사의 부담으로 부탁하지 않으면 안 됩니다.

 수량 차이

아래는 주문품이 도착했지만 수량이 주문품보다 적은 경우로 매매계약에서 분할선적은 받아들이지 않는다는 것을 판매자에게 전하는 메일입니다.

Subject: SuperGuard <PO#12345>

The shipment (PO#12345) just arrived, but we received only 20 drums instead of 30. We do not accept partial shipments, as stipulated in the sales agreement. Please ship the remaining 10 drums at your expense immediately.

We have accepted 20 drums this time, but in the future we will not accept partial shipments.

* stipulate 규정하다, 명기하다

 해석

제목 : 수퍼가이드 〈주문번호 12345〉

주문번호 12345가 방금 도착했는데 30드럼이 아니라 20드럼밖에 없었습니다. 판매계약서에 명기된 대로 분할선적은 받아들일 수 없습니다. 나머지 10드럼을 귀사 부담으로 즉시 보내주십시오.

이번에는 20드럼을 받겠습니다. 하지만 앞으로는 어떠한 분할선적도 인정하지 않겠습니다.

Useful Expressions

The above order was received incomplete, lacking the following items:
수령한 상기 주문은 아래의 물건이 부족하여 완전하지 않았습니다.

We found only 370 pieces in the carton although we ordered 400.
400개 주문했는데 카톤에는 370개밖에 들어있지 않았습니다.

We ordered 200 pieces, but we received only 180. Your shipping invoice says 200. Please reship the remaining 20 or give us credit for 20 pieces.
200개 주문했는데 180개밖에 받지 못했습니다. 송장에는 200개로 되어 있습니다. 나머지 20개를 보내주시거나 부족분 20개에 대해 크레디트를 발행해 주십시오.

We just received your shipment, but it has 60 cartons instead of 50. We ordered only 50. What do you want us to do with the extra 10?
방금 화물을 받았습니다만 50카톤이 아니라 60카톤 있었습니다. 저희는 50개밖에 주문하지 않았습니다. 여분의 10카톤을 어떻게 하면 좋을지 알려주십시오.

수량 차이에 대한 사과

사실 확인 후 부족분을 곧바로 출하할 것인지 아니면 그 만큼 환불을 하거나 또는 크레디트를 발행하겠다는 취지를 전합니다.

Subject: SuperGuard <PO#12345>

We are sorry that you received only 20 drums instead of 30. I'm looking into how this error happened, but we'll ship the remaining 10 drums next week by air, of course, at our expense.

We understand that you do not accept partial shipments and I assure you that no partial shipments will be sent again.

I hope this has not inconvenienced you seriously. Thank you for your business.

* partial shipment 분할선적, 분납

 제목 : 수퍼가이드 〈주문번호 12345〉

30드럼이 아니라 20드럼만 납품된 것에 대해 죄송합니다. 왜 이러한 착오가 발생했는지 조사중이며, 나머지 10드럼은 다음주에 항공편으로 물론 저희 부담으로 보내드리겠습니다.

귀사가 분할선적을 받아들이지 않는 것은 알고 있습니다. 앞으로 다시는 분할선적이 발생하지 않을 것을 보증합니다.

이 건이 귀사에 큰 불편을 끼치지 않기를 바랍니다. 거래 감사합니다.

Useful Expressions

Your PO clearly stated 50 cartons. The shipment of 60 cartons was our error. We apologize for the error.
귀사의 주문서에는 분명히 50카톤이라고 명기되어 있습니다. 60카톤 보낸 것은 저희 쪽 실수입니다. 착오를 일으킨 점 죄송합니다.

We will do everything possible to ensure that this type of error does not occur again.
이러한 착오가 재발하지 않도록 최선을 다하겠습니다.

주문 수량대로 출하했다는 반론

이쪽에 실수가 없었음을 나타내는 증거를 제출하고 대응책을 제시합니다.

Subject: RE: SuperGuard <PO#12345>

Thank you for your e-mail telling us you received 20 drums of SuperGuard.

I'm attaching your PO# 12345 dated May 15, which says 20 drums, not 30 drums. If you need the additional 10 drums, we will be happy to ship them, but could you please issue another PO? Please also let us know if you want the additional 10 drums to be shipped by air or ocean.

We appreciate your business and look forward to hearing from you soon.

해석

제목 : RE : 수퍼가이드 〈주문번호 12345〉

수퍼가이드 20드럼을 받았다는 메일 감사합니다.

5월 15일자 주문서 번호 12345을 첨부합니다. 30드럼이 아니라 20드럼이라고 기재되어 있습니다. 추가 10드럼이 필요하면 기꺼이 보내드리겠지만 재차 주문서를 발행해 주시겠습니까? 추가 10드럼은 항공편과 선박 중 어느 쪽으로 보내면 좋은지도 알려주십시오.

거래 감사합니다. 곧바로 연락 주시면 고맙겠습니다.

 Useful Expressions

In your e-mail of December 20 (below), you said 1 drum, not 2 drums.
12월 20일자 귀사의 메일(아래)에는 2드럼이 아니라 1드럼이라고 되어 있습니다.

Your PO#56789, which I just faxed you, says 5,000 kg.
지금 그쪽으로 팩스로 보낸 주문서 번호 56789에서는 5,000kg으로 되어 있습니다.

불량품/규격외품

불량 내용을 설명하고 불량품을 반품하고 싶은지, 교환하고 싶은지, 크레디트를 원하는지 등 어떻게 처리하길 원하는지를 물어봅니다.

Subject: Model #105

We are getting calls from customers about Model No.105 not working properly. When you press "On", it comes on, but after a few minutes, it stops. I tried that myself–some of them in our stock have the same problem.

Please ship replacements immediately. Please also let us know what to do with the defective items.

* defective items 결함품, 불량품

해석

제목 : 모델 105

모델 105가 정상적으로 작동하지 않는다는 전화를 고객으로부터 받고 있습니다. 「ON」을 누르면 작동하는데 몇 분 지나서 멈춰버립니다. 저도 시험해 봤는데 몇 개의 재고품이 같은 문제를 안고 있습니다.

신속히 교환해 주십시오. 불량품을 어떻게 하면 좋은지도 알려주십시오.

Useful Expressions

One of the cartons arrived damaged.
카톤 1개가 파손되어 도착했습니다.

The items checked arrived damaged.
도착품 중에 도장을 찍은 물건이 파손되어 있습니다.

We received our order on February 21, with the following parts damaged:
2월 21일 주문품을 수령했는데, 아래의 파트가 파손되어 있습니다.

The goods delivered do not conform to the specifications of our order.
납입품은 저희의 주문 사양과 일치하지 않습니다.

Please let us know what to do with the rejected goods.
결함품을 어떻게 할 것인지 알려주십시오.

The color and the pattern do not match the sample you sent us. We would like to return them.
색과 무늬가 보내주신 견본과 다릅니다. 반품을 희망합니다.

On receipt of the replacements, we will make an arrangement to return the damaged items.
대체품을 수령함과 동시에 파손품의 반송 수속을 하겠습니다.

Our customers are returning the new version, saying that it has too many bugs. I'd like to return the remaining 555 from the last shipment for full credit on the entire order of 1,000.
버그가 너무 많다는 이유로 고객으로부터 새로운 버전의 반품이 잇따르고 있습니다. 일전의 출하분부터 나머지 555개를 반품하고 주문분 1,000개 모두에 대해 크레디트를 발행해 주십시오.

Although the goods delivered do not conform to our specifications, we will accept them if you allow us a credit of $10,000, making the total price of our purchase $30,000.
납입품은 당사의 사양에 일치하지 않지만, 10,000달러를 공제해서 구입 총액을 30,000달러로 해 주시면 인수하겠습니다.

 불량품에 대한 사과

불량품인 것이 판명되었으면 사과하고 해결책을 제시합니다. 불량품인 것이 확정되지 않아도 메일을 받은 것에 대한 답례, 문제해결에의 의욕, 상대방을 만족시키고 싶은 의지를 전합시다.

Subject: RE: Defective Unit

We are distressed to learn that some of the units you received were defective.

I have personally inspected some of the units in our warehouse and found that some have the same problem. We have rigid inspection standards, but occasionally an imperfection gets by us, as unfortunately happened in this case.

We contacted the manufacturer, and they are shipping us replacements, which will arrive in about a week. As soon as we receive them, we will deliver to you.

Your satisfaction is extremely important to us and we apologize for the inconvenience.

해석

제목 : RE : 결함 유닛

받으신 제품 중에 불량품이 있었다는 소식을 접하고 죄송스럽게 생각합니다.

제가 창고에 있는 제품을 검사해 봤더니 그 중 몇 개가 같은 문제를 안고 있음을 알 수 있었습니다. 폐사에서는 엄격한 검사 기준을 적용하고 있지만, 유감스럽게도 이번 경우처럼 가끔 그것이 완전하지 않음을 드러내는 경우가 있습니다.

제조원에 연락해서 대체품을 주문중이며 1주일 쯤 후에 이쪽에 도착됩니다. 받는 즉시 보내드리겠습니다.

당사는 고객 만족이 무엇보다도 중요합니다. 불편을 끼쳐 드려 죄송합니다.

Useful Expressions

Thank you for your e-mail of June 5 telling us that the product delivered was defective.
도착된 제품이 불량품이라는 6월 5일자 귀하의 메일 감사합니다.

We are sorry to hear that the ST100 you recently purchased from us had a faulty modem.
당사에서 구입하신 ST100 모뎀에 결함이 있어 죄송합니다.

I am disturbed to learn of the difficulty you have experienced with this item.
이 물건에 문제가 있다는 것을 알고 죄송하게 생각하고 있습니다.

We are sorry that your purchase was not satisfactory.
구입하신 제품이 만족스럽지 못해 죄송합니다.

A replacement with 98% or greater purity will be shipped next week. I'll personally inspect the lot this time and assure that the shipment meets the spec.
순도 98% 이상의 대체품을 다음주에 보내 드리겠습니다. 이번에는 제가 직접 로트를 검품하겠으므로 물건이 사양을 만족시킬 것을 보증합니다.

We shipped a replacement to you on March 15. I assure you that it will be free from defects and satisfactory to you.
3월 15일 대체품을 출하했습니다. 이번의 물건은 불량품이 아니며 만족하실 것을 보증합니다.

We have found that the goods were damaged due to malhandling by the carrier. We are discussing a remedy with them. Meantime we are reshipping the goods tomorrow.
상품은 운송회사의 잘못된 취급 때문에 손상된 것임을 알았습니다. 상대방과 손해보상에 대해 논의중이며 내일 상품을 다시 발송하겠습니다.

We will issue a 30% discount if you could accept the merchandise as it is.
상품을 그대로 받아 주신다면 30% 할인해 드리겠습니다.   * as it is 현재 대로

We will investigate and, if necessary, take appropriate corrective measures to be sure that our products will always meet the very highest standards.
조사를 해서 필요하면 당사 제품이 항상 최고의 수준을 만족시킬 수 있도록 적절한 시정책을 강구하겠습니다.

I can assure you that action has been taken to remedy the problem.
문제를 해결하기 위해 조치가 취해지고 있음을 보증합니다.

We hope that this will be a satisfactory solution.
이 해결책으로 만족하실 수 있길 바랍니다.

We are committed to providing customers with the best-quality product possible.
당사에서는 가능한 최고 품질의 제품을 고객에게 제공하기 위해 전력을 다하고 있습니다.

불량품이 아님에 대한 반론 제기

불량품이 아닌 것이 확정되었으면 그 취지와 함께 설명을 하며, 또한 메일을 받은 것에 대한 답장, 문제해결에의 의욕, 상대를 만족시키기 위한 의지를 전합니다.

Subject: RE: Defected Model #105

Thank you for your e-mail about Model #105.

The symptom you described is not a defect but an automatic shut-off feature built into the product. When you leave it on unattended for more than five minutes, it shuts off automatically for safety. Please refer to page 38 of your owner's manual for a full explanation.

Based on your description, I can assure you that the product is operating correctly and that no replacement is needed.

If you have any further questions, or if I can help you with any other aspect of using our product, please let me know.

Thank you for the opportunity to serve you.

* owner's manual 사용설명서

해석

제목 : RE : 결함 모델 105

모델 105에 관한 메일 감사합니다.

설명해 주신 증상은 결함이 아닙니다. 제품에는 자동제어기능이 탑재되어 있으며 5분 이상 손을 대지 않으면 안전을 위해 자동적으로 멈추게 되어 있습니다. 자세한 것은 사용설명서 38페이지를 봐 주십시오.

들은 바에 의하면 제품은 정상적으로 작동하고 있으며 교환은 필요하지 않습니다.

다른 질문이 있으시거나 당사 제품의 사용에 있어 다른 사항으로 도움이 필요하시면 알려주십시오.

서비스할 기회를 주셔서 감사합니다.

Useful Expressions

We appreciate your letting us know of your concern about the quality of the product.
제품의 품질에 관한 근심을 알려주셔서 감사합니다.

Our records show that the shipment arrived at your plant in good condition. We will be glad to make another shipment, but we will have to bill you for it.
이쪽 기록에 의하면 화물은 귀사 공장에 양호한 상태로 도착했습니다. 기꺼이 다시 출하하겠습니다만 요금을 청구하게 됩니다.

Can you provide further documentation that it arrived damaged?
도착했을 때 파손되어 있었음을 나타내는 다른 자료를 보내주시겠습니까?

We are sorry about the misunderstanding, but I think the warranty conditions have been clearly represented. A copy of our warranty is attached in case you have further questions.   * in case ... ···의 경우에 대비하여
오해가 생긴 것은 유감이지만, 보증 조건은 명확하게 제시되어 있다고 생각합니다. 게다가 질문이 있을지도 모르므로 보증서 사본을 첨부합니다.

We regret that our instructions were misunderstood.
이쪽의 지시가 잘 전해지지 않았다는 것을 유감스럽게 생각합니다.

I'd like to clarify the matter so that there is no confusion later.
나중에 혼란되지 않도록 본 건을 분명히 하고자 합니다.

We do not believe the responsibility lies with us, but we would like to assist you in any other way.
당사에는 책임이 없다고 생각하지만, 다른 방식으로 도움을 드리고 싶습니다.

While we do not accept responsibility for the problem, we do want to assist you in solving it in any way we can.
문제에 대한 책임은 질 수 없지만 해결을 위해 저희가 할 수 있는 것이 있으면 꼭 돕고 싶습니다.

We hope this letter has clarified the issues and that you understand our desire to keep your business.
이 편지로 문제가 명확해지고 귀사와의 거래를 계속 희망하고 있음을 이해하셨을 것이라 생각합니다.

I hope this has resolved your concern.
근심을 해소하셨기를 바랍니다.

We appreciate your giving us a chance to look into the problem.
문제를 조사할 기회를 주셔서 감사드립니다.

Thank you for giving us the opportunity to review your concern(s).
고객의 근심을 검토할 기회를 주셔서 감사드립니다.

 청구금액 착오

증거로서 청구서와 견적서를 첨부합니다. 단순한 착오가 많으므로 처음에는 그다지 강한 어조로 재촉하지 말고 단지 정정한 청구서를 보내달라는 정도면 됩니다.

Subject: Invoice #98091

We received your invoice #98091 of March 1 as attached. The invoiced amount differs from the price quoted in the attached estimate of Dec. 4. The amount should be US$32,000.

I'm sure it's some kind of error. Please send us a corrected invoice.

해석

제목 : 귀사의 청구서 번호 98091

첨부한 3월 1일자 귀사의 청구서 번호 98091을 받았습니다. 청구 금액이 12월 4일자 견적 가격과 다릅니다. 금액은 $32,000일 것입니다.

뭔가 착오라 생각합니다. 올바른 금액의 청구서를 보내주십시오.

Subject: Invoice #1234

We just received a bill dated Sept. 28 from you saying there is an overdue amount of $5,800.

We have made all the payments in full. Could you look into it and correct our account? If necessary, we will send you our wire transfer records.

Thank you for your assistance.

해석   제목 : 청구서 번호 1234

9월 28일자 청구서를 받았는데 5,800달러에 대해 지불기한을 넘긴 것으로 되어 있습니다. 항상 금액을 제대로 지불해왔는데 조사해서 정정해 주실 수 있는지요? 필요하면 전신입금기록을 보내드리겠습니다.

협조 감사합니다.

Useful Expressions

The amount on the invoice doesn't match that on your estimate of January 9.
청구액이 1월 9일 받은 견적의 금액과 일치하지 않습니다.

Please remove the erroneous $4,000 charge from our account.
4,000달러의 잘못된 청구를 당사의 계산에서 삭제해 주십시오.

If the price is not $25 per piece, as quoted, we would like to return all 1,000 pieces.
단가가 견적대로 25달러가 아니면 1,000개 모두 반품하고자 합니다.

Our statement says that there is an overdue amount of $2,000. We have made all the payments in full. It must be some kind of recording error. Please make a correction on our account.
청구서에 2,000달러에 대해 지불기한을 넘긴 것으로 되어 있는데 저희는 이미 지불을 했습니다. 뭔가 기록 착오라고 생각합니다. 정정해 주십시오.

Since it was your mistake, the finance charges should be removed from our account balance.
귀사의 실수이므로 금리는 당사의 계산에서 삭제되어야 합니다.

This is the third time I'm writing you requesting an adjustment on our account.
당사의 계산을 정정해 주시길 부탁하는 메일을 보내는 것이 이것으로 3번째입니다.

I ask that the error be corrected immediately.
착오를 신속히 고쳐주시길 부탁드립니다.

I'd appreciate your cooperation in immediately correcting this error.
이 착오를 신속히 정정하는 데 협조해 주셔서 감사합니다.

Could you take care of this right away, please! (비공식)
신속히 대처해 주십시오. 부탁드립니다.

청구금액 착오에 대한 사과

착오가 확인되면 사과하고 문제를 신속히 처리하겠다는 취지를 전합니다.

Subject: RE: Invoice #98091

Thank you for your e-mail of March 15.

You are absolutely right about the error. We apologize.

We will be reissuing the invoice, which you should receive within two weeks. Please disregard the one we sent.

We appreciate the opportunity to serve you.

해석

제목 : 청구서 번호 98091

3월 15일자 메일 감사합니다.

착오가 있었던 점에 관해서는 말씀하신 대로입니다. 죄송합니다.

청구서를 다시 발행하겠습니다. 2주일 이내에 도착할 것입니다. 보내드린 것은 무시해 주십시오.

서비스할 기회를 주셔서 감사드립니다.

I contacted our accounting department and they confirmed that your payment was received on time. It was credited to another account with a similar name. What an embarrassing error...

The error will be corrected immediately and you will no longer receive an overdue statement from us.

Thank you!

해석

경리부에 문의해서 귀사의 지불은 기일 내에 받은 것을 확인했습니다. 비슷한 이름의 다른 계좌에 기장되어 있었습니다. 이런 어이없는 실수를 하다니...

착오는 신속히 정정해서 더 이상 지불기한이 지났다는 청구서가 도착되는 일은 없을 것입니다.

감사합니다!

Useful Expressions

Thank you for pointing out the problem.
문제를 지적해 주셔서 감사합니다.

Thank you for bringing the error to our attention.
실수를 지적해 주셔서 감사합니다.

We apologize for the billing error.
청구 착오에 대해 사과드립니다.

We were able to track down the error and adjust your account accordingly.
착오를 밝혀냈으며 그에 따라 고객님의 계정을 수정했습니다.

We will be adjusting your account by crediting $1,000.
귀하의 계정을 수정하고 1,000달러 환불하겠습니다.

We'll be adjusting your account and issuing credit for the unused portion of your $1,500 initial prepaid credit.
귀하의 계정을 수정하고 선불로 받은 1,500달러의 미사용 분에 대해 크레디트를 발행하겠습니다.

I apologize for the oversight in not issuing the $500 credit to your account. I have today issued $550 in credits to your account to make up for this oversight and delay. This should appear on your statement in the next billing cycle.
귀하께 500달러의 크레디트를 발행하는 것을 간과한 점 사과드립니다. 이 미스와 지연을 벌충하기 위해 이번에 귀하에 대해 50달러의 크레디트를 발행했습니다. 이것은 다음달 분 청구서에 포함될 것입니다.

Please accept our sincere apologies for the error in your bill.
청구서의 실수에 관해 진심으로 사과드립니다.

I'm really sorry that you have had so many billing problems. I can assure you that you will have no more.
청구에 관해 이렇게 많은 문제가 발생되어 정말 죄송합니다. 더 이상 문제가 발생하지 않을 것을 보증합니다.

I know how frustrating this has been for you, especially in light of the fact that you have been a valued customer of ours for many years.
이번 건에 대한 불만은 잘 알겠습니다. 특히 귀사는 오랜 세월 중요한 고객이며 지불은 매우 신속하게 행해지고 있었기 때문입니다.

I am terribly sorry that it has taken so long to straighten this out.
문제를 바로잡는 데 시간이 걸려 대단히 죄송합니다.

We are reinforcing our procedures to prevent this type of error.
이런 종류의 착오가 일어나는 것을 방지하기 위해 수속을 개선하겠습니다.

Please be assured that this problem will not happen again.
이 문제가 다시는 일어나지 않을 것을 보증합니다.

서비스 관련

서비스, 종업원의 대처 등에 대해 불평을 늘어놓을 때는 서비스의 내용, 문제점 외에 반드시 응대한 종업원의 이름이나 응대 일시의 상세도 기입합니다. 그리고 환불, 사과, 수리, 종업원의 훈련, 고객 서비스의 향상 등 요구 내용을 명확하게 전합니다.

아래는 금융기관에서 새롭게 계좌를 개설하는 데 요구된 서류를 제출하고 그 후에 몇 사람의 고객 서비스 담당자와 전화로 이야기했음에도 불구하고 몇 주일이나 계좌가 정지되어 이용하지 못해서 빨리 해결되지 않은 경우 다른 은행으로 계좌를 옮기겠다는 취지를 메일로 전한 것입니다. 최종 통지를 위해 강한 어조로 되어 있습니다.

Subject: Account# 64-251704

On Sunday, when I tried to move the funds to a higher-interest money market fund, I was told restrictions were imposed on our account because of missing documents. We turned in all the documents we were told were necessary.

This has been going on for months, since the customer rep (Ms. Pfundstein) in your Irvine branch failed to have us turn in all the necessary documents, which we had with us when we opened our account.

I have spoken with at least four reps over the phone about this. I enclosed a complaint letter when I submitted a copy of our Articles of Incorporation.

This has been taking too long to be resolved. Unless it is resolved immediately, we are ready to take our funds to Better Bank.

해석

제목 : 계좌번호 64-251704

일요일에 자금을 이율이 높은 금융시장 펀드로 옮기려고 했는데 필요한 서류가 갖춰지지 않아 계좌에 제한이 부과되었다고 들었습니다. 필요하다고 한 서류는 모두 제출했습니다.

이것은 귀사의 얼바인지점의 고객 담당(판드슈타인 씨)이 계좌를 개설할 때 제가 모두 지참하고 있었는데 필요 서류를 모두 제출케 하는 것을 소홀히 했기 때문에 쭉 계속 되고 있는 것입니다.

이 문제에 대해서 적어도 4명의 고객 담당과 전화로 이야기했습니다. 당사의 정관 사본을 제출했을 때 불평의 편지도 동봉했습니다.

해결하는 데 시간이 너무 걸리고 있습니다. 신속히 해결되지 않으면 당사의 자금을 베타 은행으로 옮기겠습니다.

Useful Expressions

I'd like to report an unpleasant experience I recently had with your sales associate.
일전에 귀사의 영업사원이 불쾌하게 한 것을 알려드리고자 합니다.

I strongly object to the mishandling of the phone call by one of your customer service representatives on May 9.
5월 9일 귀사의 고객 서비스 담당자의 소홀한 전화 대응에 강력하게 항의합니다.

I would like these complaints addressed immediately.
아래의 불평에 신속히 대처해 주시길 바랍니다.

I normally do not go over the head of the person who is supposedly servicing our account, but it seems to be the only solution to the problem we have faced for the last eight weeks.
보통이라면 담당자를 뛰어넘어 불평을 말하거나 하지 않지만 그렇게 하지 않으면 당사가 이 8주간 직면해 온 문제는 해결될 것 같지 않습니다.

Despite repeated requests by both e-mail and phone, we still have not received the warranty. It is imperative that we immediately receive it.   * imperative 필수의
메일이나 전화로 여러 번 청구했음에도 불구하고 아직 보증서를 받지 못했습니다. 어떤 일이 있어도 신속히 입수할 필요가 있습니다.

I'd like to hear how you will improve the situation before I contact your headquarters.
본사에 연락하기 전에 이런 상황을 어떻게 개선해 주실 것인지 듣고 싶습니다.

If a satisfactory solution is not offered by October 1, we will cancel our account with your firm.
만족할 수 있는 해결책이 10월 1일까지 제시되지 않을 경우 귀사와의 거래를 취소하겠습니다.

I hope you will correct the situation immediately.
상황을 신속히 시정해 주시길 바랍니다.

I hope you can restore our confidence in your product and service.
귀사의 제품과 서비스에 대한 저희들의 신뢰를 회복할 수 있길 바랍니다.

I know that you wish to maintain the good reputation of your company, and I'm counting on you to take care of the problem right away.
귀사도 좋은 평판을 유지하길 바랄 걸로 압니다. 문제를 신속히 해결해 주실 것이라 믿습니다.

We have been satisfied with your fine service for many years. We anticipate that you can resolve this problem so that we can maintain this relationship.
귀사의 뛰어난 서비스에는 오랜 세월 만족해 왔습니다. 양사의 이러한 관계가 지속되도록 이 문제를 해결해 주실 것을 기대합니다.

Thank you for your time and efforts in solving the problem.
본 건을 해결하기 위해 소비해 주신 시간과 노고에 감사드립니다.

서비스 관련 불만에 대한 사과

이러한 클레임에 대처하는 회신은 일반적으로 편지로 행해집니다. 단, 메일이나 온라인 폼을 사용해서 보냈을 경우 메일로 답장이 올 경우도 있습니다.

먼저 사실 확인이 필요합니다. 상대가 불쾌한 경험을 한 것에 공감하고, 사실 확인 후 신속히 문제에 대처하겠다는 취지를 전합니다. 상대의 주장에 동조할 수 있는 부분은 동조하고 상대방의 인식 차이 등이 있으면 상황을 설명합니다. 예를 들어 상대방의 착각에 대해서도 "You misunderstood..." "You didn't understand..." 등과 같이 상대방을 질책하는 듯한 어조는 삼가합니다.

Subject: RE: My Recent Stay

Thank you for taking the time to inform me of the lapse in our service during your recent stay. I was quite shocked to read how our basic service standards, based on common courtesy, were not maintained by my staff during your visit. They have had a consistent record of being quite hospitable.

I have spoken with the team members with whom you had interaction, as well as the one you observed. Your comments have been instrumental in our training and in improvement of our guest services.

I have removed the room and tax charges for the evening you stayed with us, and hope that we have the opportunity to regain your faith in our services on any future trips to Kyoto.

Thank you again for taking the time to share your comments with me and allowing us an opportunity to improve.

해석

제목 : RE: 최근의 체재에서

일전에 고객님의 체재시 저희 호텔 서비스의 실수에 대해 알려주셔서 감사합니다. 고객님의 체제중 종업원이 예의에 의거한 기본적인 서비스 수준을 유지하지 못한 것을 알고 큰 쇼크를 받았습니다. 그들은 일관해서 극진한 대접을 할 수 있다고 평가되어 왔습니다.

고객님께 대한 종업원 및 고객님이 보신 종업원과 이야기를 했습니다. 고객님의 의견은 종업원 교육과 서비스 향상을 위해서 도움이 되는 것입니다.

숙박하신 밤의 숙박 요금 및 세금을 공제했습니다. 또 쿄또에 오실 때에 저희 호텔의 서비스에 대한 신뢰를 회복할 기회를 주신다면 감사하겠습니다.

일부러 의견을 들려 주시고 또 개선의 기회를 주신 것에 거듭 감사드립니다.

We apologize for the unpleasant experience you recently had at our hotel.

The hotel was overbooked on the night of Dec. 10. Due to departure delays for several guests with flight problems, we were suddenly and beyond our control facing an overbooking problem. I'm sorry that the front clerk was unable to offer a proper explanation. He was new, although this in no way is an excuse for the poor service you received.

Unfortunately, all the rooms in the downtown area were fully booked because of conferences in the area, and we were only able to book you a room at the ABC Hotel.

Not being able to provide a room to a guest with a guaranteed reservation is a rare occurrence at our hotel, but should you encounter this in the future, please contact me or the manager on duty.

Please accept the enclosed transferable voucher for a complementary night's stay on your next trip to Yokohama. I will personally make sure that your next stay with Nihon Hotel will be a most pleasant one.

해석

저희 호텔에서 일전에 불쾌한 경험을 하신 것 사과드립니다.

12월 10일 밤 호텔은 오버부킹 상태였습니다. 플라이트 문제로 출발을 연기하신 고객분들께서 여러 분 오시는 바람에 돌연 저희들도 어쩔 수 없이 오버부킹에 휩쓸려 버렸습니다. 프런트 담당이 제대로 설명드리지 못한 점 사과드립니다. 신임 프런트 담당이었습니다만 그것은 고객님께서 받으신 부족한 서비스의 변명은 도저히 되지 않습니다.

유감스럽지만 여러 개의 회의를 위해 다운타운 지역의 호텔은 꽉 찼기 때문에 ABC 호텔밖에 방을 잡을 수 없었습니다.

예약이 보증된 고객님께 방을 제공할 수 없다는 것은 저희 호텔에서는 실로 드문 일입니다만 만일 또 이러한 일이 일어났을 때는 저 또는 당일 근무 매니저에게 알려주십시오.

다음에 요코하마에 오셨을 때 사용하실 수 있는 양도 가능한 일박 초대권을 동봉했으니 받아 주십시오. 다음 번 니뽄호텔에서의 체재가 쾌적한 것임을 약속드리겠습니다.

Useful Expressions

Thank you for writing us about your recent experience at our Nagoya branch.
일전에 나고야지점에서의 사건에 관해 알려주셔서 감사합니다.

Thank you for contacting OD regarding the poor service that you recently received.
일전에 고객님께서 받으신 허술한 서비스에 대해 OD에 연락해 주셔서 감사합니다.

Thank you for your recent online feedback describing your disappointment with our service.
당사의 서비스에 실망하셨다는 온라인 피드백에 감사드립니다.

I appreciate you taking time to write and inform us of the difficulties you experienced while attempting to return the merchandise.
시간을 할애해 편지를 보내주시고 고객님께서 상품을 반품하실 때 겪으신 불쾌한 경험에 대해 알려주신 점 감사드립니다.

I am sorry that your reservation was not handled properly.
예약이 적절하게 처리되지 못한 점 사과드립니다.

I was disappointed to hear about the service issues you raised in your e-mail.
귀하께서 이메일로 제기하신 서비스에 대해 문제가 있었음을 알고 낙담했습니다.

I was distressed to learn that the service you received was unsatisfactory.
고객님께서 불만족스러운 서비스를 받으신 것에 대해 사과드립니다.

I was very disappointed to learn that this process proved to be so unpleasant and time-consuming, and I'm glad you brought this matter to our attention.
이 과정이 대단히 불쾌하고 또한 대단한 시간 낭비였다는 것을 알고 매우 실망했습니다. 이 건을 알려주셔서 기쁘게 생각합니다.

This is not acceptable and we are currently looking into how this mix-up happened so that it will not happen again.
이것은 허용할 수 없는 것이며 현재 재발 방지를 위해 왜 이러한 실수가 일어났는지를 조사중입니다.

We pride ourselves on quality of service, but in your case, it appears that we failed in this regard.
당사에서는 서비스의 질을 자랑으로 생각하고 있습니다만 고객님의 경우 이것이 이루어지지 않은 듯 합니다.

Please accept our apology for the recent problems you had at our store.
저희 가게에서의 거래에 있어서 문제가 있었던 점 사과드립니다.

Please accept my sincere apology for your inconvenience and frustration.
고객님께 끼쳐드린 불편과 불만족에 대해 진심으로 사과드립니다.

I'd like to address the situation immediately. Please give me a few days to investigate.
이 건에 대해 신속히 대처하고 싶습니다. 조사하는 데 며칠 시간을 주십시오.

The district manager of the location has been notified and has been directed to counsel the individuals involved.
동점 관할 지역 매니저에게 알리고 문제의 당사자들에게 주의를 주도록 지시했습니다.

Although these transactions are routinely handled without incident, the possibility of human error or equipment malfunction cannot be completely eliminated.
이러한 업무는 통상 문제 없이 수행됩니다만 인위적인 실수나 기기 상태가 나쁠 가능성을 완전히 배제할 수는 없습니다.

While we strive to supply products of the highest quality, a problem like this happens on rare occasions. I have informed our Quality Assurance Department that this happened.
최고 품질의 상품을 제공하도록 노력하고 있지만, 이러한 문제가 드물게 일어납니다. 이러한 문제가 일어난 것은 품질관리부에 전했습니다.

Please be assured that all appropriate management personnel have been advised that we failed to provide the level of service that OD customers expect, and you may be confident that we are addressing this issue right away.
당사가 OD의 고객님이 요구하시는 수준을 만족시켜 드리지 못한 점은 관련 경영진 전원에게 전했습니다. 당사에서는 신속히 이 문제에 임할 것을 약속드립니다.

Please accept the enclosed gift certificate as a gesture of our goodwill and as an invitation to shop with us again soon.
저희들의 성의 표시로써 또한 가까운 시일 내에 다시 내점해 주시도록 상품권을 동봉했으니 받아 주십시오.

As director of customer service, I will make sure to have your feedback reviewed for staff training.
고객 서비스 부장으로서 고객님의 의견을 직원 연수를 위해 복습시킬 것을 약속드립니다.

Ms. Acosta, once again, thank you for writing and allowing me the opportunity to respond.
아코스타님, 편지를 보내주시고 대답할 기회를 주신 것에 거듭 감사드립니다.

All of us at OD appreciate the business that you have placed with us, and we will do all that we can to restore your good feelings.
OD 일동, 지금까지의 거래에 감사드리며 고객님의 신뢰를 회복할 수 있도록 최선을 다하겠습니다.

We have greatly appreciated your patronage and hope to have an opportunity to restore your confidence.
고객님의 관심 어린 애정에 진심으로 감사드리며, 고객님의 신뢰를 회복할 기회를 주시길 부탁드립니다.

I hope you will give us another chance to show we can serve you as well as, if not better than, our competitors.
당사의 서비스가 타사에 비해서 뒤떨어지지 않는, 아니 타사보다 우수할지도 모른다는 것을 증명할 기회를 주셨으면 좋겠습니다.

 기술지원 관련

하드나 소프트웨어의 벤더, 프로바이더 등은 대부분 메일이나 온라인으로 기술 지원을 제공하고 있기 때문에 메일이나 온라인 폼을 사용해서 연락합니다. 기술 지원을 요구하는 메일에서는 사용하고 있는 기종이나 OS, 트러블의 내용, 일시, 시험해 본 해결책을 자세하게 전하는 것이 중요합니다.

Subject: Loss of Connectivity

We had no Internet connection today—it's now 11pm (KST). When I contacted your technical support this morning, I was told they were aware of the problem and working on it and that the connection would be restored today. It never was.

This is completely unacceptable. This is clearly a violation of the SLA, which guarantees 99.9% connectivity.

We may have to consider terminating the agreement. An all-day outage never happened with our former provider, Better Network.

We expect to hear from the manager about this.

* outage 접속장해, 기능정지

해석

제목 : 접속 로스

오늘 인터넷에 접속할 수 없었습니다. 현재 오후 11시(한국 표준 시간)입니다. 오늘 아침 귀사의 기술 지원 부서에 연락했을 때 문제를 파악하고 작업중이었으며 오늘 접속은 회복한다고 했습니다. 그러나 회복되지 않았습니다.

이것은 전혀 받아 들일 수 없는 일입니다. 99.9%의 접속을 보증하는 SLA에 위반되는 것이 분명합니다.

계약의 해약을 고려해야 할지도 모릅니다. 전에 이용하던 베타네트워크에서는 하루 동안의 접속 장애는 일어났던 적이 없습니다.

이 건에 관해 매니저로부터 연락을 받고 싶습니다.

Useful Expressions

I'd like to complain about your technical support.
귀사의 기술 지원에 대해 불만이 있습니다.

I was told your tech support would get back to me within 72 hours. It has been 5 days, but I haven't heard back.
72시간 이내에 기술지원 부서로부터 연락이 있을 것이라 했지만 5일이 지났는데도 연락이 없습니다.

We have had several problems with your service, as summarized below.
귀사의 서비스와 관련하여 발생된 여러 가지 문제를 아래에 정리했습니다.

We have not been able to access our account on your web site with the user ID and password issued by your company.
귀사에서 발행된 ID와 패스워드를 사용해서 귀사 사이트의 저희 계좌에 액세스하려고 하는데 되지 않습니다.

If the problem persists, we will have to cancel the agreement.
이 상황이 계속되면 계약을 해지하지 않을 수 없습니다.

Please have someone return my e-mail as soon as possible. Otherwise, we will have to cancel the service.
신속히 누군가에게 저의 메일에 대한 답장을 보내도록 해 주십시오. 그렇지 않으면 서비스를 해약하지 않을 수 없습니다.

We'd like credit for the out-of-service period.
서비스를 받지 못한 기간에 대해 크레디트를 발행해 주십시오.

For all the business interruptions your company caused us and the time we had to spend to have the problems fixed, we'd like to be compensated.
귀사가 일으킨 지장과 저희가 문제해결에 소비한 시간에 대해 배상 받고 싶습니다.

I'd like to hear from someone from your company who can authorize compensation for all the business interruptions your company caused us.
귀사가 일으킨 많은 지장에 대한 배상에 대하여 결정권자로부터 연락을 받고자 합니다.

기술지원 관련 불만에 대한 사죄

문제가 발생되지 않는 기술은 없으므로 문제가 발생했을 때의 대응이 고객의 로열티를 얻을 수 있는 결정적인 수단이 될 것입니다.

Subject: RE: Loss of Connectivity

Thank you for contacting us.

We regret that the quality of service you received yesterday did not reflect the quality we strive for. We appreciate your taking the time to let us know of your experience. It is candid feedback such as yours that helps us find new ways to improve our service.

We were doing maintenance work on our network yesterday. All the issues have been resolved and you should be able to access the Internet without any problem by the time you receive this email.

If you have any other issues, please get back to us. We are eager to assist you.

해석

제목 : 접속 로스

연락 고맙습니다.

어제 고객님이 경험한 서비스의 질은 당사가 지향하는 목표를 반영하는 것이 아니었음을 유감스럽게 생각합니다. 고객님의 체험을 일부러 알려주신 것에 감사드립니다. 고객님으로부터 받은 것 같은 솔직한 피드백은 당사의 서비스를 향상시키는 새로운 방법을 찾는 데 도움이 되는 것입니다.

어제 네트워크 보수작업을 하고 있었습니다만 모든 문제가 해결되어 이 메일을 받으실 때까지는 문제 없이 인터넷에 접속하실 수 있을 것입니다.

그밖에 문제가 있으면 알려주십시오. 반드시 힘이 되어 드리겠습니다.

Useful Expressions

We appreciate your taking the time to let us know of your experience.
시간을 할애해서 고객님의 체험을 알려주신 것에 감사드립니다.

I apologize for the problems you had with our online customer service.
당사의 온라인 고객 서비스에 문제가 있었다는 점 사과드립니다.

Please use the attached driver to reinstall.
첨부한 드라이버를 사용해서 다시 인스톨해 주십시오.

We are working on this. At this time, we have no information as to when this will be resolved. We sincerely apologize for any inconvenience this may have caused you.
당사에서는 이 문제에 대처 중입니다만 현시점에서는 언제 이 문제를 해결할 수 있을지에 대한 정보는 없습니다. 이 문제로 고객님께 불편을 끼쳐드린 점 진심으로 사과드립니다.

I can understand how devastating such interruptions are to your business.
그러한 지장이 귀사의 서비스에 얼마나 데미지를 줄지 압니다.

The following link is provided to assist you.
아래의 링크가 도와드릴 것입니다.

BestNet is committed to delivering high quality services to meet your online needs.
베스트네트는 귀사의 온라인 뉴스를 만족시키도록 질 높은 서비스를 전달해 드릴 것입니다.

We are committed to keeping our sales force educated and updated on our ever-increasing line of products and services.
당사에서는 당사의 계속 늘어나는 제품과 서비스에 관해 영업부원들을 교육하여 최신 정보를 제공해 나갈 것입니다..

Did you know that you can find answers to many of your BestFiber High-Speed Service questions by visiting the customer support site at www.getglobal.com?
베스트파이버 하이 스피드 서비스에 관해 자주 묻는 질문에 대한 많은 답장을 서포트 사이트 www.getglobal.com 에서 보실 수 있는데 아십니까?

We are here to assist you!
고객님을 지원하는 것이 저희들의 일입니다!

기술정보 지원 관련 – 책임이 없다는 답장

아래의 예에서는 상대의 상황에 공감하고 고객을 돕기 위해서 문제 해결책을 일단 제안하면서도 자사에 책임이 없다는 사실을 전하고 있습니다. 자사의 제품에 관한 것이면 기꺼이 서포트하겠다는 취지의 메시지로 끝나면 좋을 것입니다.

Subject: RE: Software Problem

Thank you for your e-mail.

We are sorry that you have had a problem with your software. Unfortunately, we cannot support other vendors' software. I suggest that you uninstall the software and reinstall it to see if you still have the problem, or you can contact your software vendor. I'm sure they will be happy to help you.

Please let us know if there is anything we can do to support our computer.

해석

제목 : RE : 소프트웨어 문제

메일 고맙습니다.

소프트웨어로 문제가 발생한 것 같아 죄송합니다. 유감입니다만 당사에서는 타사의 소프트웨어의 지원은 할 수 없습니다. 소프트웨어를 인스톨하고 재차 인스톨해도 문제가 있는지를 살피는 것은 어떤지요. 아니면 소프트웨어 벤더에 연락하시면 좋을 것이라 생각합니다. 기꺼이 서포트할 것입니다.

당사의 컴퓨터에 관해 할 수 있는 일이 있으면 알려주십시오.

 Useful Expressions

If this machine is still under warranty, then you can call our technical support center to discuss your warranty options. The number is 02-1234-5678 between 9 am and 5 pm.
고객님의 기계가 보증 기간 내인 경우는 당사 기술지원센터에 전화하셔서 보증 옵션을 상담해 주십시오. 전화번호는 02-1234-5678, 영업시간은 오전 9시부터 오후 5시까지입니다.

If the machine is not under warranty, your only option is to take it to an alternate service facility.
보증기간이 지난 경우는 다른 서비스센터로 가지고 가셔야 합니다.

You can locate the nearest Lousy Authorized Service Facility by visiting our website and clicking on TECH SUPPORT, then SERVICE OPTIONS.
근처의 라우지 공인 서비스센터는 당사 홈페이지를 방문하여 먼저 「기술 서포트」, 다음에 「서비스 옵션」을 클릭하면 찾을 수 있습니다.

We know of no outages in your area that may have contributed to your problem.
고객님의 지역에서는 고객님이 경험하신 것 같은 문제를 일으키는 접속 장애는 보고되고 있지 않습니다.

저작권 침해

네트워크 등에서 자사의 저작물(문장, artwork, 소프트웨어 등)이 무단으로 사용되고 있는 경우는 기죽지 말고 항의 메일을 보냅시다. 저작권 침해물을 사이트에서 삭제하도록 요청할 경우는 「48시간 이내에」, 「~일까지」라고 하는 구체적인 기한을 넣는 것이 효과적입니다.

Subject: ABC Publishers Copyright Violation

While it may have been unintentional, you have violated international copyright laws by publishing illegal online copies of the following ABC Publishers' books on the Internet at http://www.getglobal.com:

- Résumé Writing for Your Successful Career
- English for Successful Interviews

Please remove these online texts, any other ABC Publishers' online texts and corresponding links by November 25.

Full copyright language is printed on the last page of the books.

Legal Department
ABC Publishers

해석 제목 : ABC 출판사의 저작권 침해

비록 고의가 아니더라도 당신은 인터넷상(http://www.getglobal.com)에서 ABC 출판사의 아래 서적의 불법 온라인 카피본을 게재하여 국제 저작권법을 침해하고 있습니다.

- 「영문 이력서 작성법」
- 「면접 영어」

이러한 온라인 텍스트, 다른 ABC 출판사의 온라인 텍스트, 관련 링크를 모두 11월 25일까지 삭제해 주십시오.

저작권에 관한 표시는 서적의 마지막 페이지에 게재되어 있습니다.

Subject: Unauthorized Use of DivorceWizards.com Material

It has been brought to our attention that you have pirated our Divorce Yourself forms, including both language and html, from our site, DivorceWizards.com.

We demand that you remove these from your site, www.getglobal.com, within the next ten days.

If not, we will file an action for our costs and damages. Should you have any questions, please let me know.

해석

제목 : DivorceWizards.com 제작물의 무단사용

귀사가 언어 및 HTML를 포함한 「셀프서비스 이혼」 서식을 당사의 사이트, DivorceWizards.com에서 도용하고 있음을 발견했습니다.

귀사의 사이트 www.getglobal.com에서 10일 이내에 이것들을 삭제하길 요구합니다.

그렇지 않으면 경비와 손해를 청구하는 소송을 제기하겠습니다. 질문 있으시면 연락주십시오.

Useful Expressions

We just came across our photograph, "Martian Elephant," posted at your web site (www.getglobal.com) without our permission. The photograph is from our Mars collection (www.astropics.com/mars) and is protected by international copyright laws.
「화성의 코끼리」라고 하는 당사의 사진이 당사의 허가 없이 귀사의 웹 사이트 (www.getglobal.com)에 게재되고 있는 것을 우연히 발견했습니다. 이 사진은 당사의 「화성 콜렉션」(www.astropics.com/mars)의 1장으로 국제 저작권법에 의해 보호되고 있습니다.

Please remove the photograph from your site within 48 hours. Otherwise, we will advise your web hosting company that they are hosting material that is in violation of our copyright.
이 사진을 48시간 이내에 귀사의 사이트에서 삭제해 주십시오. 삭제되지 않는 경우는 그쪽의 웹 호스팅 회사에 당사의 저작권을 침해하고 있는 작품을 게재하고 있다는 취지를 통지할 것입니다.

We found that artwork of ours is being used at www.getglobal.com without our permission. The image is protected by international copyright laws. Please have the copyrighted image removed from the site by November 25.
당사의 작품이 www.getglobal.com에 당사의 허가 없이 사용되고 있는 것을 발견했습니다. 그 사진은 국제 저작권법에 의해 보호되고 있습니다. 11월 25일까지 그 사이트에서 삭제해 주십시오.

Otherwise, we will have to resort to legal action.
그렇지 않으면 법적 수단에 호소할 수 밖에 없습니다.

If you wish to continue to post our material at your site, I'll be happy to negotiate a license with you.
계속해서 당사의 작품을 귀사의 사이트에 게재하는 것을 희망하실 경우는 라이센스 공여에 대해 기꺼이 상담해 드리겠습니다.

Attached is a bill for the unauthorized use of my copyrighted artwork.
저의 저작권을 소유하는 삽화의 무단 사용에 대한 청구서를 첨부했습니다.

저작권 침해의 클레임에 대한 회신

책임을 인정할 것인가 아닌가에 관계없이 사과하는 것이 중요하겠지만, 그렇게 간단하게 사과해서는 안 됩니다. 기업의 경우 경영자나 관리자가 모르는 면에서 사원이 마음대로 저작권 침해물을 자사의 사이트상에 게재했다는 일도 있을 수도 있지만, 우선은 사실 확인이 최우선입니다.

동시에 상대방의 메일에 신속히 대응하는 것이 중요하므로 조사하고 나서 연락하겠다는 취지를 전하면 좋을 것입니다. 기업의 경우 저작권 침해의 우려가 있을 경우는 변호사와 상담해야 합니다.

「저작물이었음을 전혀 몰랐다」라고 하는 해명의 답신을 보낼 수도 있겠지만, 비록 저작물을 침해한 것을 몰랐다 해도 저작권 침해의 책임은 면할 수 없습니다.

Subject: RE: Unauthorized Use of My Animation

We received your e-mail about the duck animation.
We will look into it and get back to you within a week.

Best regards,
Eiji Okada
Legal Department
ABC Corporation

제목 : RE: 저의 애니메이션 무단 사용
오리 애니메이션에 관한 메일 잘 받았습니다.
조사해서 1주일 이내에 회신하겠습니다.

Useful Expressions

Thank you for letting us know about the photograph.
사진에 대해 알려주셔서 고맙습니다.

The photograph has been removed from our site. I hope this has not caused you any inconvenience.
사진은 당사 사이트에서 삭제했습니다. 이 건으로 불편을 끼쳐 드리지 않기를 바랍니다.

The image in question was in the web design software we bought. We had no idea that copyrighted material was included in the off-the-shelf software.
문제의 이미지는 구입한 웹 사이트 소프트웨어에 포함된 것입니다. 시판 소프트웨어에 저작물이 포함되었으리라고는 전혀 상상도 못했습니다.

We already removed the image from our site. I hope this will be a satisfactory solution.
이미지는 모두 당사의 사이트에서 삭제했습니다. 이것이 만족할 만한 해결책이기를 바랍니다.

상표 침해

이러한 문서는 통상 변호사에 의해 쓰여져 배달증명을 붙인 우편이나 택배편으로 보내지지만, 최근에는 메일로 보내지는 경우도 증가하고 있습니다. 아마추어에게는 이해하기 어려운 법률 용어나 옛스러운 장황한 표현은 사용하지 말고 누구라도 아는 명확한 표현을 사용하는 것이 원활한 커뮤니케이션을 위해 필요합니다.

Subject: GlobalLINK Trademark Infringement

We recently found that your web site, ocgoal.com, has been using our trademark, GetGlobal, in the marketing of your products and services. GetGlobal is a registered trademark (U.S. Reg. No. 1234567) of GlobablLINK. Our federal registration of this trademark provides us with certain proprietary rights, including the right to restrict the use of the trademark or a similar trademark in association with confusingly similar products and service.

Your unauthorized use of our federally registered trademark amounts to an infringement of our trademark rights. Therefore, we request that you immediately cease and desist use of GetGlobal in association with the marketing, sale, distribution or identification of your products and services.

Please respond by e-mail, indicating your intention to cease and desist use of the trademark, GetGlobal, or any confusingly similar trademark, by March 10, 2007.

We hope that this issue may be resolved amicably so we can avoid any further legal remedies.

* proprietary right 소유권   infringement 침해   cease and desist 중지하다, 정지하다
confusingly similar 혼동하기 쉽다

해석

제목 : 글로벌링크 상표 침해

일전에 귀사의 웹 사이트 ocgoal.com에서 귀사 제품 및 서비스의 마케팅에 당사의 상표 GetGlobal이 사용되고 있는 것을 보았습니다. GetGlobal은 글로벌링크사의 등록상표(미국 등록번

호 1234567)입니다. 이 상표는 연방등록되어 있어 당사에 이 상표 및 혼동하기 쉬운 제품과 서비스에 관련된 유사 상표의 사용을 제한할 권리를 포함한 일정한 전유권(專有權)이 주어집니다.

귀사가 당사의 연방등록상표를 허가 없이 사용하는 것은 당사의 상표권 침해가 됩니다. 따라서 신속히 귀사 제품 및 서비스의 마케팅, 판매, 유통, 식별에 관련되는 GetGlobal 상표의 사용 중지를 요구합니다.

GetGlobal 상표 및 혼동하기 쉬운 상표 사용을 중지하겠다는 취지를 2007년 3월 10일까지 메일로 알려주십시오.

이 문제가 우호적으로 해결되어 새로운 법적 구제조치를 취하지 않고 끝나길 바랍니다.

Useful Expressions

We have learned that you are involved in the distribution of merchandise in violation of the intellectual property of GlobalLINK.
귀사가 글로벌링크의 지적 재산권을 침해한 상품의 유통에 관여되어 있음을 알았습니다.

This e-mail serves as formal demand that you immediately cease and desist infringing on our trademarks or intellectual property on your web site, www.getglobal.com.
본 메일은 귀사의 웹 사이트 www.getglobal.com에서 당사의 상표 또는 지적 재산권의 침해를 신속히 중지할 것을 요구하는 정식 요청입니다.

We are writing because you have registered www.getglobal.com and the use of GLOBAL in the domain name infringes the GLOBAL trademark in violation of 15 U.S.C. 1114(a) and dilutes the GLOBAL trademark in violation of 15 U.S.C. 1125(c).
귀사에서는 www.getglobal.com을 등록하고 있습니다만 도메인 네임에의 GLOBAL 사용은 미국 포괄통상법 1114(a)에 위반되어 GLOBAL 상표를 침해하며, 미국 포괄통상법 1125(C)에 위반되어 GLOBAL 상표를 희석화하기 때문에 본 서신을 보냅니다.

Through this e-mail, we demand that you cease and desist from infringing upon our trademarks.
본 메일에 의해 당사의 상표침해를 중지할 것을 요구합니다.

The GlobalLINK mark has been in continuous use since 1961.
글로벌링크의 상표가 1961년부터 계속 사용되어 왔습니다.

Any use of the name would be likely to confuse the public as to the source of your and Global's respective products and/or services.
그 명칭의 어떠한 사용도 귀사 및 글로벌 각각의 제품 및/또는 서비스의 출처에 관해 대중을 유혹하게 될 것입니다.

This property is an extremely valuable asset, and we have invested substantial sums of money to protect and enforce our rights.
이 재산은 극히 가치가 있는 자산이며 당사 권리의 보호 및 집행을 위해서 막대한 비용을 투자해 왔습니다.

Please indicate your agreement to cease using the trademark Global within 10 business days of receipt of this e-mail, by responding to this e-mail.
본 메일을 수령한 후 10 영업일 이내에 상표 Global의 사용 중지에 동의하는 취지를 이 메일에 답장하신 후 알려주십시오.

To amicably resolve the matter of your trademark infringement, we hereby demand that within seven business days of the date of this e-mail, you voluntarily cease and desist use of the trademarks ABC and XYZ.
귀사에 의한 상표 침해를 우호적으로 해결하기 위해 본 서신의 일자로부터 7 영업일 이내에 자발적으로 상표 ABC와 XYZ의 사용을 중지할 것을 요구합니다.

In addition, you must deliver to this office any and all material in your company's possession or control bearing our trademarks.
덧붙여 귀사의 소유 또는 관리하에 있는 당사의 상표를 게재한 모든 물건을 저희 사무소로 보내주십시오.

GlobalLINK demands that by March 1, you (1) cease using the domain name getglobal.com and (2) transfer ownership of that domain name to GlobalLINK.
글로벌링크에서는 3월 1일까지 (1) 도메인 네임 getglobal.com의 사용을 중지하고, (2) 그 도메인 네임의 소유권을 글로벌링크에 양도할 것을 요구합니다.

Please respond to this email and confirm that you will agree to resolve this matter as requested. If we do not receive confirmation from you that you will comply with our request, we will have no choice but to pursue all available remedies against you.
요청대로 본 건을 해결하는 것에 합의하는 것을 확인한 메일을 이 메일에 답장해 주십시오. 당사의 요청에 응한다는 확인을 주시지 않는 경우 귀사에 대해 가능한 모든 구제조치를 취하지 않을 수 없습니다.

Please contact me within five days after receipt of this notice. Otherwise, we will assume that you do not wish to reach an amicable resolution, and we will institute proceedings to discontinue your use of the domain name and take appropriate action to enforce our rights.
이 통지를 수령한 후 5일 이내에 연락 주십시오. 연락이 없는 경우 귀사가 우호적인 해결을 희망하지 않는 것으로 판단하여 그 도메인 네임의 사용을 정지하고 당사의 권리를 집행하기 위해서 적절한 조치를 위한 수속을 하겠습니다.

We look forward to receiving from you evidence of your voluntary termination of the infringement of the ABC and XYZ trademarks.
상표 ABC와 XYZ 침해를 자발적으로 종료했다는 증거를 보내주시길 기대합니다.

Thank you for respecting the intellectual property of Global Corporation.
글로벌 코퍼레이션의 지적 재산권을 존중해 주셔서 감사합니다.

상표 침해의 클레임에 대한 회신

외국의 변호사로부터 편지가 왔다고 해서 당황할 필요는 없습니다. 이쪽이 상대의 권리를 침해하고 있다고 해서 상대가 말하는 대로 해야 한다고는 할 수 없습니다. 더 자세한 정보를 원한다면 정보를 요구하고 납득이 가지 않으면 그 취지를 전합니다. 단, 변호사와 상담할 것을 추천합니다.

상표 침해를 인정하고 상표의 무단 사용을 그만둘 경우:

Subject: RE: GlobalLINK Trademark Infringement

We received your e-mail of Feb. 28.
We were unaware that GetGlobal was a registered trademark.

We hereby agree to cease and desist use of the trademark, GetGlobal. It will be removed from our web site by March 10.

해석

제목 : 글로벌링크 상표 침해

2월 28일자 메일 잘 받았습니다. GetGlobal이 등록상표인 것을 몰랐습니다.

여기에 등록상표인 GetGlobal의 사용을 중지하는 것에 동의하며, 3월 10일까지 당사의 웹 사이트에서 삭제하겠습니다.

변호사와 상담하고 나서 조치할 경우:

We received your e-mail of Dec. 5.
We are investigating the matter and will be in contact with you shortly.

해석

12월 5일 서신 잘 받았습니다.
본 건을 조사중이며 신속하게 연락드리겠습니다.

Useful Expressions

We had no idea your client had a trademark on our domain name.
당사의 도메인 네임을 그쪽(법률 사무소) 클라이언트가 상표등록한 줄은 전혀 생각도 못했습니다.

We wholeheartedly respect everyone's right to their trademarks.
누구의 것이든지 상표에 대한 소유자의 권리를 진심으로 존중합니다.

Could you please provide the evidence that GLOBAL is your registered trademark?
GLOBAL이 귀사의 등록상표라는 증거를 보여주시겠습니까?

According to our attorney, we are well within the law because we did not mention your product's name any more than was necessary to describe it.
이쪽 변호사에 의하면 귀사의 제품 이름을 기술하는 데 필요 이상으로는 사용하고 있지 않기 때문에 합법이라고 합니다.

We sell nothing that competes with your products and there is no confusion as to who offers your products.
귀사 제품과 경합하는 것은 아무것도 판매하고 있지 않으며 당사 제품의 판매와 관련하여 혼란은 없습니다.

We do not offer entertainment services and are not competitors of yours.
당사에서는 엔터테인먼트 서비스는 제공하고 있지 않으며 귀사와는 경합하지 않습니다.

While it is my belief that your complaint is unwarranted, as a goodwill gesture I am deleting all the references to GLOBAL from our web site.
귀사의 클레임에 정당성은 없다고 믿지만, 선의의 표시로서 GLOBAL의 언급은 모두 당사의 웹 사이트에서 삭제하겠습니다.

It is our most heartfelt desire to help protect the trademark you built.
귀사가 쌓아 온 상표를 보호하는 것을 돕고자 하는 바람입니다.

네티켓 위반

여러 사람에게 메일을 보낼 때 To:에 송부처의 주소를 모두 넣어서 보내기 때문에 허가 없이 사람의 주소를 모두에게 개시해 버리는 경우가 종종 있습니다. 인터넷이 널리 보급된 지금도 이러한 네티켓 위반이 많아서 곤란하지만, 이러한 위반 메일이 도착했을 때에는 아래와 같은 메일을 보내면 좋을 것입니다.

Subject: Netiquette

When you send an e-mail to a group of people who don't know one another, you are supposed to put their addresses in BCC and send it to yourself so that everyone's address won't be seen. I don't think you have a spammer friend, but many people, including myself, don't like their e-mail addresses being disclosed to people they don't know.

It bothers many people–No. 2 breach of online netiquette, as you can see at www.onlinenetiquette.com.

해석

제목 : 네티켓

서로 상대방을 모르는 사람들에게 메일을 보낼 때는 모두의 주소가 안 보이도록 주소를 BCC에 넣어 메일을 자신에게 보내야 합니다. 여러분의 친구 중에 스패머가 있다고는 생각하지 않지만 저를 포함한 많은 사람들은 모르는 사람에게 주소가 공개되고 싶어하지 않습니다.

많은 사람이 그것을 싫어하는 것입니다 — 그러한 사실은 www.onlinenetiquette.com에서 볼 수 있듯이 온라인 네티켓 위반 제2위에 뽑혔습니다.

[REPLY]

Thanks for your suggestion! I really did not know how to do this, but NOW I DO and have done so since then. I appreciate your "two cents" worth.

* two cents 소견

해석

충고 고맙습니다! 어떻게 하는지 몰랐는데 이것으로 알게 되었습니다. 지금은 그렇게 하고 있습니다. "소견"에 감사드립니다.

Subject: Netiquette 101

You're not supposed to display all the addresses in the To field! Use BCC!!!

해석 　제목 : 네티켓 초급 강좌
　　　주소를 모두 To에 개시(開示)해서는 안 됩니다! BCC를 사용할 것!

[REPLY]

The mistake was mine—and I do know better than to put everyone's address in the To: field! I certainly should have double-checked it before sending it out. I'm very sorry and I hope this has not caused you any inconvenience.

해석 　저의 실수입니다 –전원의 주소를 To:에 넣어서는 안 된다는 것 정도는 저도 알고 있었습니다. 송신하기 전에 한 번 더 체크해야 했습니다. 정말 죄송합니다. 불편을 끼치지 않았으면 좋겠습니다.

Useful Expressions

Just to let you know that the Word file you sent me is infected with W32.Sircom.Worm. You may want to virus scan your computer.
보내주신 워드 파일이 W32.Sircom.Worm에 감염되어 있습니다. 컴퓨터를 바이러스 스캔하는 것이 좋겠습니다.

Thanks for letting me know about the virus. I'm sorry to have sent you the infected file. I'll scan my hard drive.
바이러스를 알려주셔서 고맙습니다. 감염된 파일을 보내서 죄송합니다. 하드 드라이버를 스캔하겠습니다.

Chapter 3

사내 메일

 자료 의뢰

Please send me market information과 같은 막연한 의뢰가 아니라 무엇이 필요한지 구체적으로 전달합니다. 필요한 이유나 기일도 전하면 보다 효과적일 것입니다.

Subject: Market Research – Motors

I need to estimate the number of engines used in the market. DP said you might be able to help. Do you have these lists? If so, could you e-mail or fax them to me?

- A list of industry associations
- A list of engine parts manufacturers
- A list of wholesalers
- Any other sources that might help us collect data

DP wants the number by Oct. 11, so I'd appreciate it if you could send me the list by the end of the week.

Thanks for your help.

해석　제목 : 시장조사 – 모터

시장에서 사용되고 있는 엔진 수를 개산할 필요가 있습니다. DP로부터 당신이라면 도와주실지도 모른다고 들었습니다. 이러한 리스트를 가지고 계십니까? 만약 가지고 계시면 메일이나 팩스로 보내주실 수 있습니까?

- 업계 단체 리스트
- 엔진 부품 메이커 리스트
- 업자 리스트
- 데이터 수집에 도움이 되는 타 정보원

DP가 10월 11일까지 개산(槪算)을 뽑으라고 했기 때문에 주말까지 리스트를 보내주시면 감사하겠습니다.

도와주셔서 감사합니다.

Useful Expressions

I have the following questions:
다음 질문이 있습니다.

I'd appreciate your answers by tomorrow since I'm leaving town on Thursday.
목요일에 출발하므로 내일까지 회신을 주시면 감사하겠습니다.

Please provide the number of managers by business unit.
비즈니스 유니트마다 매니저 수를 가르쳐 주십시오.

Could you please e-mail or fax me the contract or any document that shows the kind of business arrangement you entered into with the client?
그 클라이언트와 주고 받은 계약서, 또는 계약 내용을 나타내는 것을 메일이나 팩스로 보내주실 수 있겠습니까?

Please review the attached proposal and give me any suggestions you may have for revisions.
첨부한 기획서를 검토해 주시고 수정할 곳이 있으면 지적해 주십시오.

Could you have the meeting summary to us by November 26?
회의의 요약을 11월 26일까지 보내주실 수 있습니까?

Please turn in your budget estimate for 2007 by September 30.
2007년도 예산안을 9월 30일까지 제출해 주십시오.

We need to make our decision by July 31, so we need to have your information by then.
7월 31일까지 결정해야 하기 때문에 그때까지 정보를 받을 필요가 있습니다.

My presentation is scheduled on May 9, so I need the figures by May 4.
프레젠테이션은 5월 9일이므로 5월 4일까지 계수를 주십시오.

I'd like to know the status of the Saudi project.
사우디 프로젝트의 상황을 알고 싶습니다.

I'm preparing a presentation on the wireless market and need to incorporate some data on Korea. I'd appreciate it if you could get me the latest figures for the following:
무선에 관한 프레젠테이션을 준비하고 있는데 한국의 데이터를 넣을 필요가 있습니다. 아래에 관해서 최근의 계수를 조사해 주시면 감사하겠습니다.

I'd appreciate your helping us meet our deadline.
마감에 맞출 수 있도록 협조해 주시면 감사하겠습니다.

I'm sorry for the short deadline.
마감까지 그다지 시간이 없어서 죄송합니다.

자료송부 · 회답

의뢰 받은 자료는 가능한 한 빨리 기일까지 보냅니다. 곧바로 회신할 수 없는 경우에는 언제 송부할 수 있을지를 전합니다.

Subject: RE: Market Research-Motors

Attached are the lists you requested.

You may also want to try www.nhra.com for additional stats.

If you need anything else, pls let me know. I'll be glad to help.

해석

제목 : 시장조사 – 모터

요청하신 리스트를 첨부합니다.

www.nhra.com에 가 보시면 다른 숫자도 있습니다.

그밖에 필요한 것이 있으면 알려주십시오. 기꺼이 돕겠습니다.

 ## Useful Expressions

Here is the info you requested on the filters.
필터에 대해 의뢰하신 정보입니다.

I'm attaching the proforma balance sheet at your request.
의뢰하신 대로 견적 대차대조표를 첨부합니다.   * proforma 형식상의, (상업용) 견적의

Additional technical information was express mailed today so you'll get it by the end of the week.
추가 기술정보는 국제 비즈니스편으로 오늘 발송했으므로 이번 주 말까지는 도착할 것입니다.

Today I shipped the sample you requested.
오늘 의뢰하신 샘플을 발송했습니다.

I hope this information will expedite the evaluation process.
이 정보가 평가 프로세스를 앞당기게 되길 바랍니다.

Hope this helps.
이것이 도움이 되길.

 송부거절/송부지연

송부를 할 수 없거나 기일보다 늦어질 경우에도 신속히 연락해서 언제 보낼 수 있는지를 전합니다.

Subject: RE: Technical Issues

I am traveling now and will have to look through my office files to answer your questions. I'll be back to my office on Monday-I will work on this early next week and give a more complete response that I think will help you understand how I see the technical issues.

 제목 : 기술적인 문제

저는 지금 출장중이며 질문에 대답하기 위해서는 사무실의 파일을 볼 필요가 있습니다. 월요일에 회사로 돌아갑니다. 다음 주 초에 이 건의 기술적인 문제에 대한 저의 견해를 이해하시는 데 도움이 되도록 보다 완전한 회신을 보낼 수 있도록 하겠습니다.

Useful Expressions

I'm not in my office right now. Can I get back to you on Thurs?
지금 사무실에 없습니다. 목요일에 회신해도 되겠습니까?

I won't be able to send it until Tuesday because I'll be traveling later this week and won't be back until Monday. I hope this will be okay with you.
이번 주 후반은 출장으로 월요일까지 돌아오지 않기 때문에 화요일까지 보낼 수 없습니다. 그래도 괜찮으시다면 좋겠습니다.

I'm tied up with a project that is due Friday. I'll work on your request right after that. I should be able to get it to you on Tuesday.
금요일 마감 예정인 프로젝트에 쫓기고 있습니다. 그것을 끝내는 대로 귀사의 의뢰를 할 수 있습니다. 화요일에는 보낼 수 있습니다.

I just came back from a business trip and am backlogged. Can you wait until next week for the quote?   * backlogged 미처리 일이 있다
출장에서 막 돌아와서 일이 늦어지고 있습니다. 견적은 다음 주까지 기다려 주실 수 있습니까?

Our department doesn't have that information. You may want to try Finance.
우리 부서에는 그 자료가 없습니다. 재무부에 문의해 보십시오.

I need to get approval from Ms. Saito for the release of the information.
자료를 건네 드리기 위해서는 사이토 씨의 승인이 필요합니다.

 리마인더 · 재촉

서두르거나 나무라는 것이 아니라 확인을 위한 것임을 강조하면 좋을 것입니다. 자세한 것은 이전에 보냈더라도 다시 전합니다.

Subject: Due Dates, 2007 Forecasts

Here are 2007 forecast due dates:

Feb. 1	Short Term for 2Q/07
May 1	Short Term for 3Q/07
Aug. 1	Short Term for 4Q/07
Nov. 1	Long Term for 2008
	Short Term for 1Q/07

해석

제목 : 2007년(수요)예측 제출기한

2007년의(수요) 예측 제출기한은 다음과 같습니다.

2/1	2007년 제2사분기 단기예측
5/1	2007년 제3사분기 단기예측
8/1	2007년 제4사분기 단기예측
11/1	2008년 장기예측
	2007년 제1사분기 단기예측

I'm checking on the status of the charts you agreed to create by yesterday. If you are having problems or need more information to complete the charts, pls let me know. I have to present them tomorrow morning to the senior staff and I'd like to have them today to use in rehearsing my presentation.

I can probably ask Tojo-san to help you if that would help.
Thanks again for your help.

해석 어제까지 작성하겠다고 약속한 차트 상황을 확인하기 위해 메일을 보냅니다. 문제가 있거나 차트를 작성하는 데 추가자료가 필요하시면 알려주십시오. 내일 아침 윗사람들에게 해야 할 프레젠테이션의 리허설을 위해 오늘 필요합니다.

만약 도움이 되신다면 토조 씨에게 도와드리라고 부탁할 수 있습니다.
도와주셔서 거듭 감사드립니다.

Useful Expressions

Just to remind you that the long-term forecast is due November 1.
만약을 위해 장기예측은 11월 1일이 제출기한입니다.

Just a reminder that I need to have the test data by Thursday.
목요일까지는 테스트 데이터가 필요하므로 잘 부탁합니다.

This is just to remind you that your quarterly report is due April 15.
만약을 위해 4분기 보고서는 4월 15일까지입니다.

Your sales report is due on Mon.
매출 보고서 마감은 월요일입니다.

I haven't received your expense report yet.
경비 보고서를 아직 받지 못했습니다.

I just wanted to remind you that you will be in charge of the next meeting. If there's anything you need from me, please let me know.
다음 회의는 당신 담당이므로 뭔가 필요한 것이 있으면 알려주십시오.

Let me remind you that if you are attending the management skills workshop on May 7, you need to sign up by April 20.
5월 7일의 매니지먼트 스킬 워크샵에 참가하실 경우, 신청은 4월 20일까지임을 상기시켜 드립니다.

I'm sure you remember, but Mr. Radovic will be arriving in Tokyo on Wed and is scheduled to meet you on Thurs.
기억하시겠지만, 수요일에 Radovic 씨가 동경에 도착해서 목요일에 당신과 만나도록 되어 있습니다.

회의 개최 요구

회의의 목적이나 의사내용, 출석하는 사람이 누구인지를 전함과 동시에 희망 일시를 전해서 참가자의 형편에 맞추어 일정을 결정하면 좋을 것입니다.

Subject: Identifier Scheme Meeting

Because of concerns raised, I want to have a meeting on the Identifier scheme. Since this is a cornerstone of both the EDM and Detector Description, representatives from the detector subsystems in both areas should attend.

The concerns are performance, complexity and both build-time and run-time dependencies. The meeting should focus on the overall strategy and design of the Identifier scheme, and assess whether it meets client needs adequately or has deficiencies or unnecessary complexities. I'd also like to understand the status of migration to the final design.

I propose a half-day meeting in two sections – presentations followed by an open discussion. At the end, we'll decide on how to proceed. This might include a follow-up meeting if technical issues need to be addressed in the interim. I'll propose a detailed agenda later.

Possible times:
Week of 15-19 Aug
Mon 22 Aug
Mon 29 Aug

Please let me know ASAP who will be attending from the detector subsystems and your preferred dates. Comments on the agendas or other aspects of this meeting are welcome.

해석

제목 : Identifier Scheme 회의

우려했던 사항이 지적되어 Identifier Scheme에 관한 회의를 열고자 합니다. 이것은 EDM과 디텍터 디스크립션 양쪽의 요점이기 때문에 두 분야의 디텍터 서브시스템에서 대표자가 출석해 주십시오.

우려했던 사항은 성능, 복잡성, 빌드타임과 런타임 양쪽 의존입니다. 회의는 전체적인 전략과 Identifier Scheme의 설계에 초점을 맞추어 클라이언트의 요구를 충분히 만족시키고 있는지, 부족한 곳이 있는지, 불필요하게 복잡한 부분이 있는지 등을 검토합니다. 또한 최종 설계에의 이행 상황을 파악하고 싶습니다.

반나절의 회의에서 프레젠테이션을 한 뒤 오픈 디스커션이라고 하는 2단계에서 가고 싶습니다. 마지막에 앞으로의 진행방식을 결정합니다. 기술적인 문제를 논의할 필요가 있으면 폴로 업 회의를 실시하는 결과가 될지도 모릅니다. 조만간 자세한 의제를 제의하겠습니다.

회의 일시 후보는
- 8월 15 – 19일
- 8월 22일(월)
- 8월 29일(월)

디텍터 서브시스템으로부터는 누가 출석하는지, 또 희망 날짜를 신속히 알려주십시오. 의제나 회의의 다른 면에 대한 코멘트를 환영합니다.

Useful Expressions

Let's set up a meeting next week to exchange ideas.
아이디어를 교환할 수 있도록 다음 주에 회의를 정합시다.

I'd like to hold a meeting to discuss what modules we can produce.
어느 모듈을 제작할 것인지에 대해서 회의를 열고 싶습니다.

I'd like to schedule the meeting in the late afternoon sometime next week.
회의는 다음 주 언젠가 오후 늦게 하고 싶습니다.

I'd like to have a meeting this coming Wednesday (May 26) if possible.
가능하면 회의는 이번 수요일(5월 26일)에 열고 싶습니다.

We need to schedule a conference call with ABC. Because of the time difference, it'll start at 7 am in Korea.
ABC사와의 전화 회의를 예정해야 하는데 시차 때문에 한국 시간으로 오전 7시에 시작하겠습니다.

The purpose of the meeting is to get updates on where everybody's at on the project.
회의의 목적은 프로젝트의 각자 진행 상황을 확인하기 위함입니다.

I want it to be a free-form brainstorming session.
자유로운 브레인스토밍으로 하고 싶습니다.

I'd like to have a meeting every week or two for about an hour so we can discuss UNIX admin. issues.
유닉스의 관리 사항을 논의하기 위해서 일주일에 한 번 또는 두 번, 1시간 정도 회의를 하고 싶습니다.

Let me know when you are available.
어느 때가 적당한지 알려주십시오.

Please advise what days you are available during the week of Jan 22.
1월 22일의 주는 언제가 적당한지 알려주십시오.

If everyone can email which days and times are good for them, we'll try to pick a time that suits everyone.
각자 적당한 날짜를 메일로 보내주시면 모두가 적당한 날을 선택하도록 하겠습니다.

회의 통지

일시, 장소, 출석자, 의사(議事) 등의 자세한 사항을 전합니다. 회의 전에 상대가 준비할 사항이 있다면 그것도 전합니다.

Subject: Sept. 8 Meeting

The Sept. 8 meeting will start at 10 am in Conference Room B, with the following agenda:

<Agenda>
1) 2007 Sales/Demand Forecast
2) Renewal of License Agreement
3) New Material
4) New Product Development

If you can't attend, please make sure someone from your department will be there.

 해석

제목 : 9월 8일 회의

9월 8일 회의는 아래의 의제로 오전 10시부터 회의실 B에서 시작합니다.

〈의제〉
1) 2007년 매출·수요예측
2) 라이센스 계약 갱신
3) 새로운 원료
4) 신제품 개발

참석할 수 없는 경우에는 부서에서 누군가 대신 참석하도록 해 주십시오.

Useful Expressions

I'd like to discuss the following at the meeting.
회의에서 다음 사항을 논의하고자 합니다.

The following should be discussed at the meeting:
회의에서는 다음 사항을 논의할 필요가 있습니다.

The purpose of the meeting is to review the performance appraisal process.
회의의 목적은 인사평가 프로세스의 재검토입니다.

Please review the report I gave you last week and bring your ideas about how you can contribute.
지난 주에 건네준 보고서를 검토하고 당신이 얼마나 기여할 수 있을지 아이디어를 준비해 오십시오.

Please make arrangements so that all those concerned will be present.
관계자가 전원 참석할 수 있도록 준비해 주십시오.

Pls reserve a conference room for the week starting Mon, Jan 10. It'll be used for a series of seminars organized by the sales team.
1월 10일 월요일의 주에 회의실을 예약해 주십시오. 영업팀이 예정하고 있는 일련의 세미나에 사용합니다.

The Board Room is reserved for our May 22nd meeting with ABC beginning at 9:30 am lasting until 2 pm.
5월 22일의 ABC와의 회의용으로 임원회의실을 9시 30분부터 오후 2시까지 예약해 두었습니다.

All employees who have anything to do with QC are expected to attend the meeting.
QC에 관련이 있는 사원은 전원 회의에 참석할 것이 예상됩니다.

We welcome any other issues you may want to discuss.
그밖에 논의하고 싶은 것이 있으면 환영합니다.

At the meeting I'd like to hear your thoughts on the test results.
회의에서 테스트 결과에 대한 당신의 생각을 들려주십시오.

Please come prepared with suggestions on these topics.
이러한 토픽에 관한 제안을 준비해 오십시오.

Please read the attached proposal before attending the meeting.
회의에 참석하기 전에 첨부한 기획서를 읽어 주십시오.

Attached is the tentative agenda. If there's anything else you'd like to discuss, pls let me know.
형식상의 의제를 첨부합니다. 그밖에 논의하고 싶은 내용이 있으면 연락 주십시오.

Here is the suggested agenda, with Bernie's request incorporated, for the May 22-24 meeting. Pls let me know if any change or addition is needed.
5월 22~24일 회의 의제안입니다. Bernie의 요청을 포함시켰습니다. 변경이나 추가사항 등이 있으면 연락 주십시오.

I'm canceling the budget meeting for this week. Lots of conflicts, travel and business deadlines for everyone.
이번 주의 예산 회의를 취소합니다. 모두 여러 가지 겹쳐 있고, 출장이나 일의 마감이 많기 때문입니다.

회의 요약

합의 사항이나 앞으로의 예정을 확인하기 위해서 회의에서 논의한 내용은 회의록을 만들거나 요약해서 관계자에게 배포합니다. 일반적으로 파일을 첨부하며, 짧은 경우는 메일 본문에 써도 무관합니다.

Subject: Meeting Summary <XT800>

I've summarized the key points of yesterday's meeting as follows:

Based on evaluation of competitors' product samples, James is convinced that XT800's performance is superior.

Jim's team will test market XT800 to obtain more accurate market information that may help improve it further and also formulate marketing strategies. Through the test marketing, Jim will achieve the following within six months:

- Obtain more accurate and detailed information about users and competitors.
- Formulate sales and marketing strategies.
- Set the price for XT800.

James will provide Jim with XT800 product information and all the test data. Jim will present the test marketing plan at the directors' meeting on November 27.

Jim will provide an interim report in two months and a final report in five months.

If I missed anything, pls let me know.

해석 제목 : 회의 요약 〈XT800〉

어제 회의의 주요 포인트를 아래에 요약했습니다.

경합 중인 타사제품의 샘플 평가 결과에 근거해서 James는 XT800 쪽이 성능 면에서 우수하다고 확신.

Jim의 팀이 테스트 마케팅을 실시해서 제품을 한층 개량하고 마케팅 전략을 세우기 위해서 보다 정확한 시장 정보를 입수한다. 테스트 마케팅을 통해 Jim은 6개월 이내에 다음을 달성한다.

- 유저 및 경합 중인 타사에 관한 보다 정확하고 상세한 정보 입수
- 판매 마케팅 전략 입안
- XT800의 가격 설정

James는 Jim에게 XT800의 제품 정보와 테스트 데이터 전부를 제공한다. Jim은 11월 27일의 임원회의에서 테스트 마케팅 계획을 프레젠테이션한다.

Jim은 2개월 후에 중간 보고서를, 5개월 후에 최종보고서를 제출한다.

누락된 것이 있으면 알려주십시오.

Useful Expressions

Here's a summary of the last sales meeting.
지난번 영업 회의의 요약입니다.

I'm attaching a summary of our Aug. 18 meeting.
8월 18일의 회의 요약을 첨부합니다.

Attached are the minutes of the last strategic meeting. Any input will be welcomed.
지난번 전략 회의의 회의록을 첨부합니다. 인풋을 환영합니다.

I'd like to summarize the major points we discussed at yesterday's meeting to make sure we are on the same page.
이해를 공유하고 있는 것을 확인하기 위해 어제 회의에서 논의한 주된 포인트를 요약합니다.

We agreed that it's imperative to collect market information immediately.
신속히 시장 정보를 모으는 것이 절대로 필요하다는 사실에 동의했습니다.

If there's anything you'd like to add or change, pls let me know.
무언가 첨부하거나 변경해야 할 점이 있으면 알려주십시오.

생산현장과 주고받기

해외의 생산현장(또는 그 반대)과 메일을 주고받는 예입니다. 거래처와도 사용할 수 있는 표현입니다.

Subject: Monomer Shipment

According to the schedule you e-mailed on 1/11 (attached below), we should be receiving a shipment in late March. Please explain why you are falling behind, as this seriously jeopardizes our large share of CX business here.

I need the shipment to arrive each month in time to give our plant a few days (ideally a week) to manufacture the finished product for shipment to customers EACH month. If we miss a month of sales, it is very detrimental to our business plan.

If this next shipment does not arrive by March 26, our plant won't have enough time to manufacture CX and we will have $0 sales for March. It is very critical for your group to understand that timing is crucial to maintain and grow our business.

해석

제목 : 모노머 출하

1/11 귀사에서 메일로 받은 스케줄(아래 첨부)에 의하면 3월 마지막에 하물을 받을 거라고 되어 있습니다. 왜 늦는지 설명해 주시기 바랍니다. 이것은 CX비즈니스를 심각한 위험에 처하게 합니다.

매월 고객에게 출하하기 위해 최종 제품을 제조하려면 이쪽 공장에서 며칠(1주일 이상) 취할 수 있도록 매월 하물이 도착하지 않으면 곤란합니다. 1개월의 판매를 놓치면 우리의 비즈니스 플랜에 큰 마이너스입니다.

이 다음의 하물이 3월 26일까지 도착하지 않으면 공장에서 CX를 제조할 시간이 없으며, 3월은 매출이 제로가 되어 버립니다. 우리의 비즈니스를 유지하고 성장시키려면 타이밍이 중요하다는 것을 그 쪽의 그룹이 이해하는 것이 매우 중요합니다.

Useful Expressions

We'll be discussing production allocation for 2007 next week. If you have any input on your demand, pls send it to me by next week.
2007년의 생산 분배에 대해 다음 주에 협의합니다. 그쪽의 수요에 관해서 무엇인가 인풋이 있으면 다음 주까지 알려 주십시오.

Our plant will be closed during the entire month of August for annual maintenance.
연차 보수 점검을 위해 공장은 8월까지 폐쇄합니다.

You're getting an additional 1MT starting in April – i.e. 4MT instead of 3MT a month.
4월부터 1톤 추가됩니다. 다시 말해서 한 달에 3톤이 아니라 4톤이 추가됩니다.

The supply is very tight, but we're trying to give you as much as possible.
공급은 힘들지만 그 쪽으로 가능한 한 많이 공급할 생각입니다.

We have no inventory right now and the tight supply will continue for the coming few months. You may want to move up some of the shipments.
지금 재고는 전혀 없으며 공급 부족은 앞으로 수 개월 계속될 것입니다. 출하를 조금 앞당기는 것이 좋을지도 모릅니다.

We need about six months to create a sample with 99% purity.
순도 99%의 샘플을 제작하려면 반 년 정도 걸립니다.

This is just to warn you that there is a chance that we can't supply as much ATF as we planned.
알려드린 바와 같이, ATF를 예정량 만큼 공급하지 못할 가능성이 있습니다.

품질관리

품질관리에 관해 부서간에 주고받은 메일이며, 거래처와도 사용할 수 있는 표현입니다.

Subject: N-MAM Spec

Our analysis of the N-MAM that we received on Aug. 8 shows that its purity is 96.22% (data attached), as opposed to the 98.56% on the certificate of analysis. Why the discrepancy?

* discrepancy 불일치, 차이

해석 제목 : N-MAM 사양

8월 8일에 수령한 N-MAM을 분석했는데 검사 성적서에는 98.56%로 되어 있지만 순도가 96.22%인 것을 알 수 있었습니다(데이터 첨부). 왜 차이가 나는지요?

[REPLY]

Our analysis of the sample from the same lot (#10057) shows that the purity is 96.68%. As you said, this does not meet the spec.

I've told Manufacturing of the situation, and they will investigate and take appropriate corrective measures.

I'll arrange a replacement shipment and personally inspect the lot. I will let you know as soon as it's ready for shipment. Thank you for your patience.

* replacement 대체품

해석 같은 로트(10057번)의 샘플을 분석했는데 순수율은 98.6%였습니다. 말씀하신 대로 사양을 만족시키고 있지 않습니다.

상황을 제조부에 전했으므로 원인을 규명해서 적절한 교정 조치가 취해질 예정입니다.

대체품의 송부를 준비할 것이며, 이번에는 제가 직접 로트를 검품하겠습니다. 발송 준비가 갖추어지는 대로 알려드리겠습니다. 기다려 주셔서 감사합니다.

Useful Expressions

Code X is coming closer to production and it's time we talk about QC procedures. I'm attaching the preliminary QC procedures our group created in last week's project meeting.
코드 X는 생산이 가까와져서 QC절차를 논의할 필요가 있습니다. 지난주 프로젝트 회의에서 작성한 당그룹의 QC절차를 첨부합니다.

Attached is the revised quality control procedure.
개정한 QC절차를 첨부합니다.

We're trying to find the exact cause of the problem.
문제의 원인을 규명중입니다.

As you know, the earlier a defect is found, the less expensive the fix.
아시다시피 빨리 결함을 발견하는 것이 수정 코스트가 적게 듭니다.

I think it's time to look at manufacturing quality control.
제조 품질 관리를 검토하는 시기라고 생각합니다.

Although a separate QA procedure should always be in place, the best way to increase software quality is to have developers test as they go.
QA절차는 별도로 준비되어 있어야 하는데, 소프트의 품질을 향상시키는 최고의 방법은 개발하면서 개발자에게 테스트시키는 것입니다.

Code should be tested early in the process, rather than waiting to test the entire system, when it's more expensive to fix problems.
코드는 시스템 전체를 테스트할 때까지 기다리는 것이 아니라 프로세스의 초기 단계에서 테스트해야 합니다. (끝까지 기다리고 있으면) 문제 수정에 의해 비용이 듭니다.

Software quality reviews help the company cut costs by eliminating expensive human hours for reworking and late life-cycle testing.
소프트웨어의 품질 체크는 리워크나 후기의 라이프 사이클 테스트에 소비하는 고비용인 인력과 시간을 삭제함으로써 회사의 비용 절감으로 연결됩니다.

The product has too many bugs to ship and won't be ready until December.
그 제품은 버그가 너무 많아서 12월까지 출하할 수 없습니다.

The product is scheduled for release on July 1 and the marketing campaign is starting July 10. We can't accept the delay.
그 제품은 7월 1일 발매 예정으로 마케팅 캠페인은 7월 10일에 시작합니다. 지연은 받아들일 수 없습니다.

When in doubt, please refer to the ISO 9000 quality manual.
확실하지 않을 때는 ISO 9000 품질 메뉴얼을 참조해 주십시오.

 허가 요청

출장이나 유급 휴가 등 규정의 서식을 사용하지 않고 마치거나 사전에 가승인을 취해 두는 경우의 예입니다.

Subject: Malay Construction

You know that I've been working on this potential account in Kuala Lumpur, Malay Construction, for the last couple of months. It'll be potentially a $100 million project.

They invited me for a visit and I think a face-to-face meeting is necessary to close the deal. I'd like to travel to Malaysia in early October.

해석

제목 : 말레이 컨스트럭션

아시는 바와 같이 과거 2개월 정도 수주할 수 있을 것 같은 콸라룸푸르의 말레이 컨스트럭션사와 이야기를 진행하고 있습니다. 1억 달러 상당의 프로젝트가 될 가능성이 있습니다.

상대방을 방문하도록 권유 받고 있지만, 계약을 성립시키려면 실제로 만나는 것이 필요하다고 생각합니다. 10월 초에 말레이시아에 가고 싶습니다.

Subject: Office Space

As you know, the Busan office added 20 people over the last few months and needs more office space to accommodate the growth.

Given our current robust business, we're likely to hire more staff next year. Since the office lease will be up in January, I'd like to start exploring new locations.

* explore 조사하여 찾다

해석

제목 : 사무실 공간

아시다시피 부산 사무소에서는 과거 수개월에 20명 인원이 증가해 이러한 성장에 알맞은 사무소 공간이 필요합니다.

현재의 탄탄한 비즈니스 상황으로 보면 내년에 인원을 더 고용하게 될 것입니다. 1월에 리스계약이 끝나기 때문에 새로운 사무소를 찾고 싶습니다.

Subject: Vacation

Is there any chance I could get some days off next week?

I'm hoping to take Wednesday through Friday off. Sorry it's such short notice.

Thanks,

제목 : 휴가

다음 주에 며칠 휴가를 받을 수는 없습니까?

수요일부터 금요일까지 쉬고 싶습니다. 갑작스럽게 죄송합니다.

감사합니다.

Useful Expressions

I'd like to attend the Asia Conference on Call Center Management in Dalian on April 3-5.
4월 3~5일에 대련의 콜 센터 관리 아시아 회의에 참석하고 싶습니다.

The cost to attend the conference, including travel expenses, will be about $5,000.
회의 참가비용은 여비를 포함하여 5,000달러 정도입니다.

I would like approval for exhibiting at the following show.
아래 회의에 출전 허가를 주셨으면 합니다.

I am attaching for your approval a request for $3,000 for replacement of a copier.
복사기 교체 비용으로 3,000달러의 신청서를 첨부하오니 승인해 주시기 바랍니다.

Attending the conference will greatly enhance my knowledge of the latest developments in the global market.
회의 참석은 글로벌 시장에서의 최신 동향을 아는 매우 좋은 기회가 될 것으로 생각합니다.

It will be a great opportunity to network with medical practitioners and distributors from all over Asia.
아시아 전체로부터 의료 종사자나 디스트리뷰터와 알게 되는 훌륭한 기회이기도 합니다.

This is a great opportunity to gain wide exposure among corporate IT managers in the U.S.
미국 기업의 IT매니저에게 알리는 매우 좋은 기회입니다.

Our aggressive sales promotions have increased incoming calls 50%, which has overwhelmed the existing customer service staff. In order to meet the increased demand, we need to add 10 more staff.   * overwhelm 압도하다
적극적인 판매촉진으로 통화량이 50% 증가해서 현재의 고객 서비스 스태프로는 조달할 수 없습니다. 증가한 수요를 충족시킬 수 있도록 새로운 서비스 요원 10명이 필요합니다.

The proposed remodel can be completed within a month after approval.
제안한 개조(개장)는 승인 후 1개월 이내에 완성할 수 있습니다.

The total cost of these changes will be 1 million yen. The project can be completed by Feb. 1, with total downtime of three days or less.
이러한 변경을 실시하는 비용은 총 100만 엔입니다. 프로젝트는 2월 1일까지 완료할 수 있으며 다운 타임은 총 3일 이내입니다.

If you agree with my review, pls let me know and I'll move ahead on the project next week.
저의 검토에 찬성하시면 알려주십시오. 다음 주에 프로젝트를 진행할 수 있습니다.

With your approval, I'd like to submit a proposal to the committee.
승인해 주시면 기획서를 위원회에 제출하고 싶습니다.

We recently lost our two most experienced designers and badly need at least one highly qualified designer in order to finish the project on time. Attached is the job description.
최근 제일 경험 많은 디자이너 2명이 그만두었기 때문에 프로젝트를 기일 내에 끝내려면 자격이 충분한 디자이너가 적어도 1명은 꼭 필요합니다. 직무 기술서를 첨부합니다.

I look forward to receiving your approval.
승인 받을 수 있길 부탁합니다.

My grandmother passed away last night. Would it be possible for me to get Fri off so that I can attend her funeral?
할머니께서 어젯밤에 돌아가셨습니다. 장례식에 가야 하는데 금요일 쉴 수 있습니까?

I have an emergency at home. I really need to leave right away to take care of it. I hope this doesn't create a big problem.
집에 긴급사태가 일어나서 금방 가봐야겠습니다. 폐가 되지 않으면 좋겠습니다.

보고하기 - 방문/현상/경과

Call Report, Monthly/Weekly Report, Progress Report 등 보고서는 일반적으로 파일을 첨부하지만, 간단한 보고라면 메일 본문으로 보내는 경우도 있습니다. 지금까지의 경과와 앞으로의 예정을 말하고 문제점이 있으면 거기에 어떻게 임하고 있는지 또는 어떻게 임해야 하는지 개선책을 덧붙입니다.

Subject: Best Formulator

Here is the scoop from today's meeting with Best Formulator:

Customer A: purchased more CAF for re-qualification. So far the results are positive and we anticipate a "go" / "no go" by mid Oct. If we get the "go," we will see volumes increase to Feb/Mar levels (i.e. 2MT/mo).

Customer B: scheduled a trial in mid Sept. but it was canceled and rescheduled for Oct. 9th with test results by the end of Oct. As previously stated, this volume would be equal to Customer A, but would use a blend of CAF and CHF.

Customer C: new potential. Initial lab evaluation completed with some questions, which are being addressed by our technical team.

I'm scheduled to visit Best again in mid-Oct.

해석

제목 : Best Formulator

Best Formulator와의 금일 미팅 내용입니다.

고객 A : 재평가를 위해서 CAF를 더 구입. 현재 결과 양호하며 10월 중순까지 OK 여부 회신 요망. OK면 판매량은 2 · 3월 레벨(월 2톤)로 증가.

고객 B : 9월 중순 시작 예정이었으나 취소. 10월 9일로 연기. 테스트 결과는 10월말 예정. 전에 이야기한 것처럼 수량은 고객 A와 같지만, CAF와 CHF의 혼합을 이용.

고객 C : 새로운 판매처 후보. 실험실에서의 초기 평가는 완료했으며 몇 가지 질문이 있는데 기술팀이 대응중.

10월 중순 경 베스트사 재방문 예정.

Useful Expressions

「방문」

I called on ABC Corporation yesterday. Attached is the call report.
어제 ABC 코퍼레이션을 방문했습니다. 방문 리포트를 첨부합니다.

I'm attaching the report on my recent visit with XYZ Company.
XYZ 컴퍼니를 방문했을 당신의 보고서를 첨부합니다.

If we can meet their price, I'm confident we can get this account.
상대방의 희망 가격을 낼 수 있으면 틀림없이 수주할 수 있습니다.

We are still negotiating the deal with ABC Corporation and will know something next week.
ABC 코퍼레이션과는 아직 교섭 중입니다만 다음 주에는 어떤 결론에 이르게 될 것입니다.

Initial trials are in progress and we are anticipating a 200 kg order next week.
(상대방에서는) 초기 시험 제작중이므로 다음 주에는 200kg의 주문이 들어올 예정입니다.

Customer is in the second stage of testing and has positive feedback. We are also negotiating pricing. At this point, we are encouraged.
고객은 시험의 제 2단계째로 양호한 피드백을 받고 있습니다. 또한 가격도 교섭중이며 현재 좋은 조짐이 있습니다.

Mr. Smith says that once we offer a firm price for the 3Q, he will discuss it internally. There is no room for a large order for the 3Q, but possibly for the 4Q. Even for the 3Q, he may make some room, depending on our price.
Smith 씨는 제 3사분기에 확약 가격을 낼 수 있으면 사내에서 검토하겠다고 했습니다. 제 3사분기에는 대량 주문은 무리입니다만, 제 4사분기라면 가능성은 있다고 합니다. 제 3사분기도 가격에 따라 발주 받을 수 있을지도 모릅니다.

「현상 · 경과」

Here is the progress report about our search for a financial analyst.
투자 분석가의 채용에 관한 경과 보고입니다.

The attached weekly progress report contains a summary of activities and accomplishments for the week and action plans for next week.
첨부한 주간 경과 보고서에는 그 주의 활동과 실적 요약, 다음 주의 행동 계획이 포함되어 있습니다.

The status of the project is as follows:
프로젝트의 경과는 아래와 같습니다.

As shown in the attached project outline, we are at the product design stage.
첨부한 프로젝트 개요에 있듯이 당사는 제품 설계 단계에 있습니다.

The project is running close to plan in terms of both cost and schedule. Engineering costs are slightly higher than projected, but materials costs are lower. Overall costs are near target levels.
프로젝트는 비용과 스케줄의 양면에서 거의 계획대로 진행되고 있습니다. 엔지니어링 비용은 예상보다 조금 높지만, 원료비는 낮습니다. 전체 경비는 거의 목표 수준입니다.

Construction of the main building is on schedule and the completion percentage at the end of June is 98.2%.
본관 건설은 계획대로 진행되고 있으며, 6월말 시점에서 완성율은 98.2%입니다.

Following my last progress report of Nov. 19, the study has been successfully completed. A first draft of the report has been completed, offering interesting insights into the status of computer usage at ABC Corporation.
11월 19일의 경과 보고서대로 조사는 성공했습니다. 보고서의 첫 번째 드래프트는 완성했으며, ABC 코퍼레이션에서의 컴퓨터 사용 상황에 관해 흥미로운 통찰이 포함되어 있습니다.

Once their comments are received by Dec. 30, we'll address the issues raised in the reviews, and if necessary, revise the report. We hope to have a final version available by Jan. 20 for public distribution and post it on the Intranet soon after.
12월 30일까지 코멘트를 받아들이는 대로 체크시 지적된 문제점에 대하여 언급하고 필요하면 보고서를 수정하겠습니다. 최종판은 1월 20일까지 완성해서 그 후 곧바로 배포하고 나아가 인트라넷에 게재할 수 있도록 하고 싶습니다.

We ran a series of pilot plant batches with very good and consistent results. Market interest is picking up and I'm confident that this is going to be a good year.
파이로트 공장에서 몇 개 시험 제작을 했는데 일관되게 매우 좋은 결과를 얻고 있습니다. 시장의 관심도 상승하고 있어 올해는 좋은 해가 될 것으로 확신합니다.

「답장」
So you're saying the forecast for the coming 6 months is 8-9MT? That will be more than 1MT a month. Is that correct?
그 말은 앞으로 6개월의 예측은 8~9톤이라는 것인가? 그렇다면 한 달에 1톤 이상이라는 것인데. 괜찮은 것인가?

You also said your current demand is 8,800 lb. a month. Does that include your existing business?
게다가 현재의 수요는 월 8,800파운드라고 했는데, 여기에 기존의 비즈니스도 포함되는 것인지?

What are the next steps you will be taking?
다음 단계는 어떻게 되는 것인지?

Keep up your good work!
그 상태로 계속하도록!

보고하기 – 매출 예측

「₩」마크는 한국어 환경 이외에서는 글자가 깨지므로 「won」이라고 씁니다.

Subject: SFA Sales Projections

The following are SFA sales projections for the coming six months:

	QTY (MT)	Amount (M Won)
July	200	2.0
Aug	230	2.3
Sept	265	2.65
Oct	340	3.4
Nov	375	3.75
Dec	400	4.00

These projections are conservative and well within reach based on our present customer base. Expansion into other markets obviously significantly changes the figures, but I feel that the initial feasibility should be based on tangible goals.

I would welcome any questions or comments.

* conservative 신중한, 보수적인   tangible 실체가 있는, 확실한

해석

제목 : SFA 매출 예측

다음은 앞으로 반 년간 SFA 매출 예측입니다.

	수량 (톤)	금액 (100만원)
7月	200	2.0
8月	230	2.3
9月	265	2.65
10月	340	3.4
11月	375	3.75
12月	400	4.00

이 예측은 소극적인 것으로 현재의 고객 베이스를 생각하면 충분히 달성 가능합니다. 다른 시장으로의 진출은 물론 이 숫자를 큰 폭으로 바꾸겠지만, 당초의 실행 가능성은 확실한 목표라야 한다고 생각합니다.

질문 또는 코멘트가 있으면 무엇이든지 환영합니다.

Useful Expressions

The following is the sales projection for 2007.
2007년의 매출 예측은 다음과 같습니다.

Here is the demand forecast for the fourth quarter.
제 4사분기의 수요 예측입니다.

Attached is a four-year sales projection, including 2007 year-end estimates.
첨부한 것은 2007년 연말 예측을 포함한 4개년 매출 예측입니다.

Even the lowest year-end estimate, 5 percent, would bring 2007 sales to approximately 200 billion won–an all-time high.
5%의 최저 연말 예측을 가지고 해도 2007년의 매출은 사상 최고의 약 2,000억 원에 달합니다.

Demand is expected to slacken during the first half of this year, but improve in the last half. Thus, our sales can be maintained at last year's level.
수요는 올해 전반은 떨어지지만 후반은 상승한다고 보여집니다. 그 때문에 당사의 매출도 작년 수준을 유지할 수 있습니다.

The market will not grow as much as expected in the coming 2-3 years while the price is most likely to decline.
최근 2~3년간 시장은 예상만큼 성장하지 않는 한편, 가격은 내릴 가능성이 큽니다.

Our business seems to be steady and I would anticipate our order quantity and pattern to be similar to the first half of 2007.
비즈니스는 탄탄하고 주문 수량 및 패턴은 2007년 전기와 같다고 생각됩니다.

Users are asking for a price reduction on the ground of the strong yen. Although domestic producers have not responded to this request, the market price appears headed downward in general.
유저는 엔고를 이유로 가격 삭감을 요구하고 있습니다. 국내 메이커는 이 의뢰에 대응하고 있지 않지만, 시장가격은 전체적으로 하락 경향에 있는 것 같습니다.

Demand for PGI for the manufacture of unsaturated polyester is not expected to grow.
불포화 폴리에스테르 제조용 PGI의 수요는 침체 상태에 빠질 전망입니다.

A large demand for PGS for the manufacture of PPG is anticipated.
PPG 제조용 PGS의 큰 수요가 전망됩니다.

문제보고 – 프로젝트 지연

다만 막연히「노력하겠습니다」라고 하는 것이 아니라 얼마나 늦고, 그에 대해 어떠한 조치를 취하고, 언제 완성할 수 있는지를 보고합니다. 사과는 필요 없습니다.

Subject: Millennium Project

As you know, we're running behind on the Millennium project. The reason for the delay is that we are seriously understaffed.

It would be unrealistic to promise completion of the final stage by Feb 5. We ask, therefore, that you allow us to adjust the schedule for delivery to March 20.

We've all invested considerable time, energy and other resources in the project. Let's not risk it all by cutting corners now.

I look forward to your confirmation of our proposed schedule revision.

*run behind 늦다　cut corner 지름길로 가다

해석

제목 : 밀레니엄 프로젝트

아시다시피 밀레니엄 프로젝트의 완료가 늦습니다. 지연 이유는 극도로 인원이 부족하기 때문입니다.

2월 5일까지 최종 단계의 완성을 약속하는 것은 비현실적이기 때문에 3월 20일까지 납품하는 것으로 스케줄을 조정하는 것을 승인해 주셨으면 합니다.

이 프로젝트에 모두 상당한 시간과 에너지, 그 외 자원을 쏟았기 때문에 여기서 지름길로 가려고 모든 것을 위험에 처하게 하는 일은 피하고 싶은 것입니다.

제안한 스케줄의 변경을 인정해 주시길 기대합니다.

Useful Expressions

I'd like to let you know where we are in the development of MegaShot.
메가 쇼트의 개발이 지금 어느 단계인지를 알려드리겠습니다.

We have completed the first two phases of the project, but we are finding that the research for Phase 3 is consuming more time than we had anticipated.
프로젝트의 최초 제 2단계를 끝냈습니다만, 제 3단계 조사에 생각했던 것보다 시간이 많이 소요되고 있습니다.

We just completed Phase II and are approximately three weeks behind schedule. The delay will push back everything and delay the release of MegaShot.
2단계를 막 끝냈는데 예정보다 약 3주 늦었습니다. 이 지연 때문에 모든 것이 늦어지므로 메가 쇼트의 발매를 늦출 필요가 있습니다.

Lots of problems occurred with the subcontractor, but things are better now and fabrication is being accelerated to assure timely completion.　　* fabrication 조립
하청업자에게 많은 문제가 일어났습니다만, 사태는 개선해서 예정대로 완성하도록 건조를 서두르게 하고 있는 중입니다.

We have postponed the testing because the customer still has safety concerns.
거래처가 아직 안전 면에서 우려하고 있어서 테스트는 연기했습니다.

Attached are calculations detailing the cost of the problem.
트러블에 대한 코스트 상세를 나타낸 계산서를 첨부했습니다.

We are on schedule, except in a couple of areas. We will catch up by revising some activities.
전체적으로는 예정대로이지만, 늦은 부분이 2, 3곳 있습니다. 그러나 작업을 일부 수정해서 따라잡을 생각입니다.

I understand your concern about the progress of the project, but please be assured that we are very close to completion. We just need another two weeks.
프로젝트의 진전이 걱정인 것은 압니다만, 완료가 가까우므로 안심해 주십시오. 앞으로 딱 2주일 필요합니다.

We know that you do not want us to cut corners at this crucial stage, so we ask that you extend the deadline for completion of the entire project from June 30 to July 31.
이 중요한 단계에서 지름길로 가려고 해서는 안 된다고 생각하므로 프로젝트 완성 기한을 6월 30일부터 7월 31일로 연장해 주시길 부탁드립니다.

I am confident that the results justify the extra time we are asking for.
결과는 부탁드린 연장 기간에 알맞을 만한 것이라고 확신합니다.

Please confirm this proposed adjustment to the completion schedule.
제안한 완성 스케줄의 변경사항을 확인해 주십시오.

문제보고 – 매출부진

변명 비슷한 말은 하고 싶지 않다고 해도 구미 기업에서 실패 후에 살아 남으려면 「자신의 능력 이외에 문제가 있었다」라고 상사를 논리적으로 납득시킬 필요가 있습니다. 매출 증가를 위한 방법도 제시합니다.

Subject: Sales Report

Total sales in March were less than 1 percent below Feb sales and down 4.9 percent from March 2006.

Figures in all regional markets reflect an overcapacity of memory chips and, therefore, depressed pricing.

As you know, the memory market has historically experienced cycles in capacity and pricing. The long-term trend is one of impressive growth.

Likewise, we're optimistic that sales will return to historical growth patterns in 2007, as unit demand continues to increase and supply and demand come into better balance.

I'll send you revised sales strategies next week.

해석

제목 : 매출 보고

3월 총 매출은 2월 매출을 1% 밑돌며, 2006년 3월에 비해 4.9% 하락했습니다.

모든 지역 시장의 숫자는 메모리 칩의 잉여를 반영한 것으로 그 결과, 가격을 내렸습니다.

아시다시피 메모리 시장은 역사적으로 캐파와 가격에 관계되어 사이클을 반복하고 있으며 장기적으로는 현저한 성장이 전망됩니다.

똑같이 유니트 수요의 성장이 계속되어 수급의 밸런스가 개선되면 매출도 2007년에는 역사적인 성장 패턴으로 돌아올 것으로 낙관하고 있습니다.

다음 주에 개정한 영업 전략을 보내겠습니다.

Useful Expressions

This quarter our sales decreased by 8%.
지금 4분기 매출이 8% 떨어졌습니다.

The price declined due to oversupply in the market.
시장에서의 공급과다로 인해 가격이 하락했습니다.

The market has been sluggish since late last year. Although prices haven't changed drastically, demand remains dull, with the exception of the polyester industry.
시장은 작년 말부터 둔화되고 있습니다. 가격의 큰 변동은 없지만, 수요는 폴리에스테르 업계 이외에는 둔한 상태입니다.

Market demand is considerably weak. In particular, automotive manufacturers are operating at 65% capacity.
시장의 수요는 꽤 약합니다. 특히 자동차 메이커는 생산 가동률 65%입니다.

The market is expected to remain weak throughout 2007. While reinforcing our direct sales force, we will need to develop new applications for Alpha.
2007년 내내 시장은 약한 상태라고 생각됩니다. 다이렉트 영업에 힘씀과 동시에 알파의 새로운 사용법을 개발할 필요가 있습니다.

We fell slightly short of the monthly sales goal. I'm confident that we'll make it next month.
월간 매출 목표에 조금 못 미쳤습니다. 다음 달은 분명히 달성할 자신이 있습니다.

As you know, the market has been soft for the last few months.
아시다시피 과거 수 개월간 시황이 약합니다.

Competition in the marketplace has increased intensely. ABC and XYZ launched aggressive sales campaigns last month.
시장에서의 경쟁이 매우 격렬해졌습니다. 지난달 ABC와 XYZ가 강력한 판매 캠페인을 개시했습니다.

Our price is considerably higher than the current market price.
당사의 가격은 현재의 시장가격보다 상당히 높습니다.

Our sales organization for Vita is not strong. We need to reorganize it to reinforce our sales efforts.
비타의 판매 조직이 강하지 않습니다. 영업 활동을 강화하기 위해서 재편성할 필요가 있습니다.

문제보고 – 클레임 처리

클레임 내용, 처리상황, 해결내용을 보고합니다. 해결하지 못한 경우엔 그 상황, 해결방법과 시기에 대해 전합니다.

Subject: Pallets for ABC Corporation

About the request by ABC to replace the existing plywood pallets with solid wood pallets due to the problem in their plant, we told them that wasn't possible for shipments to the U.S. because of U.S. quarantine requirements, and we offered three choices.

ABC chose unpalletized loading. We shipped the drums with no pallets until last year and there was no issue, so there should be no problem now.

해석

제목 : ABC 코퍼레이션용 팔레트

상대방 공장에서 문제가 발생함에 따라 현재의 합판 팔레트를 목제 팔레트로 바꾸라는 ABC의 의뢰에 대해서, 미국의 검역 규칙 때문에 미국으로의 출하가 불가능하다고 하여 3개의 옵션을 제시했습니다.

ABC에서는 팔레트 없는 적하를 선택했습니다. 작년까지 팔레트 없이 드럼을 출하했는데 문제가 없었기 때문에 이번에도 문제되지 않을 것입니다.

Useful Expressions

We had World Cargo expedite the process once the shipment arrived in India and ABC accepted the arrival on Oct. 30.
인도에 도착하는 대로 월드카고에 서두르게 해서 ABC에서는 10월 30일의 입하를 받아들였습니다.

They accepted a 20% discount for the damaged cartons.
손상 카톤에 대해서 20%의 할인을 받아들였습니다.

We sent one of our field technicians to check on the machine and found no problem with it.
필드 기술자를 파견해서 기계를 체크했는데 문제는 발견되지 않았습니다.

We analyzed a sample from our shipment, which ABC sent us, and it was within specifications.
ABC로부터 받은 당사의 출하품 샘플을 분석했는데 사양이 맞지 않았습니다.

We asked for further documentation on the damage, but they never provided it.
손상에 대해서 서류를 더 요구했는데 제출되지 않았습니다.

We overhauled the procedure and made some changes so that a mistake like that never happens again.
그와 같은 실수가 두 번 다시 일어나지 않도록 절차를 정밀하게 재검토해서 몇 가지를 수정했습니다.

We streamlined the inspection process to ensure timely delivery.
확실히 기일대로 납품할 수 있도록 검사 프로세스를 효율화했습니다.   * streamline 간소화하다, 합리화하다

 제안

현재의 상황과 문제를 설명하고 그에 대해 가능한 한 구체적인 안을 제시합니다. 자신의 아이디어가 회사나 부서를 위해 얼마나 유익한가를 강조하고 마지막으로 상대의 대답을 재촉합니다.

Subject: Improvement in Production Quality

I'm attaching a proposal on how to reduce rejects and improve our production quality.

During the last year, we have seen a marked increase in the number of rejects and reworks because of poor quality or outright errors. I've been keeping records to try to determine why this occurred and have pinpointed the problem.

My solution is to allocate a modest investment of time and money in an internal training program focused specifically on the manufacturing processes, procedures, and quality controls we employ.

I'm positive the investment would pay off in terms of better quality, fewer rejected production runs and even improved morale.

I'll be happy to turn in more information upon request. I look forward to your approval.

* reworks 보수가 필요한 물건   outright 명백한, 완전한

해석

제목 : 생산품질의 개선

불합격품을 줄이고 생산 품질을 개선하기 위한 제안서를 첨부합니다.

작년에 품질 불량이나 완전한 미스 때문에 불합격품과 리워크품의 수량이 현저하게 증가했습니다. 왜 이러한 현상이 일어나고 있는지 원인을 찾기 위해서 기록을 해 왔는데 문제를 밝혀냈습니다.

저의 해결안은 적은 시간과 비용을 투입해서 현재의 제조 공정, 절차, 품질관리에 특화한 사내 연수 프로그램을 실시하는 것입니다.

투자는 품질향상, 불합격인 생산의 삭감, 또 사기향상이라고 하는 형태로 원가를 뽑을 수 있을 것으로 확신하고 있습니다.

의뢰하시면 기꺼이 더 자세한 내용을 제출하겠습니다. 승인해 주시길 기대합니다.

Useful Expressions

I'd like to make some suggestions about the way customer e-mails are handled.
고객 메일의 취급에 대해 몇 가지 제안이 있습니다.

I would recommend that a brief description of each member's profile is added.
각 회원의 간단한 프로필을 추가할 것을 제안합니다.

Attached is an outline of the e-learning seminar we are planning in October.
첨부한 것은 10월에 기획하고 있는 E러닝 세미나의 개요입니다.

During the analysis of the survey results, I found that the survey can be improved in many ways.
앙케이트 조사 결과의 분석과정에서 조사는 많은 점에서 개선할 수 있음을 알았습니다.

We need to reorganize several areas of Best3D's design to better streamline our programming efforts.
프로그래밍을 보다 효율화하기 위해서 베스트 3D 디자인의 몇 부분을 재편성할 필요가 있습니다.

I think this will avoid customer confusion.
이것으로 고객은 혼란스러워 하지 않을 것이라 생각합니다.

Implementation of this plan will lead to strict control over expenditures.
이 계획을 실시하면 지출 컨트롤이 엄격해집니다.

Systematic means should be installed to measure performance consistently.
성능을 일관되게 측정하기 위해서는 체계적인 수단이 도입되어야 합니다.

Standardizing the procedure will improve productivity.
수속을 표준화함으로써 생산성이 향상됩니다.

This is a difficult situation, but I'm confident that my proposal will help turn it around.
어려운 상황입니다만 저의 제안이 상황을 호전시킬 거라 믿고 있습니다.

This change should make us all more productive.
이 변경에 의해 우리는 모두 보다 생산적으로 될 것입니다.

Please let me know what you think of my idea.
저의 아이디어를 어떻게 생각하시는지 알려주십시오.

I hope you'll approve my proposal.
저의 제안을 승인해 주시길 바랍니다.

 제안에 대한 회신

자료가 더 필요하면 제출을 재촉합니다. 기각하는 경우는 그 이유를 말합니다.

Subject: RE: Improvement in Production Quality

Your proposal looks good. Why don't you present it at the next QA meeting? I'll talk to Peter about your proposal.

I made some comments on your proposal as attached.

해석

제목 : RE: 생산품질의 개선

제안서는 잘 되어 있다고 생각합니다. 다음의 QA회의에서 제시하면 어떻습니까? Peter에게 제안서에 대해 이야기하겠습니다.

첨부한 대로 코멘트를 넣어 두었습니다.

Useful Expressions

Sounds like an interesting idea. Why don't you turn in a proposal?
재미있는 아이디어군요. 왜 기획서를 제출하지 않는지?

Present your ideas at the next safety committee meeting.
차기 안전 위원회의 미팅에서 아이디어를 제안해 주십시오.

Can you put a project team together?
프로젝트 팀을 편성할 수 있습니까?

I'll see if I can get a budget for that.
예산을 취할 수 있는지 해 봅시다.

Your proposal has been approved.
당신의 제안(기획)은 승인되었습니다.

The benefits don't justify the cost.
메리트가 코스트에 맞지 않습니다.

If you can slash the cost estimate by 20%, maybe.
코스트 견적을 20% 삭감할 수 있으면 될지도 모릅니다.

No go-until the budget freeze is over, we can't fund any new projects.
안 된다, 예산 동결이 풀릴 때까지 신규 프로젝트에는 일절 돈이 나오지 않는다.   * freeze 동결

 설득

상대의 감정에 호소하는 것이 아니라 어디까지나 이치에 맞는 설명이 아니면 안 됩니다. 구체적인 숫자나 이유를 들어 회사에 어떠한 손익을 주는지 설명할 필요가 있습니다.

Subject: Supply Increase

I understand the tight supply situation and that your allocation is based on past activities.

The main point here is the current supply level (4MT/mo) isn't enough to capture another major account.

We need enough material to support making a major supply commitment to a second large account. We need a commitment from you for at least 5MT/mo before I can go out and make a supply commitment to the new account.

I know it's a chicken or egg situation, but we already have a potential account who is testing a product sample. Pls increase the supply allocation so that we can proceed with this account.

해석

제목 : 공급 증가

공급이 타이트하고 할당은 과거의 실적에 의해 정해진다는 것은 이해합니다.

여기서 중요한 것은 현재의 공급 레벨(월 4톤)로는 새로이 주요 고객을 획득하기에 충분치 않다는 것입니다.

제2의 대기업 고객에게 큰 공급을 약속할 만큼의 원료가 필요합니다. 영업하러 가서 신규 고객에게 공급을 약속하기 전에 적어도 월 5톤을 그 쪽으로부터 약속 받을 필요가 있습니다.

「알이 먼저인지, 닭이 먼저인지」하는 상황인 것은 알고 있습니다만, 이미 제품 샘플을 시험하고 있는 고객 후보가 있습니다. 이 고객과의 이야기를 진행할 수 있도록 아무쪼록 공급 할당을 늘려주십시오.

Useful Expressions

We need to know what the product will cost us before we can quote ABC a price.
ABC사에 가격을 제시하기 전에 제품 코스트가 어느 정도인지 파악할 필요가 있습니다.

Please understand that I need to go to ABC with a definite price that we can be sure of.
ABC사에 확실히 제공할 수 있는 확정 가격을 가지고 가지 않으면 안 되는 점을 이해해 주십시오.

The client needs to understand this is our standard procedure.
클라이언트에게는 이것이 당사의 표준 절차인 것을 이해 받을 필요가 있습니다.

This is a great opportunity to increase our market share.
시장 점유율을 확대하는 훌륭한 기회입니다.

This will be a perfect opportunity to demonstrate our ability.
당사의 능력을 나타내는 데 최적의 기회입니다.

This market segment has growth potential, but it'll eventually compete with VoIP. In conclusion, BestVoice will not be successful in Korea as is.
이 분야는 성장을 기대할 수 있다고 생각합니다만, 최종적으로는 VoIP와 경합하게 될 것입니다. 결론적으로 베스트보이스는 지금 이대로는 한국에서 성공하지 못할 것입니다.

If there is any other information I can provide to help you understand our situation, I'll be happy to.
저희 상황을 이해하시는 데 제공할 수 있는 다른 어떤 정보가 있다면 기꺼이 제공하겠습니다.

I really want to get this project moving. I'm afraid that if we delay much longer, the market opportunity will be gone. The longer we wait the more difficult and more costly it will be to dislodge the competitive product.
이 프로젝트를 꼭 빨리 진행하고 싶습니다. 더 이상 늦어질 경우 시장 기회를 놓쳐 버립니다. 늦으면 늦을수록 경합품을 밀치는 것이 더 어려워져서 비용이 더 듭니다.

I understand the difficulty you are facing in obtaining competitive samples, but we can't complete the evaluation of our new products without them.
경합품 샘플 입수가 곤란한 것은 압니다만 샘플 없이는 당사의 신제품 평가를 완료할 수 없습니다.

지시하기

지시 내용을 명확하게 제시(여러 개 있을 경우는 항목별로 쓰면 알기 쉬움)하고 반드시 기한도 전달합니다.

Subject: ABC Tech Research Assignment

Here's the research assignment.

If you have a question, ask Emi or me
before you get off track or end up doing something different.

<Background>
ABC Tech is building a system for a leading staffing company in Korea and would like to find out how major US staffing companies operate:

<Research Items>
1) Identify the major staffing companies
2) For each identified company, find out
   - Corporate profile (annual sales, # of employees, etc.)
   - How the staffing process is systemized
   - How the jobs and the candidates are matched
   - How often temporary positions/staff turn into permanent positions/staff

<Timeframe>
Report due July 31

해석

제목 : ABC 테크 조사

조사 작업은 아래와 같음.

질문이 있으면 **옆길로 새거나 다른 내용의 작업을 하지 않도록**, Emi나 나에게 질문하도록.

〈배경〉
ABC 테크는 한국의 주요 인재파견 회사를 대상으로 시스템을 구축중이며, 미국의 주요 파견 회사의 운영 구조를 찾고 싶음.

〈조사항목〉
1) 주요 파견 회사의 리스트 업
2) 각 회사에 대해 다음 사항을 조사

- 회사의 개요(년간 매출, 종업원수 등)
- 파견 프로세스가 어떻게 시스템화되고 있는가
- 일자리와 응모자가 어떻게 매치되고 있는가
- 단기 파견직 · 인재가 정직원으로 바뀌는 빈도

<조사기간>
7월 31일까지 보고

Useful Expressions

The following is a list of tasks:
작업 리스트는 아래와 같습니다.

Here are the questions that need to be answered in the report:
보고서 안에서 대답해야 할 물음은 아래와 같습니다.

Pls find out the following about ABC:
ABC사에 관해서 다음 사항을 조사해 주십시오.

When you are done with the current assignment, pls update the web.
현재의 작업이 끝나면 웹을 갱신해 주십시오.

Please update me about the status of the sample procurement by Monday.
샘플 조달 상황을 월요일까지 알려주십시오.

Pls incorporate the financial statements into the report by Tue morning.
화요일 아침까지 재무제표를 보고서에 포함시켜 주십시오.

Please look up major engineering firms and get product catalogs from them.
주요 엔지니어링 회사를 찾아서 제품 카탈로그를 입수해 주십시오.

Please analyze the research data and prepare a write-up by Friday.
금요일까지 조사 데이터를 분석해서 결과를 정리해 주십시오.

Please distribute the attached questionnaire in your department.
첨부한 앙케이트를 귀 부서 내에서 배포해 주십시오.

You may want to contact John-he might have some stats.
존에게 연락해 보면 좋지 않을까 합니다. 계수를 가지고 있을지도 모릅니다.

While I'm out of town, please direct all incoming calls to Tom.
출장 중에는 전화를 모두 Tom에게 돌려주십시오.

Can you work late today?
오늘 잔업할 수 있습니까?

 주의/충고하기

상대방의 잘못을 꾸짖는 것이 아니라 문제 해결 방법 또는 같은 실수를 반복하지 않도록 대책을 제시하면 좋을 것입니다. 사람의 실수를 지적할 때는 "You made an error"가 아니라, "An error was made"와 같이 수동태를 사용하면 비난하는 것처럼 들리지 않습니다.

Subject: RE: Web PDF Creation

I told you to send me all the pages, not just PDF files, even if you weren't finished today.

It was due today, not Monday. You cannot keep dragging it out like this.

You need to estimate how much time you need to complete a project/assignment before you start it, and if you need more time, you need to request it before the deadline.

That's how the business world works.

* drag out 지연시키다

해석

제목 : RE: 웹 PDF 작성

비록 오늘 끝낼 수 없어도 PDF파일 뿐만 아니라 모든 페이지를 보내라고 말했었죠?

제출 기한은 월요일이 아니라 오늘이었습니다. 이런 식으로 연장하는 것은 용납할 수 없습니다.

프로젝트 작업을 시작하기 전에 완성하는 데 시간이 얼마나 필요한가를 추정해야 하며, 그 이상 시간이 필요한 경우는 최종기한 전까지 요청해야 합니다.

비즈니스의 세계는 그런 식으로 돌아갑니다.

Subject: RE: New Approach

>I think that I can significantly reduce my mistakes.

That is not adequate.
You have to be more specific – you need to quantify your goal.

You will make NO mistakes period.

And what are you going to do specifically so as not to make any mistakes?

That's how you need to present it.

제목 : RE: 새로운 접근법

> 제 실수를 큰 폭으로 줄일 수 있다고 생각합니다.

그것으로는 충분하지 않다.
좀 더 구체적이어야 하며 목표는 숫자로 나타내지 않으면 안 된다.

실수는 일절 범하지 않는다, 이상.

실수를 일절 범하지 않기 위해서는 구체적으로 어떻게 할 생각인가?

그렇게 제시해야 한다.

Useful Expressions

There are several mistakes in the brochure. Please correct them.
팜플렛에 몇 가지 오류가 있습니다. 정정해 주시기 바랍니다.

We see sample procurement as a part of your marketing ability. It has been months since we originally asked for the samples and this will be viewed negatively.
샘플 조달도 마케팅 능력의 일환으로 보고 있습니다. 당초 샘플을 의뢰하고 나서 벌써 수개월이 되었으며, 이것은 평가에 마이너스가 됩니다.

If there is a problem or situation I should be aware of, please let me know. I'd like to discuss it.
제가 파악해 두어야 할 문제나 상황이 있으면 알려주십시오. 이야기를 듣고 싶습니다.

I hope you realize that your not following the project guidelines has caused your team members extra work.
당신이 프로젝트 가이드 라인에 따르지 않기 때문에 팀의 멤버에게 초과근무가 생기고 있다는 것을 자각해 주시길 바랍니다.

I just called on ABC and learned that their network problem has not been solved yet. I asked last month that the problem be solved. What is going on?
ABC사를 방문했는데 상대방의 네트워크 문제가 아직 해결되지 않았다고 합니다. 문제를 해결하도록 부탁한 것은 지난 달의 이야기입니다. 어떻게 된 것입니까?

I just found that customers have been quoted the wrong price for VT300.
고객이 VT300의 가격을 잘못 제시했다는 것을 지금 알았습니다.

I must remind you that we are in a service business. Each and every customer is valuable to us and they have to be treated accordingly.
우리는 서비스업인 것을 기억해 두십시오. 고객 한 명 한 명이 우리에게 중요하며, 그렇게 대하지 않으면 안 됩니다.

The start time for work is 9 a.m. That applies to everyone, including you.
업무 시작 시간은 오전 9시입니다. 이것은 당신을 포함하여 전원에게 적용됩니다.

The following information is offered to provide guidelines for sick leaves.
아래는 병가에 관한 가이드 라인을 나타내기 위한 것입니다.

Please note the procedure on page 20 of your handling manual.
취급서 20페이지의 수속절차를 참조해 주십시오.

Please have people contact me directly regarding any problems they have.
문제가 있으면 저에게 직접 연락 주십시오.

In the future, if you think a method other than what I specify is more appropriate, please clear it with me first.   * clear 허가를 받다
앞으로 다른 방법이 내가 지정한 것보다 적절하다고 생각했을 경우엔 우선 저의 허가를 받아 주십시오.

Thank you for helping me correct the situation.
상황을 바로잡는 것을 도와주셔서 고맙습니다.

I'd appreciate your prompt, careful and thorough attention to this very important matter.
대단히 중요한 본 건에 신속, 신중하고 주의 깊게 대처해 주시길 부탁합니다.

주의에 대한 회신

「앞으로 주의하겠습니다」는 통하지 않습니다. 만약 실수를 범했다면 같은 실수를 두 번 다시 반복하지 않도록 구체적인 대책을 세우겠다는 내용으로 표현합니다.

Subject: RE: New Approach

I'll reduce the number of mistakes in my report by half by May 31.

In order to do that, I'll read my report three times instead of once before I turn it in. I'll also have Anne scan it before I turn it in.

 제목 : RE: 새로운 어프로치

5월 31일까지 보고서의 오류를 반으로 줄이겠습니다.

그러기 위해서 보고서를 제출하기 전에 한 번이 아니라 세 번 다시 읽겠습니다. 또 제출 전에 Anne 에게 검토 받겠습니다.

Useful Expressions

I'm sorry I misunderstood your instructions. Let me redo it.
받은 지시를 잘못 인식해서 죄송합니다. 다시 해보겠습니다.

I must have completely misunderstood you. I thought you gave me Monday off, too.
말씀하신 것을 완전히 잘못 인식하고 있었던 것 같습니다. 월요일도 쉬는 것으로 생각했습니다.

I'll read the Office Procedures again.
사무실 절차서를 다시 한 번 읽겠습니다.

I assure you I'll come in on time starting tomorrow.
내일부터 정시에 출근할 것을 약속합니다.

I'll turn in my expense report on time from now on.
앞으로는 경비 보고서를 기한 내에 제출하겠습니다.

I thought that was what you wanted–according to your e-mail of April 10 (below).
4월 10일 받은 메일(아래)에 의하면 그렇게 해야 한다고 생각했습니다.

부하 칭찬하기

일반적으로 Negative Reinforcement보다 Positive Reinforcement를 선호하는 구미에서는 좋은 일을 했을 때 칭찬하는 것이 매우 중요합니다.

Subject: Career Seminar

Thanks to your excellent planning and execution, our first career seminar was a great success.

The turnout was more than we expected and we got excellent feedback from the participants. The sponsors were very pleased.

The seminar is very likely to turn into a monthly event.

Keep up the good work. I'm counting on you!

해석

제목 : 캐리어 세미나

당신의 훌륭한 기획과 실행 덕분에 제1회 캐리어 세미나는 대성공을 거두었습니다.

참가자의 수가 예상보다 많았고 참가자로부터는 훌륭한 피드백을 얻을 수 있었습니다. 스폰서들도 매우 만족해 합니다.

세미나는 이미 월간 행사가 될 것입니다.

앞으로도 계속해서 잘 해내시길 바랍니다. 기대하고 있겠습니다.

Subject: Thanks!

Just a note to thank you for putting in overtime when we desperately needed it.

Because of your hard work, the project was completed on time, even ahead of schedule.

Our team did a very tough job remarkably well. I'm proud of them!

해석

제목 : 고맙습니다!

어쩔 줄 모르고 곤란해 하고 있을 때 잔업을 해 주신 것에 한마디 감사하고 싶었습니다.

열심히 일해 주셨기 때문에 프로젝트는 예정보다 빨리 끝났습니다.

우리 팀은 대단한 일을 놀라울 정도로 잘 해냈습니다. 우리 팀을 자랑스럽게 생각합니다!

Useful Expressions

Congratulations on a job well done as host of the International Design Expo!
국제 디자인 엑스포의 호스트로서 훌륭한 일을 하신 것 축하드립니다.

You've done a great job organizing the annual convention.
연차 대회의 운영을 매우 잘 해주었습니다.

I know that to accomplish this high level of service, you worked extremely hard and sacrificed a great deal.
이런 고도의 서비스를 제공하기 위하여 상당히 열심히 일하고 많은 희생을 치르셨겠습니다.

Because of employees like you, the show was attended by a record number of people and the exhibitors were very happy.
당신과 같은 사원 덕분에 전시회는 기록적인 인원이 참가하고 출전자는 매우 기뻐하고 있습니다.

Much of our success is due to your excellent work.
당사의 성공은 당신의 훌륭한 활동 덕분입니다.

I am well aware of the long hours you devoted to the timely and successful completion of the project.
프로젝트를 기일대로 성공시키기 위해서 장시간 근무해 준 것은 잘 알고 있습니다.

Due to your hard work and commitment, we have achieved the monthly goal.
당신의 노력과 전념 덕분에 월간 목표를 달성할 수 있었습니다.

Because of your efforts we achieved record profits.
당신의 노력의 결과 기록적인 이익을 달성했습니다.

Without your help, we wouldn't have made our deadline.
당신의 도움이 없었다면, 마감에 늦었을 것입니다.

It was your tireless efforts and devotion that made the event successful.
이벤트가 성공한 것은 당신의 지칠 줄 모르는 노력과 헌신 덕분입니다.

Your solution was timely and exactly what the customer needed.
당신의 해결책은 적절하고 고객이 진정으로 필요로 하는 것이었습니다.

Your technical expertise was invaluable for the timely completion of the project.
당신의 기술력은 프로젝트의 적기 완성에 빠뜨릴 수 없는 것이었습니다.

I'll make sure that others in the division know that you were the driving force behind the project.
프로젝트의 추진력이 된 것은 당신임을 부서 사람들에게 분명히 알리겠습니다.

Thank you again for the phenomenal work you've performed.
당신이 이루어낸 놀랄 만한 업적에 거듭 감사드립니다.

 문제 해결의 촉구

문제를 제의하고 해결하는 것의 이점을 강조하고 실수를 꾸짖는 것이 아니라 문제 해결에 초점을 맞춥니다. 감사의 말을 더해 적극적으로 끝냅니다.

Subject: N-MAM Purity

Our recent shipment of N-MAM to ABC did not meet our purity spec. ABC's analysis showed a purity of only 96.22% (as attached). We analyzed a sample from the same lot and the purity was 96.68% (as attached). It's well below our standard of 98%.

Please investigate the cause for the low purity and remedy the situation before the next shipment.

해석

제목 : N-MAM 순도

최근 ABC사에 출하한 N-MAM은 사양 순도를 채우지 못했습니다. ABC의 분석에 의하면 순도는 불과 96.22%였습니다(자료 첨부). 같은 로트의 샘플을 분석했는데 순도는 96.68%였습니다(자료 첨부). 표준인 98%를 상당히 밑돌고 있습니다.

저순도인 원인을 조사하고 다음 출하까지 상황을 시정해 주십시오.

Useful Expressions

Please investigate this and also review your QA procedures with your staff to ensure that their routine meets the requirements.
이것을 조사하고 스태프의 루틴이 확실히 요건을 충족시키도록 스태프와 QA절차도 복습해 주십시오.

Pls submit a report to me by July 14 in which you detail the following:
아래의 상세내역을 적은 보고서를 7월 14일까지 저에게 제출해 주십시오.

I suggest that you and your staff review our present customer service procedures and come up with ideas to improve them before it turns into a serious problem.
스태프와 함께 현재의 고객서비스 절차를 재검토하고 문제가 심각해지기 전에 개선책을 수립할 것을 제안합니다.

I would like to meet with you as soon as possible to discuss this.
이 건을 논의하기 위해서 가능한 한 빨리 만나고 싶습니다.

Mr. David is very concerned about the lack of progress.
David 씨가 진전이 없는 것을 매우 걱정하고 계십니다.

I fully understand and never doubted that you were doing your best to solve the problem.
당신이 문제 해결에 전력을 다하고 있는 것은 충분히 이해하고 있으며 그것을 의심한 적도 없습니다.

Thank you for your cooperation. I don't expect any further difficulty on this issue.
협력에 감사드립니다. 이 건에 대해서 더 이상의 문제는 생기지 않을 것이라고 생각합니다.

I appreciate your attention to this problem and have every confidence that you can solve it.
이 문제에 주의를 기울여 주셔서 감사합니다. 당신이라면 해결할 수 있으리라 확신합니다.

Thank you for your willingness to improve the situation.
상황 개선에 노력해 주신다는 것 감사합니다.

I feel that I can count on your cooperation in correcting this problem.
이 문제를 바로잡는 데 협력해 주실 것이라고 생각합니다.

반론/항의하기

상대의 인격을 공격하거나 "You're wrong."이라는 표현을 사용하는 것은 금물입니다. 감정적이 되지 않고 사실의 전달과 해명에 초점을 맞추어 그것에 대한 자신의 의견을 명확하게 말합니다. 근거가 되는 참고 자료를 첨부합니다.

Subject: Expense Report

I don't understand why some items on my expense report weren't approved.

I attached all the documentation for all the items. The receipts and the figures on the report match exactly.

Could you explain why Items 2 and 4 were rejected?

Thanks for your help.

해석

제목 : 경비 보고서

경비 보고서의 항목이 몇 가지 승인되지 않은 이유를 모르겠습니다.

모든 항목에 대해 서류를 첨부했습니다. 영수증과 보고서의 숫자는 꼭 맞습니다.

항목 2로 4가 왜 승인되지 않은 것인지 가르쳐 주시겠습니까?

도움 감사합니다.

Useful Expressions

I was shocked to receive your e-mail.
메일을 받고 놀랐습니다.

This is a response to your e-mail of Jan. 30 about the delay of my report.
이것은 보고서의 지연에 관한 1월 30일자 메일에 대한 회신입니다.

I sent you the following e-mail on Dec. 1. Didn't you get it?
12월 1일에 아래의 메일을 보내 드렸습니다. 못 받으셨습니까?

I responded to your e-mail right away as below.
받은 메일에는 아래와 같이 곧바로 회신했습니다.

It's not clear to me what I did wrong when I handled the call. I strictly followed the manual.
전화 응대에 관해서 무엇이 잘못된 것인지 잘 모릅니다. 메뉴얼에 따라 빈틈없이 했습니다.

I find it very difficult to do my job effectively without free access to this information.
이 정보에 자유로운 액세스 없이 일을 효과적으로 해내는 것은 매우 어렵습니다.

I have no idea how it happened.
어째서 그렇게 됐는지 전혀 모르겠습니다.

Hope this will clarify the situation.
이것으로 상황이 분명해지면 좋겠습니다.

 조언 구하기

가능한 한 자세하게 배경이나 필요 사항을 전함으로써 보다 적절한 조언을 얻을 수 있습니다.

Subject: Gift for ABC Institute

I'll be visiting ABC Institute in Washington DC next month and I'd like to take them a little gift in appreciation for taking the time to see me. What would be appreciated by an American host? Any idea?

Thanks for your help in advance!

 제목 : ABC 연구소를 위한 선물
다음 달 워싱턴 DC의 ABC 연구소를 방문하는데 면회 시간을 내 주시는 답례로 조그마한 선물을 가져가고 싶습니다. 미국인 호스트에게는 무엇이 좋겠습니까? 어떤 아이디어가 있으신지요?

당신의 도움에 미리 감사 드립니다!

Useful Expressions

I'm debating whether to outsource the project.
프로젝트를 아웃소스해야 할 것인지 망설이고 있습니다.

Can you think of a good title for this?
여기에 붙일 좋은 타이틀이 생각나지 않습니까?

Do you have any idea where I can find the information?
어디서 정보를 찾을 수 있는지 아십니까?

What is the appropriate protocol?
어떻게 하는 것이 적절한 의례입니까?

What would you do if you were in my situation?
저의 상황이라면 어떻게 하시겠습니까?

How would you handle?
당신이라면 어떻게 대처하시겠습니까?

What would be the best way to handle this?
어떻게 대처하는 것이 제일 좋겠습니까?

 **조언하기**

빨리 회신해야 하며, 만일 조언할 수 없는 경우에도 신속히 상대방에게 그 취지를 전합니다.

Subject: RE: Any Thoughts?

If it's the bad language that has raised so many eyebrows, why don't you apologize for that–I apologize for the inappropriate language I used, blah blah blah. If you think you didn't do anything wrong besides that, stick to your principles.

Just my two cents.

* raise an eyebrow (놀람이나 불만 등으로) 화난 표정을 하다

 제목 : RE: 어떻게 생각해?

그 만큼 많은 사람들의 얼굴을 찌푸리게 한 말투였다면 사용한 말투에 대해서 사과하면 어떠니? 부적절한 표현을 사용해서 미안하다고 말해 보렴. 그 외에 아무것도 나쁜 일을 했다고 생각하지 않는다면 너의 생각을 관철시키면 돼.

나의 약간의 어드바이스.

Useful Expressions

Go take a look at www.getglobal.com. What they're doing is pretty clever.
www.getglobal.com을 가 봐. 상당히 재치 있어.

I would definitely talk to your supervisor about this.
나라면 당연히 이 건을 상사에게 이야기할 거야.

I suggest you contact this organization.
이 단체에 연락해 보면 좋을 거라 생각합니다.

Why don't you contact Jack Smith? He can probably help you.
잭 스미스에게 연락해 보면 어때? 아마 도와줄 수 있을 거야.

I can't remember off the top of my head. Let me get back to you.
지금 바로 생각나지 않아. 다음에 연락할게.

I'll think about it and get back to you. When do you need it?
생각해 보고 회신하겠습니다. 언제까지 필요합니까?

시스템부에서의 알림

서버나 네트워크의 보수 작업 등을 알리는 경우, 보수 일시나 어느 부서에 무슨 영향이 있는지 등을 전함과 동시에 가능한 한 보수작업에 의한 플러스적인 면을 강조합니다.

Subject: Scheduled Network Maintenance and Upgrades

In the weeks ahead, we will be finalizing an upgrade to the core switches in the data center.

This upgrade will provide further redundancy to our network, allow for continued growth by providing additional bandwidth capacity, and give us the ability to support additional features.

The upgrade will be performed between 2 am and 6 am, KST, on Sunday, March 6, 2007 to reduce effects on websites hosted in our data center. During the upgrade period, you may notice intermittent latency while accessing the Internet. Every effort will be expended to keep any inconvenience at a minimum.

We appreciate your patience as we make these improvements to our network and continue to strive to provide you with the best possible service.

If you have any questions or problems, please contact the Sys Ad Team at X1234.

Kenichi Hayashi
The Systems Administration Team

* intermittent 단속적

해석

제목 : 예정된 네트워크 보수 및 업그레이드

앞으로 몇 주일간 데이터 센터의 코어 스위치 최종 업그레이드 작업을 실시합니다.

업그레이드에 의해 네트워크의 리덴던시가 강화되어 밴드폭 용량을 더욱 증대하는 것에 의해 계속된 성장에 대처하고 추가하는 기능을 서포트할 수 있습니다.

업그레이드 작업은 데이터 센터에서 호스팅하고 있는 웹 사이트로의 영향을 삭감하기 위해서 2007년 3월 6일 일요일 한국 시간 오전 2시부터 오전 6시 사이에 실시합니다. 업그레이드 작업 중 인터넷에 접속할 때 단속적으로 지연을 일으키는 경우도 있을 수 있습니다. 여러분의 불편을 최소화하도록 모든 노력을 할 생각입니다.

네트워크의 향상을 꾀해 여러분에게 가능한 최고의 서비스를 계속 제공하는 동안 여러분의 인내에 감사합니다.

질문이나 문제 등이 있으시면 내선 1234의 시스템 관리자 팀으로 연락 주십시오.

Useful Expressions

IT Services will be performing extended network maintenance on Friday, September 24.
IT서비스에서는 9월 24일 금요일에 광범위 네트워크 보수 작업을 실시합니다.

Maintenance will begin sharply at 5:30 PM on Friday and last until 8 PM Sunday, Feb. 29. During this time, there will be intermittent outages of all services (mail, L, M and O drives, intranet and internet). The following services will be unavailable at different times:
보수 작업은 금요일 오후 5시 반 정시에 시작해 2월 29일 일요일 오후 8시까지 계속됩니다. 그 동안 모든 서비스(메일, L, M, O드라이브, 인트라넷, 인터넷)가 단속적으로 두절되어 아래의 서비스는 이용할 수 없습니다.

IT Services will perform a mail server upgrade this Friday, July 2 from 4:00 PM until 10:00 PM. During this time, there will be NO access to your email.
IT서비스에서는 7월 2일 금요일 오후 4시부터 오후 10시까지 메일 서버의 업그레이드 작업을 실시합니다. 그 동안 메일에는 절대 액세스할 수 없습니다.

We are pleased to inform you that we are upgrading our data center by installing some additional hardware to accommodate the future growth of servers in our network.
네트워크 서버 수의 향후 증대에 대비하여 하드웨어를 새로 인스톨함으로써 데이터 센터를 업그레이드할 것임을 알려드립니다.

We are increasing the redundancy of our network to enable us to continue to grow while keeping up with the current technology.
현재의 기술을 따라가는 것과 동시에 확대를 계속할 수 있도록 네트워크의 리덴던시를 증대하겠습니다.

We will be adding an additional router to our network.
네트워크에 새롭게 라우터를 추가합니다.

The first round of these upgrades will begin on the morning of Monday, Feb 3, 2007, and will continue for approximately four consecutive business days.
업그레이드 작업의 제 1탄은 2007년 2월 3일 월요일에 시작해 약 4 영업일간 연속해서 행해집니다.

A needed hardware upgrade will be done during the maintenance, which will provide greater network stability and flexibility.
필요한 하드웨어의 업그레이드는 보수 작업 중에 행해집니다. 이로 인해 네트워크가 보다 안정되고 유연성을 더하게 됩니다.

We do not expect any noticeable interruption of service during these improvements to our network.
네트워크 향상 작업 중 눈에 띄는 등의 서비스 장애는 일어나지 않을 것입니다.

Here's the maintenance schedule for Jan-June 2007.
2007년 1월 ~ 6월의 보수 작업 예정은 아래와 같습니다.

시스템부와의 교신

시스템부에 질문하거나 보고하거나 할 때의 메일과 그에 대한 회신 예입니다.

Subject: Network Problems

Since we were transferred to the new network, the access speed has been extremely slow. I also get many "pages not found" error messages.

When will all these problems be fixed?

해석 제목 : 네트워크의 트러블

새로운 네트워크로 이행하고 나서 액세스 스피드가 이상하게 늦습니다. 거기에「페이지를 찾지 못했습니다」라고 하는 에러 메시지가 빈번하게 나옵니다.

이러한 문제는 모두 언제 시정됩니까?

[REPLY]

Thank you for your inquiry.

All speed issues should be resolved by March 31, when the network conversion is completed.

Thank you for your patience.

해석 제목 : 네트워크 트러블

문의 고맙습니다.

스피드의 문제는 모두 네트워크의 이행이 완료되는 3월 31일에 해결될 것입니다.

인내해 주셔서 감사합니다.

Useful Expressions

I can't set up my account.
(메일) 계정을 만들 수 없습니다.

I'm not sure how to use the new e-mail program. Is there any help available?
새로운 메일 프로그램의 사용법을 잘 모르겠습니다. 어떤 서포트를 해 주실 수 있습니까?

I lost my password to access my benefits page. How can I reset my password?
복리후생 페이지에 액세스하는 패스워드를 잊어버렸습니다. 패스워드를 재설정하려면 어떻게 하면 됩니까?

My computer is acting funny. Can you help?
컴퓨터의 상태가 이상합니다. 도와주실 수 있겠습니까?

「시스템부로부터의 회신」

There is a problem with the email forwarding, which we've been working on since Friday.
메일 전송에 문제가 있어서 금요일부터 해결을 위한 작업을 하고 있습니다.

There was some sort of software issue, which has been resolved. We are monitoring closely and we don't expect any recurring problems.
소프트에 관해서 어떤 문제가 있었는데 해결되었습니다. 주의 감시하고 있으므로 문제가 재발생하는 일은 없을 것입니다.

We have had a server-wide software problem. The technicians have been working on it.
서버 전체에 소프트웨어의 문제가 생겼습니다. 기술자가 해결을 위해서 작업중입니다.

We're trying to retrieve any e-mails that were not delivered. They did not bounce back to senders, so they are likely in the system.
도착하지 않은 메일을 모두 회수하려는 중입니다. 송신자에게 반송되지 않았기 때문에 시스템에 남아 있을 것입니다.

I will monitor this server to ensure that no aspects of this issue recur.
이 문제가 모든 관점으로부터 재발하지 않도록 이 서버를 감시합니다.

사내회람 – 사내 이벤트

이벤트 일시와 내용을 전하고 출결이 필요한 경우는 기한을 나타냅니다.

Subject: Christmas Party

The company Christmas party will be held at the Grand Hotel on Dec. 18.

There'll be lots of food, drinks, prizes, and of course games. Don't miss this once-a-year chance to show off your talent!!

Please bring a gift ($200 or less) for a gift exchange with your fellow employees.

Happy Holidays!

해석   제목 : 크리스마스 파티

회사의 크리스마스 파티가 12월 18일, 그랜드 호텔에서 열립니다.

많은 음식, 음료, 상품은 물론 게임도 있습니다. 당신의 재주를 과시할 수 있는 일년에 한 번 있는 찬스를 놓치지 마십시오!

사원끼리 선물 교환을 실시하기 때문에 선물(200달러 이하)을 지참해 주십시오.

행복한 휴일이 되시길!

Useful Expressions

We'll be having a company picnic on Sat., April 6.
4월 6일 토요일 회사 피크닉을 실시합니다.

Marketing Department is having a BBQ on Sat., Oct. 1.
마케팅부에서는 10월 1일 토요일 바비큐 파티를 엽니다.

Come join the going-away party for Kate! It's planned for her last day, Fri, Oct. 22, after work.
케이트의 송별회에 꼭 참가하길! 그녀의 최종 출근일인 10월 22일 금요일에 일이 끝나고 나서 열립니다.

May 28 is Mr. Farnham's birthday and we're throwing a surprise party for him. We're asking everyone to chip in $10 to buy him a gift.   * chip in 기부하다
5월 28일은 파남 씨의 생일인데 깜짝파티를 기획하고 있습니다. 선물을 사기 위해서 10달러씩 기부를 부탁합니다.

Please let me know by Dec. 8 if you'll attend.
12월 8일까지 출석 여부를 알려주십시오.

 신제품 설명

신제품 발매를 앞두고 지사나 영업 부서에 신제품의 특징 등을 알리는 메일입니다. 자세한 자료가 있는 경우 그것의 첨부 여부 또는 입수 방법을 알립니다.

Subject: ABC Rebar

ABC Rebar will finally be available for marketing this month.

ABC Rebar's anti-corrosion performance has been verified at various public agencies and universities, including CIAS (Concrete Innovations Appraisal Service) and Texas A&T University.

Corrosion test results indicate that ABC Rebar has:
- 5 to 9 times the corrosion resistance of ASTM A615 rebar
- Service Life in excess of 200 years when used in conjunction with HPC

Structural Properties Summary and Product Spec are attached. For further information, see the full data sheet at http://www.getglobal.com.

해석

제목 : ABC봉강(棒鋼)

ABC봉강이 이번 달 마침내 마케팅됩니다.

ABC봉강의 방부 성능은 CIAS(콘크리트 혁신 감정 서비스)나 텍사스 A&T대학 등 여러 공적 기관과 대학에서 실증되고 있습니다.

부식 시험 결과에 의하면 ABC봉강은 다음 조건을 갖추고 있습니다.
- ASTM A615봉강의 5~9배의 방부성
- HPC와 병용되었을 경우 서비스 수명 200년 이상

구조물성 요약 및 제품 사양을 첨부합니다. 자세한 것은 www.getglobal.com의 완전한 데이터 시트를 보십시오.

Useful Expressions

We are launching a trio of new products that will significantly enhance and customize voice and Internet services for resellers and their customers.
재판업자 및 그 고객을 대상으로 음성 및 인터넷 서비스를 큰 폭으로 향상시켜 커스터마이즈하는 새로운 제품을 3점 발매합니다.

In response to customers' request for a product with better cost performance, we will be adding BX-100, a lower-cost version, to our BX line on January 25.
코스트 성능이 보다 높은 제품에 대한 고객의 요구에 부응해 1월 25일에 염가 버전 BX-100을 BX라인에 추가할 것입니다.

We are responding with new products that will help our customers simplify and grow their businesses.
고객의 비즈니스 간소화와 성장에 도움이 되는 신제품으로 보답하겠습니다.

The new HF technology platform expands KoreaMed's product line into the area of cardiac surgery and provides another advancement in the area of heart bypass surgery.
새로운 HF기술 플랫폼은 코리아메드의 제품 라인을 심장외과 수술 분야로 확대하는 것으로 심장 바이패스 수술의 분야에 새로운 진보를 가져올 것입니다.

This extension of our proprietary technology creates a potentially large market opportunity for KoreaMed, with over 600,000 coronary artery bypass procedures performed worldwide each year.
당사의 독자 개발 기술의 확대는 매년 세계에서 행해지는 60만 이상의 관상동맥 바이패스 수술이라는 큰 시장 기회를 코리아메드에 가져올 것입니다.

These new products complement and enhance the P Series product line.
이러한 신제품은 P시리즈 제품 라인을 보완해서 향상시키는 것입니다.

New firmware for the 5500 has simplified the user interface while adding new features such as auto intensity and auto head detection.
5500용의 새로운 펌웨어는 자동 인텐서티나 자동 헤드 검지 등의 신기능을 추가함과 동시에 유저 인터페이스를 간략화하고 있습니다.

The new model features higher power and more speed.
새로운 모델은 보다 큰 파워와 빠른 스피드가 특징입니다.

New enhancements include search and analysis capabilities.
새롭게 검색과 분석 기능 등이 추가되었습니다.

The new system will be available worldwide in April through our existing network of distributors and resellers.
새로운 시스템은 4월에 전세계의 기존 유통업자 및 재판업자 네트워크를 통해서 제공됩니다.

You will receive its product sheet and other marketing materials within two weeks.
제품 시트나 그 외의 마케팅 자료는 2주일 이내에 보내겠습니다.

매수/합병의 알림

매수와 합병이 회사에 있어 이익이 되는 점을 강조함과 동시에 종업원이 불필요하게 동요하지 않도록 무엇이 바뀌고 무엇이 바뀌지 않는지 알고 있는대로 설명합니다. 인원 정리가 없다면 그 취지도 전합니다.

Subject: Acquisition of Korea Network

In a move to offer a complete range of LAN and WAN products in Korea, World Net has acquired Korea Network.

The acquisition will combine the development, sales, marketing and manufacturing capabilities for current and future networking products of both companies in Korea and the new entity will be known collectively as World Net. Korea Network will now be the newly created Networking Division of World Net.

WorldNet was impressed with Korea Network's technology and products and believe that they are a good fit with its offerings. We will be combining the expertise necessary to serve both companies' customers worldwide so that we can position World Net as a global leader in the networking market.

We count on your continued contributions and look forward to expanding our operations all over Korea.

해석　제목 : 코리아 네트워크의 매수

한국에서 LAN 및 WAN 제품을 완전하게 제공하려는 움직임에 수반해서 월드넷에서는 코리아 네트워크를 매수했습니다.

매수에 의해 양 회사의 현재 및 향후 네트워킹 제품의 개발, 판매, 마케팅, 제조 기능이 통일되고 일괄해서 월드넷사가 됩니다. 코리아 네트워크는 월드넷의 신규 네트워킹 부문이 됩니다.

코리아 네트워크의 기술 및 제품은 감명을 주는 것으로 월드넷 제품에 딱 맞는 것이라고 생각합니다. 월드넷을 네트워킹 시장의 글로벌 리더로서 자리매김할 수 있도록 양 회사의 전세계 고객에게 서비스하기 위해서 필요한 전문 노하우를 맞추는 것입니다.

계속 여러분의 공헌에 기대하고 한국 전체에 당사의 업무를 넓혀 갈 것을 기대하고 있습니다.

Useful Expressions

We are pleased to announce that World Computer has acquired Best Software.
월드 컴퓨터가 베스트 소프트웨어를 매수한 것을 발표하게 되어 기쁘게 생각합니다.

Effective today, AML and JML have merged.
오늘부터 AML와 JML는 합병했습니다.

On February 28, 2007, we completed the acquisition of BestChip, a leading distributor of semiconductors with annual sales of approximately $1 billion.
2007년 2월 28일 연간매출 약 10억 달러의 반도체 주요 디스트리뷰터인 베스트칩사의 매수를 완료했습니다.

ABC Corporation announced today that it has sold its wholly-owned subsidiary, XYZ Manufacturing, to Better Machinery.
ABC 코퍼레이션은 오늘 100% 자회사인 XYZ 제조회사를 베터머시너리사에 매각했습니다.

We believe that World's acquisition of Best will increase market acceptance for Best technology.
월드에 의한 베스트의 매수로 베스트의 기술은 시장에서 수용이 증가될 것이라 믿습니다.

By acquiring Santo, ABC Corporation expects to develop a significant presence in the Korean market.
산토사의 매수에 의해 ABC 코퍼레이션은 한국 시장에 있어 중요한 입지를 다질 예정입니다.

This merger makes AML one of the largest financial institutions in the world and gives the company leadership in the global market.
이 합병에 의해 AML은 세계 최대 금융기관의 하나가 되며 세계시장에서 리더적인 존재가 됩니다.

The merger with JML is an important part of our growth strategy.
JML과의 합병은 당사의 성장 전략의 중요한 일환입니다.

The merged entity will retain the name GlobalLINK.
합병 후의 회사명은 글로벌링크를 계승합니다.

We will continue to operate under the name GlobalLINK.
글로벌링크의 이름으로 업무를 계속합니다.

We do not anticipate any early-retirement programs or severance options in connection with this merger.
이 합병에 동반해서 조기퇴직이나 퇴직 옵션이 실시되는 일은 없습니다.

Virtually all of our employees will be asked to remain with us and most of our divisions will experience very little change in their day-to-day operations.
실질적으로는 모든 사원이 거의 모든 부문에서 그대로 일상적인 업무에는 변화가 없습니다.

 조직개편의 통지

개편이 회사에 가져다 주는 플러스적인 면을 강조합니다. 사원에게 영향이 미치는 경우는 가능한 한 적극적인 형태로 전합니다.

Subject: Global Restructuring

We have completed a thorough analysis of all operations and concluded that a more centralized structure would create operating efficiencies between previously decentralized business units, as well as faster and more effective customer response.

This will unfortunately result in the elimination of some business units. The number of affected employees and business units will be announced after all affected employees are notified.

Be assured that we will implement these plans with the utmost concern for our employees' well-being. We are formulating plans to provide support packages to affected employees and to ensure seamless support for our customers.

While these decisions have been difficult to make, we are obligated to take action that helps ensure the future growth and profitability of the company, and for the sake of employees as a whole and shareholders.

We appreciate your patience during this difficult time.

해석

제목 : 글로벌 재편성

모든 업무의 철저한 분석을 끝내고 보다 중앙집권화한 구조가 이전의 분산형 비즈니스 유니트 사이에서 업무 효율 또는 보다 빠르고 효과적인 고객 대응을 낳는다는 결론에 이르렀습니다.

이것은 유감스럽지만 몇 개의 비즈니스 유니트를 폐쇄하는 결과가 될 것입니다. 어느 사원과 비즈니스 유니트가 영향을 받을지는 그 사원 전원에게 통지가 도착하고 나서 발표됩니다.

이러한 계획은 사원 여러분의 복리에 대해 최대한 배려하여 실시하는 것임을 보증합니다. 현재 영향을 받는 사원에 대한 지원 패키지를 제공해서 고객에의 한결 같은 지원을 확보하기 위한 계획을 고안 중입니다.

이것은 어려운 결단이지만 회사의 향후 성장 및 수익성을 확보하는 수단을 전체 사원 혹은 주주 여러분을 위해서 강구하지 않으면 안 됩니다.

이 곤란한 시기에 여러분의 인내에 감사드립니다.

Useful Expressions

ABC Corporation today announced a worldwide corporate restructuring program.
ABC 코퍼레이션은 오늘 세계 규모의 기업 재편성 프로그램을 발표했습니다.

BG today announced a major restructuring in order to more prominently focus on the consumer market.
BG에서는 오늘 소비자 시장에 보다 전념하기 위해 대규모 조직 개편을 발표했습니다.

We are making some structural changes to cope with the changes in the marketplace. I have attached an outline of departmental changes.
시장 변화에 대응하기 위해 조직을 약간 개편합니다. 부서 레벨의 변경 개요를 첨부합니다.

As a result of a careful review of ABC's financial performance, we identified a number of services locations that are not profitable. We do not expect these circumstances to change in the foreseeable future.
ABC사의 재무 실적을 꼼꼼하게 다시 검토한 결과, 이익을 낼 수 없는 몇몇 서비스 거점이 있음을 알 수 있었습니다. 이러한 상황이 가까운 장래에 바뀐다고는 생각되지 않습니다.

Due to changes in the financial market, we recently determined that we were overstaffed.
금융시장의 변모에 의해 당사는 인원 과잉이라는 결론에 이르렀습니다.

The company plans to eliminate about 100 positions, cutting personnel costs by $25 million within a year.
1년 이내에 100개의 포지션을 삭감해 2,500만 달러의 인건비를 줄일 예정입니다.

This announced restructuring is expected to result in a reduction of 75 positions.
발표된 재편성 결과 75개의 일자리가 삭감될 예정입니다.

It became evident that we need to eliminate 15 jobs in the operations division.
업무 부문에서 15개의 일자리를 삭감해야 한다는 것이 분명해졌습니다.

Each organization is expected to reduce its personnel by 5% by the end of the fiscal year.
각 조직은 회계년도 마지막까지 인원을 5% 삭감할 것이 요구되고 있습니다.

We truly regret this action but felt it was necessary to maintain our business.
이러한 조치가 몹시 유감스럽지만 사업의 존속을 위해서 필요하다고 판단했습니다.

This is very difficult for us, but it is necessary to adjust our spending levels to remain in business.
몹시 곤란한 일이지만 사업 존속을 위해서 지출 수준을 조정할 필요가 있습니다.

The company expects the restructuring will produce annual savings of approximately $6.5 million.
회사에서는 재편성이 연간 약 650만 달러의 절약으로 이어진다고 보고 있습니다.

BG will reorganize into three main divisions-servers, smart cards, and software.
BG는 서버, 스마트 카드, 소프트웨어의 주요 3부문을 재편성합니다.

As part of the reorganization, the company will focus more of its efforts on direct sale.
조직 개편의 일환으로서 당사는 직판에 보다 힘쓰겠습니다.

IS Division has undergone this reorganization to provide better, more efficient service to our customers.
정보 시스템 부문에서는 고객에게 보다 나은, 그리고 보다 효율적인 서비스를 제공할 수 있도록 이번 재편성을 실시했습니다.

Based on our current understanding of the markets and our company, we do not anticipate any further layoffs at this time.
시장과 당사의 상황에서 볼 때 현재 더 이상의 일시적 해고는 예정되어 있지 않습니다.

I want to emphasize that the effect of this decision on ABC Korea will be minimal.
이 결정이 ABC 코리아에 미치는 영향은 최소한임을 강조하고 싶습니다.

Please be assured that your jobs will in no way be affected.
사원 여러분의 일자리에 영향은 없으므로 안심하시기 바랍니다.

We will be announcing details as soon as we learn of them. Please be patient with us during this transition time.
상세에 관해 알게 되는 즉시 발표하겠습니다. 이러한 과도기 속에서 관용을 부탁드립니다.

If you have concerns about the handling of the situation, please come talk to me or any other managers.
그 상황의 처리에 대한 문의사항이 있으시면, 저 또는 다른 매니저와 상담하시기 바랍니다.

사내 회람 – 사칙(변경) 설명

변경의 경우 변경 내용과 변경일을 명기하고 변경 내용이 회사 전체와 사원에게 있어서 유익한 것임을 강조합니다.

Subject: Smoking Policy

It recently came to my attention that some employees are violating the company's smoking policy.

I'd like to reiterate that in keeping with our intent to provide a safe and healthy work environment, smoking is prohibited throughout the workplace. This policy applies to all employees, customers, and visitors.

Employees should notify their immediate supervisor or any member of management upon learning of violations of this policy.

Should you have any questions, please contact me any time. Thank you for your extra effort to create a smoke-free work environment.

해석   제목 : 흡연규칙

최근 흡연에 관한 회사 규칙을 지키지 않는 사원이 눈에 띄었습니다.

안전하고 건강한 직장 환경을 제공한다는 당사의 취지에 따라 직장에서의 흡연은 모두 금지되고 있음을 반복하고자 합니다. 이 규칙은 종업원, 고객, 방문자 전원에게 적용됩니다.

이 규칙 위반을 목격한 사원은 직속 상관 혹은 관리직원 누구에게라도 통지해 주십시오.

질문이 있으면 언제라도 연락 주십시오. 금연하는 직장 환경을 만들기 위한 각별한 노력에 감사드립니다.

Subject: Casual Day

Friday is a casual day, but some people are taking it to extremes. Please remember some clothing is not appropriate even on a casual day-e.g. tank tops, shorts and flip flops.

If you aren't sure what is appropriate, please talk to your supervisor.

해석   제목 : 캐주얼 데이

금요일은 캐주얼 데이지만, 극단적으로 치닫는 사람들이 있습니다. 비록 캐주얼 데이라도 탱크탑, 반바지, 슬리퍼 등은 적절하지 않습니다.

적절한 게 무엇인지 확실치 않은 경우는 상사에게 상담해 주세요.

As you know, last quarter's earnings were down significantly from the previous quarter. Effective today, to contain expenses and improve the bottom line, all expenditures over ₩100,000 will require the signature of the originating department head.

해석   아시는 바와 같이 앞 4분기의 수익은 전 4분기에 비해 꽤 하락했습니다. 오늘부로 경비를 억제하고 이익을 개선하기 위해서 10만원 이상의 지출은 모두 그 부서의 부장 사인이 필요합니다.

Useful Expressions

Beginning January 5, our benefit plan will be modified as attached.
1월 5일부터 당사의 복리후생 플랜은 첨부와 같이 변경됩니다.

Effective April 1, 2007, entertainment expenses allocated for each sales representative will be reduced by 30%. This is in accordance with the worldwide cost-cutting plans initiated by headquarters.
2007년 4월 1일자로 각 영업사원에게 할당된 접대비가 30% 삭감됩니다. 이것은 본사가 시작한 세계 규모에서의 코스트 삭감 계획에 따르는 것입니다.

Any expense beyond $10,000 must be approved by headquarters in Italy.
1만 달러 이상의 경비는 모두 이탈리아 본사의 승인이 필요합니다.

Your expense report must be submitted for reimbursement within a month of the last day of the trip.
경비 보고서는 환불을 위해서 출장 마지막 날로부터 1개월 이내에 제출되지 않으면 안 됩니다.

Effective October 1, 2007, stock option plans are available for all employees who have completed five years of service with the company.
2007년 10월 1일부터 스톡옵션은 5년간의 근무를 끝낸 사원은 누구나 이용 가능합니다.

Effective immediately, all employees must schedule vacations at least 5 days in advance, except in cases of emergency.
향후 모든 사원은 긴급사태가 아닌 한 휴가를 얻을 때는 최소한 5일 전에 신청해야 합니다.

ABC Corporation prohibits the illegal duplication of software and its related documentation.
ABC 코퍼레이션에서는 소프트웨어 및 관련 문서의 불법 복제를 금지하고 있습니다.

Any media inquiries must be handled by the PR department.
미디어 관련 문의는 모두 홍보부에 의해 처리되어야 합니다.

Obviously, this practice cannot continue. It is rude, inefficient and potentially destructive.
이러한 행동을 방치할 수 없음은 명백합니다. 무례하고, 비효율적이며, 파괴적이기도 합니다.

I'm attaching the guidelines for filling temporary office positions.
단기파견 사무직 채용에 관한 가이드 라인을 첨부합니다.

Employees who violate this policy will be subject to disciplinary action, up to and including termination of employment.
이 규칙을 위반한 사원은 최악의 경우 해고를 포함한 징계처분을 받을 수 있습니다.

These changes are necessary to contain the cost of benefits so that we can continue to offer them to employees.
이러한 변동사항은 사원 여러분에게 복리후생을 계속적으로 제공하기 위한 비용 확보에 필요한 것입니다.

I believe these new procedures will enable us to handle the application process more efficiently.
이러한 새로운 수속에 의해 응모 프로세스에 보다 효율적으로 대처할 수 있다고 생각합니다.

Thank you for your extra effort to improve the company's bottom line.
회사의 수익 향상을 위해 한층 진력해 주셔서 감사합니다.

We hope you'll agree that these policies benefit the company as a whole.
이 방침이 회사 전체에 있어서 유익한 것임을 이해하시리라 생각합니다.

If you have any questions about this policy change, please contact me.
이 방침의 변경사항에 대해 질문이 있으면 저에게 연락 주십시오.

 업적의 치하

「매출이 기록적으로 성장했다」, 「흑자 전환했다」, 「목표를 달성했다」 등의 기쁜 성과를 전하고, 특히 큰 공헌을 한 부서나 팀이 있으면 구체적인 공적을 들어 칭찬합니다.

Subject: Record Sales

ABC Corporation is pleased to announce record sales and a return to profitability for the three months ended March 31, 2007.

The company's sales growth continues to be driven by strong sales of Best branded products in the retail market.

With the further development of the Best trademark and strong sales in the Chinese market, the second quarter is expected to be another record sales quarter, leading to continued earnings growth.

I offer my sincerest thanks and congratulations to everyone of you for your individual contributions to this overwhelming success.

 제목 : 기록적인 매출

ABC 코퍼레이션에서는 2007년 3월 31일 마감 3개월 동안에 기록적인 매출을 올려 이익을 회복한 것을 발표하게 되어 기쁘게 생각합니다.

회사의 매출성장은 계속해서 소매시장에서의 베스트 브랜드 제품의 호조인 매출에 의해 유지되고 있습니다.

베스트 상표의 한층 더한 개척과 중국 시장에서의 호조인 매출에 의해 제 2사분기, 그리고 기록적인 매출을 보이는 사분기가 되어 수익증가로 연결될 예정입니다.

이 압도적인 성공에 대해서 여러분 한 사람 한 사람의 공헌에 진심으로 감사와 축복의 뜻을 표합니다.

Useful Expressions

I'm delighted to announce that for the third consecutive year, ABC Corporation generated record profits and revenue growth, which confirmed its continued position as the world's premier online retailer.

ABC 코퍼레이션에서는 3년 연속 기록적 이익과 수입증가를 발표할 수 있어 기쁘게 생각합니다. 이것은 당사가 계속해서 세계 최고의 온라인 소매업자로서의 지위를 확보하고 있다는 것입니다.

I'm glad to share with you that our 2007 sales exceeded 10 billion won. This means that we have achieved an annual growth rate of 20% during the last four years.
2007년의 매출이 100억 원을 넘은 것을 보고하게 되어 기쁘게 생각합니다. 이것은 과거 4년에 걸쳐 20%의 연간 성장률을 달성했음을 의미합니다.

By now I'm sure many of you have heard that our sales exceeded last year's by 30%.
여러분들 중 많은 분들이 당사의 매출이 작년도의 30%까지 증가했다는 소식을 들었으리라 생각합니다.

2007 was indeed a banner year for GlobalLINK, marked in particular by completion of several unique and challenging projects.
2007년은 특히 독특하고 보람 있는 프로젝트의 달성에 의해 글로벌링크에 있어서 실로 최고의 해였습니다.

The success of ABC Corporation in becoming the leading distributor in Korea was a significant achievement last year.
ABC 코퍼레이션이 한국에서 주요 디스트리뷰터가 되는 데 성공했다는 것은 작년의 중요한 실적이었습니다.

This achievement is the culmination of superb efforts by many people in every department.
이 공적은 각 부서의 많은 사람들의 훌륭한 노력의 절정인 것입니다.

Without the expertise of our database team, this new model would have never been a reality.
데이터베이스 팀의 힘이 없었다면 이 새로운 모델은 실현되지 않았을 것입니다.

We remain positive on the growth prospects for our industry and continue to position ourselves for this growth with increased capital investment.
당사는 업계의 성장 가능성을 확신하고 있으며, 자본 투자 증대로써 이 성장에 계속 대비합니다.

I'd like to extend to each and every one of you my sincere congratulations and best wishes for your continued success.
여러분 전원 한 사람 한 사람에게 계속되는 성공에 진심으로 축복의 뜻을 표합니다.

Thank you for your long hours of work and creative effort in reaching this goal.
이 목표를 달성하기 위해서 장시간의 근무와 창조적인 노력에 감사드립니다.

We look forward to further expansion in 2007 as we get settled in our new building and work hard to maintain our goal of 100% customer satisfaction.
새로운 빌딩에 정착해서 100% 고객만족이라는 목표를 유지하기 위해 노력하고 2007년에 새로운 확대를 기대하고 있습니다.

I'm looking forward to your continued energy and enthusiasm.
앞으로 당신의 정열과 열의를 기대합니다.

업적의 칭찬

이것은 개인의 공적을 기리는 메일입니다. 구체적인 공적을 들어 칭찬하고 향후의 새로운 활약을 기대하는 취지를 전합니다.

Subject: Congratulations!

Congratulations on being awarded the International Designer Award!

We at ABC Corporation are very proud of your achievement. News of your work has shown up in more articles than I can remember!

Keep up the good work. GlobalLINK needs people like you.

 제목 : 축하합니다!

국제 디자인상 수상을 축하합니다!

ABC 코퍼레이션 일동은 당신의 위업을 매우 자랑으로 생각합니다. 당신의 작품에 관한 뉴스가 게재된 기사는 기억하지 못할 정도입니다.

앞으로도 계속해서 잘하시기길. 글로벌링크에는 당신과 같은 사람이 필요합니다.

Useful Expressions

Congratulations on being honored as the top salesperson for 2007.
2007년 최고 영업사원으로 표창 받게 됨을 축하드립니다.

Congratulations to our outstanding sales team. You've truly dominated your territory.
훌륭한 영업팀에 축하드립니다. 확실히 영역을 좌지우지했습니다.

I didn't want this year to end without acknowledging the contribution you have made to the company.
회사에 대한 당신의 공헌을 인정하지 않은 채 올해를 끝맺고 싶지 않았습니다.

You have racked up an impressive sales record this year.
당신은 올해 괄목할 만한 매출 기록을 달성했습니다.

Achieving 150% of target is a remarkable achievement, one that you should be proud of.
목표의 150% 달성이라는 것은 확실히 쾌거이며 자랑으로 생각해야 합니다.

This year you have brought in 40 new accounts and that is a significant accomplishment.
올해 당신은 40명의 신규 고객을 개척했습니다. 이것은 위업입니다.

Thank you for the marvelous job you have done.
훌륭히 일해 주셔서 감사합니다.

What an "above and beyond" performance! The numbers speak for themselves.
얼마나 뛰어난 업적인가! 숫자가 말해 주고 있습니다.

Thank you for your exceptional performance. The client is delighted.
뛰어나게 일하는 태도에 감사합니다. 클라이언트도 기뻐합니다.

The company has returned to profitability in the fourth quarter thanks to employees like you.
당신과 같은 사원 덕분에 당사는 제 4사분기 이익을 회복했습니다.

It is because of salespeople like you that ABC Corporation has achieved the success it has. I'm counting on you to help further the success of the company.
ABC 코퍼레이션이 지금의 성공을 거둔 것은 당신과 같은 영업사원이 있기 때문입니다. 새로운 성공에의 도움을 받을 수 있길 기대합니다.

It is very special people like you that make it possible to run a productive, profitable business.
생산적이고 수익성 있는 사업을 경영할 수 있는 것은 당신과 같은 특별한 분들 덕분입니다.

Employees like you keep us in business.
당신과 같은 사원 덕분에 당사는 사업을 계속할 수 있습니다.

Please commend your marketing staff for their impressive efforts.
훌륭한 노력에 대해 마케팅 스태프를 칭찬해 주십시오.

Thank you for helping us grow.
당사의 성장을 지지해 주셔서 고맙습니다.

Congratulations again on your Best Web Site award!
베스트 웹 사이트 수상, 거듭 축하드립니다.

Kudos for your outstanding achievement!
훌륭한 업적에 박수를 보냅니다.

 승진 발표

새로운 직무, 실시일, 직속 상사 등을 적어 새로운 직무 및 과거의 경력이나 실적을 간단하게 말합니다. 마지막으로 축하나 격려의 말을 더합니다.

Subject: Promotion-Manager, Technical Service

We are pleased to announce that Raj Ghandi has been promoted to Manager, Technical Services.

Raj has developed ABC's reseller education initiatives, including expansion to the Western Region and training partners in other regions of the country. Reseller education is a vital ingredient in ABC's leadership of the VAR market.

He will retain his current responsibilities and add management of the technical services group as of October 1.

We're looking forward to even greater achievement from him in this new position.

해석

제목 : 승진 - 테크니컬 서비스 매니저

Raj Ghandi가 테크니컬 서비스 매니저로 승진한 것을 발표할 수 있게 되어 기쁘게 생각합니다.

Raj는 서부지구로의 확대, 전국의 다른 지구에서의 파트너 연수를 포함한 ABC의 재판업자 교육 이니셔티브를 구축했습니다. 재판업자 교육은 VAR 시장에 있어서 ABC의 리더십의 요점이 되는 것입니다.

Raj는 현재의 직무를 계속하는 것과 동시에 10월 1일자로 테크니컬 서비스 그룹의 관리를 담당합니다.

새로운 자리에서 새로운 공적을 쌓아 올릴 것을 기대하고 있습니다.

 Useful Expressions

It is my pleasure to announce the promotion of Lee Sang-hyeon to the position of Controller.
이상현 씨의 컨트롤러로의 승진을 기뻐하며 여기에 발표합니다.

We are pleased to announce the promotion of Kang Seung-hee to Senior Researcher.
강승희 씨의 시니어 연구원으로의 승진을 기뻐하며 여기에 발표합니다.

James has been promoted to Operations Manager. In his new capacity, James will supervise operations staff as well as oversee ongoing operations projects.
제임스 씨는 이번에 업무 매니저로 승진되었습니다. 새로운 직에서 제임스 씨는 업무 스태프를 감독함과 동시에 진행 중인 업무 프로젝트를 관리합니다.

Kim Tae-hwan will be assuming the new position of Communications Specialist, effective April 1. She will be reporting directly to me.
김태환 씨는 4월 1일자로 커뮤니케이션 스페셜리스트직에 오릅니다. 제가 직속 상사가 됩니다.

As District Manager, Mr. Ozaki will oversee 20 sales managers who supervise more than 200 sales reps.
지구 매니저로서 오자키 씨는 200명 이상의 영업사원을 감독하는 20명의 세일즈 매니저를 관리하게 됩니다.

Ms. Zaizen, a 15-year veteran, has the experience and versatility to handle a multitude of financial tasks as VP of Finance.
자이젠 씨는 15년 경력의 베테랑 사원으로 재무부장으로서 많은 재무 업무를 해내는 데 필요한 경험과 많은 재능을 갖추고 있습니다.

Tommy joined ABC over three years ago and has added many new accounts as an Account Executive since.
토미 씨는 3년 전에 ABC에 입사해서 그 후 어카운트 이그제큐티브로서 많은 새로운 거래처를 개척했습니다.

She has been integral to acquiring key vendors who have helped to propel the company's dramatic sales in recent years.
그녀는 최근 당사의 비약적인 매출에 공헌한 주요 벤더 획득에 없어서는 안 될 존재였습니다.

He is among the people who contributed significantly to our success and are being recognized for their efforts.
그는 이 성공에 막대한 공헌을 해서 그 노력을 인정받고 있는 사원의 한 사람입니다.

Anne has served the company for two years as a trainer for the Kanto region.
안은 관동지구의 교육 담당자로서 근속 2년이 됩니다.

Everyone at ABC is proud of her accomplishments and shares in her success.
ABC사 일동은 그녀의 공적을 자랑으로 여기며 성공을 같이 하고 있습니다.

He will assume his new position on October 1.
10월 1일자로 새로운 직을 맡을 것입니다.

Please join me in congratulating Mr. Tomita on his new position.
토미타 씨의 새로운 직책으로의 취임을 저와 함께 축하해 주십시오.

 입사 – 이동 알림

새로운 사원의 과거 경험이나 실적을 소개하고 새로운 직장에서의 직무나 풍부함을 말해서 환영의 뜻을 나타냅니다.

Subject: New CFO

I am pleased to announce that Kenzo Yanagi has joined the company as the new CFO. He will report to Norman Sanchez, CEO.

As CFO, Mr. Yanagi will be responsible for overall coordination of financial activities, including M&As.

Mr. Yanagi has been in the finance/accounting field since he graduated from college in 1980. He has held CFO, Director of Finance and VP of Finance positions at a variety of manufacturing, technology and communications companies over the last dozen years, including ABC manufacturing, Bio Systems and Best Telco.

Mr. Yanagi's track record of success in startup and turnaround situations will help the company meet its strategic and financial objectives. We sought him out because of his experience in technology companies of all sizes and his specific knowledge of the investment needs and the growth curve we expect to achieve.

We are extremely pleased to have him join our Executive Team. Let's extend our heartiest welcome to Mr. Yanagi.

해석

제목 : 신임 CFO

야나기 겐조 씨가 새로운 CFO로서 입사하신 것을 기쁘며 여기에 발표합니다. CEO의 노먼 산체스 씨 아래에서 일하시게 됩니다.

CFO로서 야나기 씨는 M&A를 포함한 모든 재무 업무를 담당하십니다.

야나기 씨는 1980년 대학 졸업 이래 줄곧 재무 및 회계 분야에서 일해 오셨습니다. 과거 10 수년에 걸쳐 ABC 제조, 바이오 시스템즈, 베스트테르코 등 다양한 제조, 기술, 통신 기업에서 CFO, 재무부장, 재무 담당 부사장을 역임해 오셨습니다.

야나기 씨의 스타트 업이나 경영 재건에 있어서의 빛나는 실적은 당사가 전략상 그리고 재무상의 목표를 달성하는 힘이 될 것입니다. 야나기 씨가 오신 것은 그의 모든 규모의 기술 회사에서의 경험과 투자 요구 및 당사가 목표로 하는 성장에 관한 지식을 산 것입니다.

당사의 경영팀에 맞이할 수 있어 감격입니다. 모두 야나기 씨를 진심으로 환영합시다.

Useful Expressions

We are pleased to announce the appointment of Mitsuko Fukuda to the position of HR Director.
후쿠다 미츠코 씨의 인사 디렉터에의 취임을 기뻐하며 여기에 발표합니다.

I'd like to introduce to you Ms. Ozawa, our new assistant. She will report directly to me.
새로운 어시스턴트의 오자와 씨를 소개합니다. 제가 직속 상사가 됩니다.

A warm welcome to Aoyama-san, who joins the Legal Department as Secretary.
비서로서 법무부에 참가한 아오야마 씨를 따뜻하게 환영합니다.

Mr. Funai will join our organization as Compliance Officer.
후나이 씨는 컴플리언스 오피서로서 입사하셨습니다.

She joins ABC Pharmaceuticals from World Pharmaceuticals, where she was responsible for clinical product development plans.
박사는 이번에 임상제품 개발기획을 담당하고 있던 월드 제약에서 ABC 제약을 위해 오셨습니다.

She joined GlobalLINK in 1993 upon her graduation from World University with a Bachelor of Arts in Psychology.
그녀는 월드대학 심리학과를 졸업함과 동시에 1993년 글로벌링크에 입사하였습니다.

Throughout his career, Dr. Kobayashi has made significant contributions in the area of drug development, and we are very pleased that he is joining the company.
그 캐리어를 통해 고바야시 박사는 약품 개발 분야에서 많은 공헌을 해 왔습니다. 당사에 입사하신 것을 매우 기쁘게 생각하고 있습니다.

He will be transferred to the Sendai Office, effective September 1.
9월 1일부로 센다이사무소로 이동하게 됩니다.

She just returned from assignment to Sydney. In her new position, she will oversee global operations.
그녀는 시드니에서 있다가 막 돌아왔습니다. 이번에 새로운 직장에서 글로벌 업무의 감독을 맡습니다.

He will be relocated to Brazil.
그는 브라질로 전근 갑니다.

In a time of great change and challenges for us all, we welcome our new Director and look forward to a bright future.
우리에게 있어 큰 변화와 도전의 시기에 새로운 부장을 환영해서 밝은 미래를 기대하고 있습니다.

I will appreciate your help in making Tom feel welcome.
톰의 환영을 도와주시면 감사하겠습니다.

 **퇴직 알림**

격려의 말과 함께 한 두 가지 그 사람의 구체적인 공적이나 공헌을 덧붙입니다. 정년퇴직의 경우 퇴직 후의 예정 등도 알면 첨가하고 마지막에 행운을 빕니다.

Subject: Best Wishes to Kanai-san!

We are losing our wonderful secretary, Kanai-san. Kanai-san has been with us for over three years but it feels like we have known her forever. She slotted into the department so well right from the start.

Thank you, Kanai-san, for all your help and hard work. We have enjoyed working with you. We wish you good fortune and every success!

해석

제목 : 카나이 씨께 행복을!

훌륭한 우리의 비서 카나이 씨가 떠납니다. 카나이 씨는 당부서에 근무한 지 3년 이상이 됩니다만 오랫동안 함께 했던 것 같습니다. 처음부터 부서에 잘 융화하셨습니다.

카나이 씨, 지금까지의 지원과 노력에 감사드립니다. 함께 일할 수 있어서 즐거웠습니다. 행복과 성공을 기원합니다!

Subject: Dr. Nomura's Retirement

Dr. Ben Nomura, R&D Director, is retiring on March 26 after 20 years at ABC Corporation. Dr. Nomura will remain a consultant with ABC and provide guidance and input in a number of areas, including development and applications for specialty chemical products.

We are pleased to report that Dr. Mamoru Ritto will be taking over for Dr. Nomura. Dr. Ritto received his Ph.D. in Polymer Science from the University of Science. Please join me in welcoming Dr. Ritto to ABC.

해석 　제목 : 노무라 박사의 퇴직

연구개발 담당 디렉터 노무라 츠토무 박사가 ABC 코퍼레이션에서의 20년 근무를 끝내고 3월 26일 퇴직합니다. 노무라 박사는 ABC와 컨설팅 계약을 체결하고 스페셜티 케미컬 제품의 개발 및 응용을 포함해 많은 분야에서 가이던스나 인풋을 ABC에 제공할 예정입니다.

노무라 박사의 임무는 릿토 마모루 박사가 인계하는 것을 기뻐하며 알려드립니다. 릿토 박사는 과학대학에서 폴리머 과학으로 박사 학위를 취득했습니다. 저와 함께 ABC에 오신 릿토 박사를 환영해 주십시오.

Useful Expressions

We are sorry to hear that Naoko Kishida, Import Specialist, is leaving us on August 31.
수입 스페셜리스트의 키시타 나오코 씨가 8월 31일 퇴직하신다고 들어 유감입니다.

Mr. Iijima is resigning from GlobalLINK on December 2.
이이지마 씨는 12월 2일 글로벌링크를 퇴직합니다.

After a distinguished 25-year career with ABC Corporation, Arai-san will be retiring on May 10, 2007.
ABC 코퍼레이션에서 25년 간의 훌륭한 캐리어를 끝내고 아라이 씨는 2007년 5월 10일 (정년) 퇴직하십니다.

The company announced today the departure of longtime editor-in-chief, Vincent Chen.
회사는 오늘 오랜 세월의 편집장 빈센트 첸 씨의 퇴직을 발표했습니다.

Sanae has shown great dedication and commitment to her work over the five years she has been with us.
사나에 씨는 5년 근무 동안 자신의 일에 매우 헌신하며 몰두해 왔습니다.

She was a major force in our becoming a leading brokerage firm in Japan.
그녀는 당사가 일본에서 주요 증권회사가 되는 데 주 원동력이 되신 분입니다.

Her loss is expected to have a significant impact on the company's operations.
그녀의 퇴직은 당사의 업무에 많은 영향을 줄 것입니다.

He pioneered several business applications that helped us grow from a market share of 10% to No. 1 in the marketplace.
그는 10%의 시장 점유율로부터 시장에서 제1위로 성장하는 데 도움이 된 새로운 비즈니스 애플리케이션을 몇 가지 개발했습니다.

He will be missed by his customers and colleagues.
고객이나 동료는 그가 떠나서 외로워지겠지요.

She plans to seek a position with a law firm.
그녀는 법률 사무소로 전직할 예정입니다.

He will remain busy with a variety of activities that will allow the community to continue to benefit from his experience and expertise.
퇴직 후에도 그 경험과 전문지식은 커뮤니티에서 도움이 되기 때문에 수많은 활동으로 바쁜 날들을 보낼 예정입니다.

Mr. Yoneda will take over her responsibilities for 6 months while the search for a permanent replacement continues.
후임 물색을 계속하는 동안 반 년간 요네다 씨가 직무를 계승합니다.

I'd like to express heartfelt appreciation for her years of contributions to the company's success.
회사의 성공을 위한 오랜 세월에 걸친 공헌에 대해 진심으로 감사의 뜻을 표합니다.

All of us wish Tamura-san the very best in her retirement.
우리 모두 타무라 씨의 정년퇴직에 행복을 빕니다.

We wish you well, Mr. Newman, and thank you for your years of exceptional service to GlobalLINK.
뉴먼 씨, 당신의 행복을 빔과 동시에 글로벌링크에서의 오랜 세월에 걸친 훌륭한 공헌에 감사드립니다.

We at Information Services wish you the best, Debbie!
데비, 정보 서비스부 모두 당신의 행복을 빕니다!

We wish her well in her new (future) endeavors.
새로운 (앞으로의) 시도에 성공하시길.

We wish him many happy years in the future.
앞으로 오랫동안 즐거운 날들을 보내시길.

All of us at GlobalLINK wish Mr. Ichimura-san well!
글로벌링크 일동이 이치무라 씨의 행복을 빕니다.

Chapter 4

사교 메일

 메일 트러블

첨부 파일을 읽을 수 없는 경우나 메일 배포처에 관한 사내 연락 등에 대해서 소개합니다.

Subject: Supply Schedule

Just a note to let you know that last week I lost all my saved e-mails because we had a major system breakdown. I am sorry I don't have the supply schedule you sent me in the past. Would you resend please.

 제목 : 공급 스케줄

지난 주에 회사의 시스템이 다운되어 저장해 둔 메일을 모두 잃어버렸습니다. 그래서 전에 보내 주신 공급 스케줄이 없습니다. 재발송해 주실 수 있겠습니까?

Useful Expressions

Our server crashed and I lost all my previous e-mail correspondence.
서버가 크래시되어 지금까지의 메일을 모두 잃어버렸습니다.

My computer crashed and I lost all my data in the hard drive.
컴퓨터가 크래시되어 하드 드라이브의 데이터를 모두 잃어버렸습니다.

Sorry, I couldn't send you e-mail yesterday. Our server was down. If you have sent me any e-mail, could you resend it, in case it has been lost?
죄송하지만, 어제 메일을 보낼 수 없었습니다. 서버가 다운되었기 때문입니다. 만약 메일을 보내셨다면 없어지면 안 되기 때문에 한 번 더 보내주실 수 있겠습니까?

Our network was down over the weekend. If you have sent me anything, please resend to my personal account at personal@getglobal.com.
주말에 당사의 네트워크가 다운되었습니다. 보내신 게 있다면 저의 개인 메일주소 personal@getglobal.com으로 재발송해 주십시오.

I'm sorry for the delay in responding. Our network was down all day yesterday and it just got back up this morning.
답장이 늦어 죄송합니다. 어제 하루 네트워크가 다운되어 오늘 아침에 막 복구했습니다.

Our server was hacked and all the files on the hard drive and the backup hard drive were deleted.
서버가 해킹 당해서 하드 드라이브와 백업 하드 드라이브의 파일이 삭제되었습니다.

Our provider's server was down for a few days and I was unable to retrieve or send any messages.
　　　　　　　　　　　　　　　　　　　　　　　　　　　　* retrieve 검색하다, 읽다
며칠 동안 프로바이더의 서버가 다운되어 메시지를 읽거나 보낼 수도 없었습니다.

My e-mail program has been very unstable for the last few days.
지난 며칠 동안 저의 메일 프로그램이 매우 불안정했습니다.

I'm sorry I didn't write you for days. I misplaced your e-mail address and couldn't find it until today.
며칠 동안이나 메일을 보내지 못해 미안합니다. 당신의 메일주소를 어딘가에 잘못 두고 오늘까지 찾지 못했습니다.

My apologies for not contacting you until now. I couldn't find your e-mail address.
지금까지 메일을 보낼 수 없어서 죄송합니다. 당신의 메일주소를 찾지 못했습니다.

Because of the virus, the hard drive had to be reformatted and I lost all the e-mail addresses stored in the drive.
바이러스 때문에 하드 드라이브를 다시 포맷해야 해서 하드에 들어 있던 메일주소를 모두 잃어버렸습니다.

I couldn't read the attached file. Could you pls send it to personal@getglobal.com?
첨부 파일을 읽을 수 없었습니다. personal@getglobal.com으로 보내주실 수 있습니까?

This is just to make sure that you received my e-mail of Dec. 5 saying I was not able to read your e-mail and needed it be resent to personal@getglobal.com.
보내주신 메일을 읽을 수 없었기 때문에 한 번 더 personal@getglobal.com으로 보내달라고 하는 12월 5일자 저의 메일이 도착했는지 확인하고자 이 메일을 보냅니다.

I'm attaching both Word and text files in case you can't read the Word document.
워드 문서를 읽을 수 없으면 안 되기 때문에 워드와 텍스트 파일을 모두 첨부합니다.

This office doesn't handle the Sigma line. Pls do not cc your e-mail to us.
이 사무소에서는 시그마 제품을 취급하지 않습니다. 저희에게는 메일 카피를 보내지 마십시오.

Pls copy me all your e-mails to Toshiko Yabe in the Legal Department.
법무부 야베 토시코 씨 앞으로 보내는 당신 메일은 모두 저에게도 카피본을 보내주십시오.

메일주소의 변경 통지

메일주소가 바뀌어 이미 보낸 메일이 배달되지 않고 반송되는 일은 흔합니다. 그렇게 되지 않도록 미리 통지하기 위한 표현을 소개합니다.

Subject: Address Change

My address has changed to new@getglobal.com.

tech@getglobal.com will become invalid as of May 21 (due to an overwhelming amount of spam).

Thanks for updating your address book!

해석

제목 : 주소 변경

주소가 new@getglobal.com으로 바뀌었습니다. tech@getglobal.com은 5월 21일자로 무효가 됩니다.(스팸량을 감당할 수 없기 때문에)

주소록을 갱신해 주셔서 감사합니다!

Useful Expressions

Here's my new e-mail address.
저의 새로운 메일주소입니다.

Please note that my new e-mail address is new@getglobal.com.
저의 새로운 메일주소는 new@getglobal.com이므로 잘 부탁드립니다.

My e-mail address has been changed to new@getglobal.com.
저의 메일주소가 new@getglobal.com으로 바뀌었습니다.

Effective now, please use the following e-mail address. The existing address is being discontinued.
앞으로 아래의 메일주소를 이용해 주십시오. 현재의 주소는 사용할 수 없게 됩니다.

BTW–please note my new e-mail address.
그런데 메일 주소가 바뀐 것을 주지하시기 바랍니다.

I sent you an e-mail, but it came back undeliverable. Is your address info@getglobal.com?
회사로 메일을 보냈지만, 배달 불능으로 반송되었습니다. info@getglobal.com이 맞습니까?

I tried to send a couple of messages to your getglobal.com address, but they came back. Could you tell me again your e-mail address?
getglobal.com의 주소로 몇 번이나 메시지를 보내려고 했지만, 반송되었습니다. 메일주소를 한 번 더 가르쳐 주시겠습니까?

「메일이 배달되지 않았다는 연락을 받았을 경우」

Unfortunately, Ayumi is no longer with ABC Technologies, so that's probably why your e-mail bounced back. * bounce back 반송되다
유감스럽지만, 아유미는 더 이상 ABC 테크놀로지스사에 근무하지 않습니다. 메일이 반송된 것은 그 때문일 것입니다.

For future reference, shareholder relations is now being handled by Lee Jung-mi, ABC's newest team member. I forwarded your new contact information to her.
참고로 주주 관련은 현재 ABC의 최신 팀 멤버인 이정미 씨가 취급하고 있습니다. 당신의 새로운 연락처는 그녀에게 전송해 두었습니다.

 출장 · 휴가 알림

출장이나 휴가로 부재중일 때는 가급적이면 사전에 연락해서 구체적인 일정을 알립니다. 또한 부재 시 다른 사람이 응대하거나 출장 중에도 메일을 읽을 수 있는 경우엔 그 취지를 연락해 두면 좋을 것입니다.

Subject: Out of Town

I'll be out of the country from 4/17-5/4.

I'll try to read my e-mails on the road, but won't be able to respond quickly. I'd appreciate it if you could cc your e-mail to info@getglobal.com starting next week.

Thank you.

해석　제목 : 부재(不在)

4/17 ~ 5/4까지 외국에 갑니다.

그 사이에도 메일을 읽을 생각입니다만, 곧바로는 답장할 수 없을 것입니다. 다음 주 이후 메일 카피본을 info@getglobal.com으로 보내주시면 감사하겠습니다.

감사합니다.

 Useful Expressions

I'll be out of town from Dec. 13 through 17.
12월 13일까지 17일간 부재중입니다.

I'll remain wired. If you e-mail me at this address, I'll try to respond asap.
메일은 읽을 수 있습니다. 이 주소로 메일을 보내주시면 가능한 한 빨리 회신을 보내겠습니다.

I'll be traveling next week and will be back on Feb. 10.
다음 주에 출장을 가서 2월 10일 돌아옵니다.

I am leaving town for a few days. Will be back Thursday.
며칠 동안 도시를 떠나 있을 것입니다. 목요일에 돌아옵니다.

I'll be on vacation for a week beginning Monday. I'll be back to work on June 20.
월요일부터 1주일 동안 휴가입니다. 6월 20일 업무에 복귀합니다.

I will be on vacation from December 29, 2007 through January 28, 2008. If you need to reach me, it will be best to call me on my cell phone. I will check e-mail only occasionally while away.
2007년 12월 29일부터 2008년 1월 28일까지 휴가입니다. 연락할 필요가 있는 경우는 휴대폰으로 전화하시는 것이 최선일 것입니다. 휴가 중에는 가끔씩밖에 메일을 체크하지 않습니다.

Our company will be closed from December 29 through January 3 for New Year's holidays.
당사는 12월 29일부터 1월 3일까지 설날 휴일입니다.

Our office will be closed the week of August 14.
당사는 8월 14일의 주는 휴무입니다.

Our company will be closed for 10 days, April 29 through May 8.
당사는 4월 29일부터 5월 8일까지 10일간 휴무입니다.

I'll be on family (maternity) leave for three months, April 8 through July 7.
4월 8일부터 7월 7일까지 3개월간 출산휴가입니다.

I'll be checking my e-mail on the road, but if you need immediate assistance, please send e-mail to cj@getglobal.com.
출장 중에도 메일을 체크합니다만, 신속한 대응이 필요한 경우는 메일을 cj@getglobal.com으로 보내주십시오.

While I'm gone, Chie will take care of order processing.
제가 없는 동안 치에 씨가 주문 처리를 담당할 것입니다.

「자동응답 메일의 설정」

I will be out of the office starting 10/15 and will not return until 10/20. You may direct your messages to cj@getglobal.com.
10/15부터 부재중이며 10/20 돌아옵니다. 그 사이 메시지는 cj@getglobal.com으로 보내주셔도 됩니다.

I will have limited access to email while I'm gone, and may have difficulty getting back to you before I return. If you need immediate assistance, please contact Yusuke Konishi at konishi@getglobal.com, X1234.
본인이 없는 동안 메일 접속이 한정되어 있으므로 돌아올 때까지 회신하는 것이 어려울지도 모릅니다. 곧바로 대응이 필요한 경우에는 코니시 유스케 konishi@getglobal.com, 내선 1234로 연락 주십시오.

I will be out of the facility from this afternoon (Monday, Oct 4) through Thursday, Oct 7. I will have access to email and voice mail.
오늘 오후(10월 4일 월요일)부터 10월 7일 목요일까지 부재중입니다. 메일과 보이스 메일에는 접속할 수 있습니다.

I will be out of the office on maternity leave until the middle of June. In my absence, please direct any inquires to Wakako Miyamoto at miyamoto@getglobal.com or 02-1234-5678.
6월 중순까지 출산 휴가로 부재중입니다. 그 사이 문의사항은 모두 미야모토 와까꼬, miyamoto@getglobal.com, 02-1234-5678로 보내주십시오.

 신임 인사

담당 분야나 직무를 간단하게 전합니다. 「잘 부탁 드립니다」는 직역하지 말고 It'll be great working with you. 또는 I look forward to working with you.와 같은 표현을 사용합니다. 「아직 풋내기입니다만」, 「아무쪼록 많이 가르쳐 주세요」라고 하는 표현을 사용하는 경우 또한 없습니다.

Subject: I'm the new assistant

My name is Akemi Koriyama and I'm a new assistant in the overseas sales department. I'm replacing Yukari Shinjo, who was transferred to the overseas distribution center.

I know Yukari did a superb job servicing your account and she will be missed, but let me assure you that you will continue to receive the fine service that the overseas sales team has always given.

Please feel free to contact me anytime about your order or delivery needs. I look forward to working with you.

해석

제목 : 저는 신임 어시스턴트입니다

코오리야마 아키미라고 합니다. 해외영업부에 새로 어시스턴트로 들어왔습니다. 해외유통센터로 이동한 신죠 유카리의 후임입니다.

유까리 씨는 고객 담당자로서 훌륭히 일을 해서 그녀가 없어서 유감이지만, 해외영업 팀이 항상 제공해 온 훌륭한 서비스를 계속해서 제공할 것을 약속드립니다.

주문이나 납품에 관해서는 언제든 부담 없이 연락 주십시오. 당신과 일하게 되기를 기대합니다.

Subject: Ben's Retirement

As you know, Ben is retiring today and I will be responsible for future technical issues.

I think that we have a great relationship with ABC. I am looking forward to continuing the development of products together.

제목 : 벤의 (정년) 퇴직

아시다시피 벤은 오늘로 퇴직하며 앞으로 기술 관련은 제가 담당합니다.

당사는 ABC와 훌륭한 관계에 있다고 생각합니다. 함께 제품개발을 하는 것을 기대하고 있습니다.

Useful Expressions

I'm the new import specialist at Best Products, replacing Takashi Kaneko.
이번에 카네코 타카시를 대신하여 베스트 프로덕츠의 수입 담당이 되었습니다.

I'll be handling the Middle East.
중동을 담당하게 됩니다.

I'm a new sales rep(executive) of ABC. I'll be handling your account starting April 1.
저는 ABC사의 새로운 영업사원입니다. 4월 1일부터 귀사를 담당하게 됩니다.

I recently joined ABC Company. I'll be in charge of South America.
이번에 ABC사에 입사했습니다. 남미를 담당하게 됩니다.

Hi, I just joined the project team.
안녕하세요, 프로젝트팀에 참가했습니다.

Please let me introduce myself.
제 소개를 하겠습니다.

I'm replacing Ms. Kishimoto, who recently retired.
최근 (정년) 퇴직한 키시모토 씨의 후임입니다.

I have been with ABC Corporation for the last three years.
ABC 코퍼레이션에서 근무한 지 3년이 됩니다.

I love to play golf, so don't forget me if you're getting a foursome up.
골프를 아주 좋아해서 플레이할 때는 저도 잊지 말고 권해 주십시오.

It'll be a great pleasure working with you.
함께 일하는 것을 영광으로 생각합니다.

I look forward to serving your company.
귀사를 도울 수 있길 기대하고 있습니다.

 전근 · 이동 안내

전근이나 이동을 알리고 지금까지의 교류에 감사한다고 할 때는 「그동안 고마웠습니다」라고 하는 것이 아니라, I enjoyed working with you. 라는 표현을 사용합니다.

Subject: Relocating to Osaka

Hello Friends,

As of Oct. 1, I'm relocating to our Deagu office. My new position as Regional Director will be a challenge, but I'm also excited about the opportunity for career advancement.

It was great to work with you the last five years. Lee Seo-yeon will be succeeding me as Marketing Manager. She's been in marketing for over 10 years and will be more than qualified to handle all your needs.

My e-mail address will remain the same. Please stay in touch.

해석

제목 : 오사카로의 전근

여러분 안녕하십니까?

10월 1일자로 대구 지사로 전근을 가게 되었습니다. 지역 디렉터로서의 새로운 직무는 큰 일이라 생각합니다만, 캐리어를 늘릴 찬스에 기대가 되기도 합니다.

지난 5년간 함께 일해서 즐거웠습니다. 저를 대신해 이서연 씨가 새로이 마케팅 매니저가 됩니다. 노마는 마케팅 분야에서 10년 이상의 경험으로 귀사의 요구에 훌륭히 응할 수 있을 것입니다.

저의 메일주소는 바뀌지 않으므로 앞으로도 잘 부탁드립니다.

Useful Expressions

I recently relocated to Daejeon.
최근 대전으로 전근했습니다.

I was transferred to the Graphics Department on Sept. 30.
9월 30일에 그래픽 부로 옮겼습니다.

On May 1, I'm moving to the Export Department. I'll be overseeing the African market.
5월 1일 수출부로 옮겨 아프리카 시장의 담당이 됩니다.

I'm excited about the move.
전근(이동)을 기대하고 있습니다.

My new assignment is new-product development.
새로운 직무는 신제품 개발입니다.

I have enjoyed working with you and your staff for the last four years.
과거 4년간 당신과 당신의 스태프들과 일할 수 있어서 즐거웠습니다.

You have been a great mentor to me.
당신에게는 여러 가지로 많은 지도를 받았습니다.

If you ever visit Hong Kong, please look me up.
홍콩에 오실 때는 아무쪼록 말씀해 주십시오.

I will miss you all.
여러분과 떨어지게 되어 슬픕니다.

---

relocate vs. transfer
양쪽 모두 「전근」이라는 의미로 사용되지만, relocate가 일반적이며, transfer는 「이동」이라는 의미로 사용되는 경우가 많다.

 **퇴직 안내**

퇴직 이유는 되도록이면 자세하게 쓰지 말고 적극적인 톤으로 하며 후임 소개도 잊지 않도록 합니다.

Subject: Organizational Change

Dear Friends and Associates,

With much regret, I will be leaving ABC on Friday, Oct. 17 to accept a position with Better Company, (+81-3123-4567) in Tokyo, effective Oct. 27.

I would like to sincerely thank each one of you for your support over the last 14+ years and it is my hope that our paths will cross again in the future.

Makoto Mori (mori@getglobal.com) will be assuming the role of Sales & Marketing Manager and Hiroshi Jinnai (jinnai@getglobal.com), Sr. Market Manager, will handle sales & marketing for latex.

Thanks again and please stay in touch.

해석

제목 : 조직의 변경

여러분,

매우 유감스럽지만, 저는 10월 17일 금요일로 ABC를 퇴직하게 되었습니다. 10월 27일부터 동경의 베타컴퍼니(+81-3123-4567)에서 근무합니다.

과거 14년 이상 여러분 한 사람 한 사람의 서포트에 진심으로 감사드립니다. 앞으로 또 어딘가에서 뵐 수 있길 바랍니다.

모리 마코토(mori@getglobal.com)가 영업 마케팅 매니저 일을 담당하게 되며 진나이 히로시(jinnai@getglobal.com)가 시니어 마켓 매니저로서 라텍스 영업과 마케팅을 담당합니다.

거듭 감사드리며, 앞으로도 잘 부탁드립니다.

Useful Expressions

I wanted to let you know that today is my last day with ABC.
오늘로서 ABC사를 그만두게 된 것을 알려드립니다.

I'll be leaving ABC on March 31.
3월 31일자로 ABC사를 퇴사하게 되었습니다.

This is just to let you know that I'll be leaving B&B as of June 15.
6월 15일자로 B&B사를 퇴직하게 됨을 알려드립니다.

Satoru Yoda will assume my duties and I'm sure he'll be in touch with you soon.
요다 사토루가 직무를 계승하게 되고, 가까운 시일 내에 그로부터 연락이 있을 것입니다.

Your new company contact will be Satomi Naito.
나이토 사토미가 새로운 담당자가 됩니다.

Fumi Ando will take over my place and be responsible for logistics. She's been with the company for three years and has excellent command of English.
후미 안도 씨가 후임이 되어 로지스틱스를 담당합니다. 안도 씨는 3년 경력이 있으며 영어 실력이 뛰어납니다.

I enjoyed working with you.
함께 일해서 즐거웠습니다.

I have enjoyed working with all of the people from XYZ. I certainly hope that we will get together again in some capacity.
XYZ사의 여러분과 일을 할 수 있어서 즐거웠습니다. 어떤 형태로든 꼭 다시 함께 하길 기대합니다.

Working with you and everyone at XYZ has been an extraordinary learning experience.
당신과 XYZ사의 여러분과 일을 한 것은 더 없는 학습 경험이 되었습니다.

Thank you so much for your support during these past years.
지금까지 여러 모로 도와주셔서 대단히 감사합니다.

Thank you for your friendship for the last ten years.
과거 10년 동안의 친교에 감사합니다.

I hope we'll stay in touch.
앞으로도 잘 부탁드립니다.

Wishing you and your company the best,
당신과 귀사의 행운을 기원합니다.

I wish you all the best and perhaps our paths may cross again someday.
행복을 기원하며 언젠가 다시 뵐 수 있는 날이 오기를 기원합니다.

 전직 · 독립 알림

마케팅 활동의 일환으로 파악해서 새로운 업무내용이나 새로운 회사의 업무내용을 전합니다.

Subject: Address Change

This is my official last day with A&H. As of tomorrow, August 31, I will be VP, Patent Strategy for WorldNet, Inc. I will be working part time out of A&H's offices through the end of September, but will work mostly out of my WorldNet office.

My new contact information is as follows:

해석

제목: 주소 변경

오늘로서 A&H를 퇴사하게 되었습니다. 8월 31일 내일부터 월드넷 주식회사의 특허 전략 담당 부사장이 됩니다. 9월 말까지는 A&H의 사무소에서 파트 타임으로 일을 계속하지만 거의 월드넷에서 일을 하게 됩니다.

저의 새로운 연락처는 아래와 같습니다.

Subject: New Venture – CareerNet

Hello. Touching base just in case you have not heard that I left World Accounting last month after completing my 30th year with the firm. I'm co-founding a new company designed to assist executive recruiters and executives in connecting with new career opportunities.

My unusual background, blending the internet and an established job market concept, has enabled us to create a unique patent-pending career-connection system that matches the needs of executive recruiters with the needs of executives and managers who are interested in making job or career changes.

I wanted to forward my new contact information and express thanks for all the years of support. I look forward to continued contact for another 30 years. Please drop me an e-mail or give me a buzz to reconnect, or just stop in to visit our new office. Again, thanks and stay in touch.

제목 : 새로운 벤처 - 캐리어 넷

안녕하세요. 혹시 제가 지난 달 30년의 근무를 거쳐 월드 어카운팅을 퇴직했다고 하는 것을 듣지 못하셨을까 해서입니다. 지금 신참자와 경영진을 새로운 캐리어 찬스에 연결하는 것을 돕는 회사를 공동 설립하고 있는 중입니다.

저에게는 인터넷과 확립된 취직 시장의 컨셉을 브랜드한 독특한 배경이 있으므로 신참자의 요구와 전직을 희망하고 있는 경영진이나 매니저의 요구를 매칭하는 특허 신청중인 캐리어 커넥션 시스템을 구축할 수 있었습니다.

저의 새로운 연락처를 전하고 수 년간의 지원에 감사하고 싶었습니다. 앞으로도 계속해서 새로운 30년을 잘 부탁드립니다. 또 만날 수 있도록 메일이나 전화를 주시고 새 사무소에도 들러 주십시오. 거듭 감사드리며 앞으로도 잘 부탁드립니다.

Useful Expressions

I just wanted to let you know I recently changed jobs. Now I work for a start-up technology company.
실은 최근에 전직했습니다. 이번에는 스타트-업의 테크놀로지사에서 일합니다.

I changed jobs last month after 10 years with ABC. I'm now working for XYZ, an up and coming biotech company.   * up and coming 신진기예의
ABC사에서의 10년을 거쳐 지난 달 전직했습니다. 현재는 신진의 바이오텍 회사의 XYZ사에 근무하고 있습니다.

I left ABC earlier this year and started my own export/import business last month. I mainly import machine tools from China.
올 초에 ABC사를 퇴직하고 지난 달 수출입업을 시작했습니다. 주로 중국으로부터 공작기계를 수입하고 있습니다.

I launched New Agency on July 10.
7월 10일에 뉴 에이전시를 설립했습니다.

I've started a management consulting business.
경영 컨설팅업을 시작했습니다.

I left the company and now work as a freelance animator.
회사를 그만두고 프리랜스 애니메이터로 일하고 있습니다.

After 20 years with ABC, I decided it was time to venture out on my own.
ABC사에서의 20년간의 근무를 거쳐 드디어 독립할 시기가 왔다고 생각했습니다.

If you know of anyone that is in need of an illustrator, I would appreciate your referral.   * referral 소개, 추천
일러스트레이터를 필요로 하는 분을 아신다면 소개해 주시면 고맙겠습니다.

I look forward to working with you again.
다시 함께 일하기를 기대하고 있습니다.

 결혼 알림

이러한 통지는 주로 친한 상대에게 하게 되므로 캐쥬얼한 표현이 핵심입니다.

Subject: Breaking News...

Just to let you know that I'm getting married next weekend and will be gone on honeymoon for two weeks. I'll be back to work on July 1.

 제목 : 속보입니다……
다음 주말에 결혼해서 2주일간 신혼여행을 가게 됨을 알려 드립니다. 7월 1일 업무에 복귀합니다.

Useful Expressions

I got married this weekend.
이번 주말에 결혼했습니다.

I just wanted to let you know that I'll be getting married in April. My boyfriend and I have been talking about it for quite a while and finally we've decided to do it.
4월에 결혼하게 됨을 알려 드립니다. 그와는 오랫동안 결혼 이야기를 해왔고 마침내 결혼을 결심하게 되었습니다.

Here's some news for you. I GOT MARRIED!!!
뉴스를 알려 드립니다. 저 결혼했습니다!

I'd like to let you know that I married Shoko Mikawa on March 14.
3월 14일에 미카와 쇼코와 결혼한 것을 알려 드립니다.

We met at college almost 10 years ago.
우리는 거의 10년 전 대학에서 만났습니다.

Finally, I'm settling down. I'm getting married next month.
드디어 안정을 찾게 되었습니다. 다음 달에 결혼합니다.

We'll be busy preparing for the wedding.
지금부터 결혼식 준비로 바빠집니다.

We went to Canada on honeymoon.
신혼여행으로 캐나다에 갔습니다.

 출산 알림

아래의 예는 거래처 등에 대해도 사용할 수 있습니다.

Subject: A baby arrived!

Susan gave birth to her son, Alex, at 2:15 last night. Both she and the baby are doing well. She'll be back to work next month.

해석   제목 : 아기가 태어났습니다!

Susan이 어젯밤 2시 15분에 아들 Alex를 무사히 출산했습니다. 산모와 아이는 모두 건강합니다. Susan은 다음 달 업무에 복귀합니다.

 ## Useful Expressions

I am proud to announce that my daughter, Kathy, was born last night, October 22, at 10:10 p.m. She weighed 3.00kg and was 50cm long.
딸 Kathy가 어젯밤 10월 22일 오후 10시 10분에 태어난 것을 알려 드립니다. 체중 3.00kg, 신장 50cm입니다.

Our son, Brian, was born on Wednesday morning. He is the latest addition to our family and his two sisters are fighting over his attention already.
아들 Brian이 수요일 아침에 태어났습니다. 가족에게 최신 멤버가 더해져 2명의 누나가 벌써 그의 마음을 끌기 위해 싸우고 있습니다.

I'm a father now!
이제 아버지가 되었습니다!

My wife had a baby last week.
지난 주에 아내가 아이를 낳았습니다.

Mother and baby are doing very well and should be home Thursday.
모자 모두 매우 건강하고 목요일에는 귀가할 예정입니다.

Our first baby was born two days ago.
우리들의 첫 애기가 이틀 전에 태어났습니다.

I have been helping mom and baby get settled.
엄마와 애기가 안정되도록 돌보고 있습니다.

 답례 - 선물

상대방에게 신세를 많이 졌을 경우, 격식을 차려 답례를 하고 싶은 경우, 그리고 인상을 남기고 싶은 경우 등은 우편으로 카드를 보내야 하겠지만, 곧바로 답례를 말하고 싶은 경우에는 메일이 도움이 됩니다. 다음 예문은 퇴직할 때 거래처 담당자로부터 받은 선물에 대한 답례인사입니다.

Subject: Thanks for your gift!

THANK YOU VERY MUCH for the nice pullover. It was a pleasant surprise.

Also thank you for all your support during the development of the ABC relationship. It was truly a team effort.

Thanks again and let's stay in touch.

해석

제목 : 선물 고맙습니다!

멋진 풀오버 정말 고맙습니다! 예상 외의 일로 매우 기뻤습니다.

게다가 ABC사와의 관계를 수립하는 동안 당신의 서포트 고맙습니다. 그것은 정말 팀의 노력 덕분입니다.

거듭 감사드리며, 앞으로도 잘 부탁드립니다.

Useful Expressions

Thank you for the wonderful gift.
멋진 선물 고맙습니다.

It was very nice of you to send me the Christmas present.
크리스마스 선물을 보내주셔서 매우 기쁩니다.

You were most thoughtful to give me that gorgeous golf club.
그런 훌륭한 골프 클럽을 보내주셔서 너무 고맙습니다.

It was a pleasant surprise to receive a wedding gift from you.
당신으로부터 결혼 축하를 받게 되어 예상 외로 기뻤습니다.

The clock is simply beautiful. You have impeccable taste.
시계는 정말 아름답습니다. 완벽한 안목이시군요.

Thank you for the wine. My wife loved it and almost finished the bottle before I had a chance to taste it. It was superb.
와인 감사합니다. 아내가 매우 마음에 들어 해서 제가 시험하기도 전에 거의 비웠습니다. 훌륭한 와인이었습니다.

Thank you for going out of your way to get it for me.
저를 위해서 일부러 그것을 구해 주셔서 고맙습니다.

I appreciate your thoughtfulness.
호의에 감사드립니다.

답례 – 서포트

어떤 서포트를 받았는지 구체적으로 언급하며 감사를 표합니다.

Subject: Thanks so much!

I just wanted to say how extremely helpful you have been to the team while I was gone.

Not a single project fell through the cracks, thanks to your willingness to step in for me. I've received many comments from customers about your eagerness to attend to their problems on my behalf.

Thank you for taking care of everything so well. I hope I can return the favor someday.

* step in for... ···을 대신해 의무를 완수하다

해석

제목 : 대단히 감사합니다!

제가 없는 동안 당신이 팀이 되어 주어 얼마나 도움이 되었는지를 전하고 싶었습니다.

당신이 저를 대신해 진행해 준 덕분에 문제가 일어난 프로젝트는 하나도 없었습니다. 저를 대신해 고객의 문제에 기분 좋게 대처해 주었다는 코멘트를 고객으로부터 많이 받았습니다.

모든 것을 잘 처리해 주셔서 감사합니다. 언젠가 당신의 친절에 답례를 할 수 있길 바랍니다.

Useful Expressions

Thanks to your invaluable assistance, we've completed the project on time.
당신의 귀중한 서포트 덕분에 프로젝트를 제 시간에 끝낼 수 있었습니다.

Thank you for making it possible to hold the conference.
회의를 개최할 수 있었던 것은 당신 덕분입니다.

Thank you for taking time out of your busy schedule.
바쁘신 가운데 시간을 내 주셔서 감사합니다.

Thank you all for filling in during my absence.
제가 없는 동안 모두 대신해 주셔서 감사합니다.

I appreciate your willingness to rearrange schedules to accommodate the added responsibilities.
업무가 늘었기 때문에 미리 스케줄을 조정해 주신 것에 감사드립니다.

It was very good of you to go to such trouble, and I just wanted to let you know how much I appreciate it.
그렇게 수고를 해 주셔서 제가 얼마나 감사하고 있는지 전하고 싶었습니다.

I want to express my appreciation for your help.
도와주신 것에 대해 감사의 뜻을 전하고 싶습니다.

I really appreciate your generosity in sharing your expertise and time.
아낌없이 전문 지식과 시간을 나누어 주셔서 정말 감사합니다.

I'd like to express my gratitude.
감사의 마음을 전하고 싶습니다.

I'm grateful for your continuous support.
변함없이 서포트해 주셔서 감사합니다.

Thank you for your hospitality.
환대에 감사드립니다.

Thanks for picking me up at the airport and taking me to so many places.
공항에 마중 나와 주시고 또 여러 곳에 데려 가 주셔서 감사합니다.

It was very nice of you to take time off and show me around.
시간을 내어 여러 곳을 안내해 주셔서 감사합니다.

Please let me know if I can ever return your kindness.
친절에 답례할 수 있는 일이 있으면 알려주십시오.

Please give my thanks to Mrs. Hassan.
하산 여사에게도 감사의 뜻을 전해 주세요.

축하 - 승진

카드를 우송하는 편이 정중하지만, 해외의 경우 빠르게 대응할 수 있는 메일이 편리합니다. 가능한 한 상대의 노력이나 업적을 구체적으로 들어 축복해 줍니다.

Subject: Congratulations!

Congratulations on your recent promotion to Project Manager! I'm thrilled to hear that. I know how hard you worked to get the recognition you fully deserve.

I have no doubt you will excel in your new role.

All the best for the future,

해석 제목 : 축하합니다!

프로젝트 매니저로의 승진을 축하합니다! 그 소식을 듣고 감격했습니다. 확실히 당신에게 어울리는 평가를 얻기 위해 얼마나 노력하셨는지 알고 있습니다.

새로운 직위에서도 활약하시게 될 것을 믿어 의심치 않습니다.

앞으로의 건승을 기원합니다.

Useful Expressions

Congratulations on your new position as General Manager.
제너럴 매니저로의 취임을 축하합니다.

I would like to congratulate you on your promotion to Assistant Manager.
어시스턴트 매니저로의 승진을 축하드립니다.

How wonderful that you have been promoted to Sales Manager!
세일즈 매니저로 승진하신 것 정말 훌륭합니다!

I'm so glad to hear that you have been appointed to CIO.
CIO에 취임되셨다는 소식을 듣게 되어 매우 기쁩니다.

I read about your promotion in the company newsletter.
사보에서 귀하의 승진을 알았습니다.

You should be proud of your accomplishments.
당신의 업적을 자랑스럽게 여기셔야 합니다.

This is the promotion you fully deserve.
이번 승진은 완전히 당신에게 어울리는 것입니다.

Moving up to Vice President at ABC is not an everyday achievement.
ABC에서 부사장까지 올라간다는 것은 보통 업적이 아닙니다.

Your successes keep multiplying.
당신은 성공을 거듭하는군요.

We look forward to working more closely with you in your new position.
새로운 직책에 있게 된 당신과 한층 더 밀접하게 일하게 되길 기대합니다.

Best wishes on the challenging new assignment.
매력적인 새로운 임무에 건승을 기원합니다.

Here's to a great start and a long string of successes.
훌륭한 출발과 수많은 성공을 기원합니다.

 **축하 – 성공/수상**

상대와 보다 좋은 관계를 맺게 되거나 신뢰 관계를 깊게 할 수 있는 찬스입니다. 가능한 한 구체적인 공적을 들어 축복합니다.

Subject: Congratulations!

I just heard from Bob that your team won the 2007 Technology Award. Congratulations!

I'm sure this is only the first of many that you will attain in the years to come ;-)

Here's to your continued success!

해석

제목 : 축하합니다!

방금 Bob에게 당신 팀이 2007년 기술상을 수상했다고 들었습니다. 축하합니다!

이것은 분명 시작이며 앞으로도 몇 년 동안 많은 상을 수상하게 될 것입니다.

계속된 성공을!

Useful Expressions

Congratulations on the successful completion of the project.
프로젝트가 성공적으로 끝나게 됨을 축하드립니다!

Let me congratulate you on the successful launch of the new product.
신제품 발매의 성공을 축하합니다.

I'd like to send our heartiest congratulations on your winning the top sales award.
탑 세일즈상을 수상한 것을 진심으로 축하드립니다.

The recognition you have received is well deserved.
수상은 완전 당신에 어울리는 것입니다.

I read with great excitement the newspaper article about your significant achievement.
당신의 훌륭한 공적에 관한 신문 기사를 감격해 하면서 읽었습니다.

I always thought your work was the best in the industry. I'm glad to see you get the recognition that you deserve.
당신의 작품이 업계에서 최고라고 항상 생각하고 있었습니다. 적격인 평가를 받게 되어 기쁘게 생각합니다.

This is a marvelous achievement, though no more than you deserve.
이것은 훌륭한 공적입니다. 완전히 당신에게 어울리는 것입니다만.

I am very happy to see your work being recognized in this way.
당신의 일(작품)이 이런 평가를 받다니 매우 기쁘게 생각합니다.

I was so excited to hear about your achievement.
당신의 공적을 알고 매우 감격했습니다.

The award could not have been given to someone more deserving.
더 이상 적격인 수상자는 없을 것입니다.

Your accomplishments are truly awesome.
당신의 공적은 정말 훌륭한 것입니다.

Way to go!
잘 했어요! 그 상태로!

Wishing you continued success,
앞으로도 계속 성공하실 것을 기원하며,

축하 – 설립/독립/은퇴

축사와 함께 상대방의 성공을 기원합니다. 거래처의 경우 앞으로의 거래에 대한 기대를 더해도 무난할 것입니다.

Subject: Congratulations!

I received your announcement about the opening your Irvine office. Congratulations!

It's truly amazing that your business keeps expanding in the midst of the tech slump.

Wishing you continued success,

해석

제목 : 축하합니다!

얼바인 사무소 개설 통지를 받았습니다. 축하합니다!

테크 업계가 한창 불황이라고 하는데 사업 확대를 계속하고 있다는 것은 실로 놀랄 만한 일입니다.

앞으로도 계속 성공하시길 기원합니다.

Subject: On Your New Venture

Congratulations on starting your own consulting business.

With all your talent and experience, I have no doubt you will succeed.

I wish you the best of luck!

해석

제목 : 신규사업

혼자 힘으로 컨설팅업을 시작하신 것 축하드립니다.

당신의 재능과 경험이 있기 때문에 성공은 틀림없습니다.

행운을 기원합니다.

Useful Expressions

「설립, 독립」

Congratulations on your recent expansion into India.
이번 인도 진출을 축하드립니다.

Congratulations on achieving your 10th year in business.
설립 10주년을 맞이하여 축하드립니다.

I have heard that you started your own PR company.
이번에 PR회사를 시작하셨다는 소식을 들었습니다.

Congratulations on taking on the new venture.
과감히 새로운 사업을 시작하신 것을 축하합니다.

I know that with your background, expertise and enthusiasm, your firm should make quite an impression in the industry.
당신의 경력, 전문지식과 열의로써, 귀사는 업계에서 상당한 존재가 될 것입니다.

Congratulations on the launch of your new site!
새로운 사이트의 시작을 축하드립니다!

Congratulations on the angel funding for your Internet startup!! Sounds very exciting and promising!!
인터넷의 스타트 업에 대한 엔젤로부터의 자금조달을 축하드립니다. 매우 재미있고 유망할 것 같습니다.

It is great to hear that you have opened another office in Hong Kong.
홍콩에 또 새롭게 사무소를 개설하셨다는 소식을 듣고 기뻐하고 있습니다.

I'd like to send you my heartiest congratulations on the expansion of your business.
귀사의 사업 확대를 진심으로 축복 드립니다.

I'm confident that this new venture will meet or exceed everything you expect from it.
새로운 사업은 당신의 기대만큼, 아니 기대 이상의 것이 되리라 믿고 있습니다.

My congratulations and best wishes for your success.
축하의 말과 함께 성공을 기원합니다.

「은퇴 축하」

We understand that you will be retiring soon from ABC. Congratulations on your many years of career success. We wish you the best in your retirement.
가까운 시일 내에 ABC를 퇴사한다고 들었습니다. 오랜 세월의 캐리어를 축하드립니다. 행복한 은퇴 생활을 기원합니다.

 축하 – 결혼

친한 상대라면 가능한 한 개인적인 터치를 가미하여 표현합니다.

Subject: Congratulations!

I've heard you got married. Congratulations!!
So who's the lucky guy?

I wish you both all the happiness in the world.

제목 : 축하해요!

결혼했다구요. 축하해요!
그런데 그 행운아는 누구?

두 분에게 온 세상의 행복을 빕니다.

Useful Expressions

Congratulations on your recent marriage!
최근의 결혼 축하합니다.

I would like to extend our best wishes on your marriage.
결혼 축하드립니다.

I wish you the very best in your years together.
언제까지나 행복을 빕니다.

I hope your life together will be full of joy and happiness.
두 분의 인생이 기쁨과 행복으로 가득하길 바랍니다.

We couldn't be happier for you.
이보다 기쁜 일은 없을 것입니다.

Paul sounds like a nice guy. Do you have a wedding picture you can send :-)
폴은 좋은 사람 같군요. 결혼식 사진을 보내주지 않겠습니까?

Wishing you the happiest of times,
최고의 행복을 기원합니다.

 축하 – 출산

친한 상대라면 개인적인 터치로 표현하는 것이 좋을 것입니다.

Subject: Congratulations!

I heard you recently added a new member to your family. How exciting! Congratulations!!

So how do you like being a father?

해석   제목 : 축하한다!

최근 가족에게 새로운 멤버가 생겼다고 들었다. 감동적이야! 축하한다!

그런데 아빠가 되니까 어때?

 Useful Expressions

My warmest congratulations on the birth of your daughter!
따님의 탄생을 축하드립니다.

We were thrilled to hear about your son's birth.
아드님의 출생 소식을 듣고 모두 감격했습니다.

I've heard that you had a baby boy. How wonderful!
남자 아이를 출산하셨다고 들었습니다. 멋지십니다!

I didn't know your wife was having a baby. Congratulations!! I'm sure you'll make a good father ;-)
부인이 아기를 가지셨다구요. 축하합니다! 분명 좋은 아버지가 될 것입니다!

I hope I can see him some day!
언젠가 보고 싶습니다!

We know this is one of the greatest joys of life.
생애 최대의 기쁨 중 하나군요.

All the best to that little girl,
아가씨에게 행복이.

 병문안

침울한 상태가 되지 않도록 회복의 바람과 격려를 강조합니다.

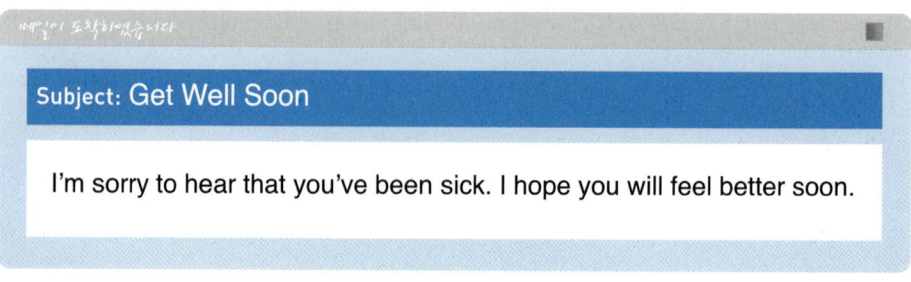

Subject: Get Well Soon

I'm sorry to hear that you've been sick. I hope you will feel better soon.

해석   제목 : 빨리 건강해 지시길

병중이시라는 소식을 듣고 위로의 말씀 드립니다. 쾌차하시길 바랍니다.

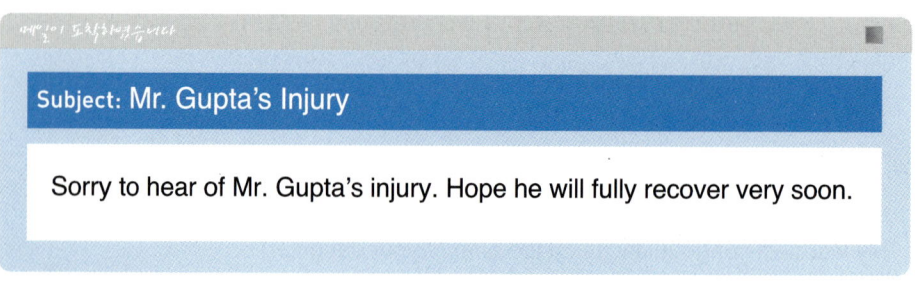

Subject: Mr. Gupta's Injury

Sorry to hear of Mr. Gupta's injury. Hope he will fully recover very soon.

해석   제목 : 그프타 씨의 상처

그프타 씨가 다치셨다니 유감입니다. 빨리 완치되시길 바랍니다.

Useful Expressions

「본인에게」

Sorry about your flu-it has really been hitting lots of people in our office.
독감에 걸렸다니 딱하게 생각합니다. 우리 회사 사람들도 많이 걸렸습니다.

I hope you'll recover quickly.
빨리 회복하시길 바랍니다.

I hope you'll get back to work soon.
빨리 업무에 복귀하시길 바랍니다.

I look forward to your speedy recovery.
빠른 회복을 기대합니다.

I hope your recovery will be swift and I'll soon be hearing from you.
빨리 회복하셔서 가까운 시일 내에 당신으로부터 메일을 받을 수 있길 바랍니다.

You just need a good rest.
휴양이 필요합니다.

Take good care of yourself.
부디 몸조리 잘하세요.

「가족의 입원/상처」

I was very sorry to hear that your father has been hospitalized.
아버님께서 입원하셨다는 소식에 위로의 말씀 드립니다.

I'm glad to hear that your wife's surgery went well and that she'll be home soon.
부인의 수술이 잘 되어 곧바로 퇴원한다고 듣고 기뻐하고 있습니다.

I was shocked to hear of your child's accident. I hope it's nothing serious.
자녀분이 사고를 당했다고 듣고 놀랐습니다. 별 일 없었으면 좋겠습니다.

I hope he'll get better soon.
빨리 좋아지길 기원합니다.

My wishes for your mother's rapid recovery.
어머니님께서 빨리 좋아지시길 바랍니다.

If there's anything I can do for you, please let me know.
제가 도울 수 있는 일이 있으면 알려주십시오.

조의(弔意)

메일로 조의를 표한 다음 카드를 보내도록 합니다. 죽음 그 자체에 관해서는 그다지 언급하지 말고 위로를 강조합니다. 고인을 알고 있었을 경우는 그 사람의 공적, 추억 등을 덧붙이면 좋을 것입니다.

Subject: In Sympathy

I'm very sorry to learn of Mr. Sarasin's passing. I knew him for 10 years and had tremendous admiration and respect for him. What a loss for ABC Corporation.

I sincerely hope he will rest in peace and that ABC will overcome this great loss.

In deepest sympathy,

해석 제목 : 조의

사라신 씨가 돌아가셨다는 소식을 듣고 애도를 표합니다. 그와는 10년 동안 알고 지낸 사람으로 매우 감탄하고 존경하고 있었습니다. ABC 코퍼레이션에 있어 얼마나 손실입니까.

그가 편안히 잠들 수 있길 바라며 ABC가 이 큰 손실을 극복할 수 있도록 진심으로 기원합니다.

명복을 빌면서.

Useful Expressions

I'm shocked to hear that Julie passed away. She was only 32 years old. I had no idea she had cancer.
줄리가 죽었다는 소식에 너무 놀랐습니다. 아직 32살이었다고 하는데, 암인 줄은 전혀 몰랐습니다.

Please let me extend my deepest sympathy on the passing of your father.
아버님의 애도를 표합니다.

Please accept our deepest sympathy.
애도를 표합니다.

Our deepest sympathy to you and your family on the death of your wife.
부인의 죽음에 대하여 가족 여러분께 진심으로 애도를 표합니다.

I can't tell you how sorry I am to hear of your great loss.
비보를 접하고 어떻게 위로해야 할지 할 말이 없군요.

Please accept what little comfort these words can give you.
이런 말을 해도 대단한 위로가 되지 않겠습니다만.

You often mentioned how difficult your mother's battle with cancer was.
어머님의 암과의 투쟁이 힘들다고 자주 말씀하셨지요.

Though I'm saddened by her death, I share your relief that she is now at peace.
돌아가신 것은 슬프지만, 지금은 편히 잠들고 계신 것이 유일한 위로일 것입니다.

Please be sure you are in the thoughts and prayers of all of us at this time.
지금 우리는 모두 당신을 생각하며 기도하고 있다는 것을 기억해 주십시오.

 ## 격려

업무상의 고민을 안고 있는 사람 또는 이혼이나 재해 등 개인적인 일로 고민하고 있는 사람을 격려하는 내용의 메일입니다.

Subject: Hang in there!

It was good to see you yesterday!

I really think life is a series of ups and downs, so I hope you'll get through this difficult time.

Hang in there!

해석　**제목 : 힘내세요!**

어제는 만날 수 있어서 좋았습니다!
인생이란 우여곡절이 많기 때문에 이 어려운 시기를 극복할 수 있길 바랍니다.

힘내세요!

Subject: Hurricanes

I can't believe Florida was hit by three hurricanes one after another.

Hope there has been no serious damage from the hurricanes and that you and your family are doing fine.

해석　**제목 : 허리케인**

플로리다가 계속해서 3개의 허리케인에 습격 당하리라고는 믿기지 않습니다.

큰 피해 없이 당신도 가족도 모두 무사하길 바랍니다.

Useful Expressions

I'm sorry to hear that you got a divorce.
이혼했다는 소식을 듣고 유감스럽게 생각합니다.

You must be disappointed you didn't get the promotion.
이번에 승진되지 않아서 유감입니다.

Let's look at this as a learning experience. I'm sure you will do better next time.
이번은 좋은 교훈이라고 생각합시다. 다음엔 잘 되리라 믿습니다.

Just remember that things could be better, but things could be worse.
지금 이상도 바랄 수 있지만, 지금보다 나쁜 상황도 있을 수 있다는 것을 잊지 않길 바랍니다.

Life is full of ups and downs. It'll be up soon.
인생은 오르내림의 반복. 또 금방 올라갑니다.

I hope things will work out as well as possible.
가능한 모든 것이 잘 정리되길 바랍니다.

If there is any way that I can help, please let me know.
무엇인가 할 수 있는 것이 있으시면 알려주세요.

Cheer up!
힘내세요!

I hope you got your power back by now.
바로 전기가 복구됐으면 좋겠습니다.

I'm sorry that your house was damaged from the earthquake.
지진으로 당신의 저택이 피해를 입은 것에 대해 위로의 말씀을 드립니다.

 초대

파티나 식사, 모임 등에의 권유 메일입니다.

Subject: Going Away Party

As you have probably heard, Rich is moving to London. We're throwing a little going-away party for him Thurs night at Best Izakaya. Would you like to come?

Hope you can make it!

 해석   제목 : 송별회

이미 들은 대로 리치가 런던으로 이사 갑니다. 목요일에 베스트 술집에서 조촐한 송별회를 열까 합니다. 오지 않겠습니까?

올 수 있으면 좋겠는데!

Useful Expressions

We're having a potluck at Keiko's this weekend. Do you want to join us?
이번 주말에 케이코 씨의 집에서 포틀럭 파티를 합니다. 참석해 주시겠어요?

Would you like to go to lunch next week?
다음 주에 점심 먹으러 가지 않겠습니까?

Let's go to lunch sometime next week.
다음 주 언제 점심 먹으러 갑시다.

Do you want to get together sometime next month?
다음 달 정도에 만나지 않겠습니까?

How about some drinks after work on Friday?
금요일 일 끝나고 한 잔 어때요?

Let's get together when I get back to town.
출장에서 돌아오면 만납시다.

초대에 대한 회신

비록 참가할 수 없다 하더라도 곧바로 대답을 해 둡니다. 아무런 대답도 하지 않으면 나중에 초대 받지 못할 가능성이 있습니다.

Subject: RE: Going Away Party

Sure. I'll be there. What time?

 제목 : RE : 송별회

물론 갑니다. 몇시죠?

Useful Expressions

Sure, I'll join you guys.
예, 참석하겠습니다.

Lunch next week sounds good. When and where?
다음 주 점심 괜찮습니다. 언제, 어디죠?

How about Wed? I can be there by noon.
수요일은 어때요? 12시까지 갈 수 있습니다.

Too bad. I can't make it.
미안하지만, 갈 수 없습니다.

I wish I could! I'll be out of town next week.
갈 수 있으면 좋겠는데! 다음 주 출장입니다.

I'd love to come, but I won't be able to make it.
꼭 가고 싶지만, 갈 수 없을 것 같습니다.

Who's coming? (Who is going to be there?)
누가 참가하는데요?

Gonna, Wanna는 NG

"I'm gonna...", "I wanna..."는 회화체이며 비록 캐쥬얼한 문장에서도 문어체에서는 사용하지 않습니다. 「이런 격식을 차리지 않은 표현도 알고 있다」고 과시하고 싶은 맘이 들지도 모르겠지만, 반대로 TPO를 모르는 것을 들켜 버리게 됩니다.

 **계절 인사**

크리스마스 등에는 크리스마스 카드와는 별도로 메일로 간단한 인사를 보내도 좋을 것입니다. 업무 메일의 마지막에 간단하게 Happy Holidays! 등을 첨가하는 것만으로도 충분합니다.

Subject: Best Wishes for the New Year

Dear Friends and Associates,

As we come to the end of what has been for many of us a momentous year personally and professionally, I wanted to send to you my heartfelt best wishes for a good 2008.

It is my sincere hope that the new year will be safer, more peaceful and more prosperous for you no matter where you live or do business in this world. And, I hope that in 2008 we will have the opportunity to work together towards these goals.

I wish you a very happy New Year!

해석 제목 : 근하신년

개인적으로 또는 직업적으로 우리에게 여러 모로 중요한 올해의 마지막이 가까워지고 있을 때, 좋은 2008년을 위해 진심으로 소원을 보내 드리고 싶었습니다.

당신이 세계의 어디에 살고 어디에서 일을 하든 새해가 당신에게 있어 보다 안전하고 보다 평화로우며 보다 순조롭기를 진심으로 바랍니다. 그리고 2008년에는 이러한 목표를 향해 협력할 수 있을 기회를 가지시길 바랍니다.

행복한 새해를 맞이하시길.

Subject: Happy Holidays!

Attached is my holiday letter.

I hope you can take some time off during the holidays (while I'm having a blast Down Under) and recharge yourself for more work in the new year!

해석　　제목 : 행복한 휴일을!

저의 홀리데이 편지를 첨부합니다.

(저는 오스트레일리아에서 매우 즐기고 있을 테지만) 휴가기간 동안 조금 쉬면서 새해에 일을 좀 더 잘할 수 있도록 재충전하시길 바랍니다!

 **스팸 메일 정지**

업무와는 관계 없는 메일이나 대용량 파일을 보내오는 사람에게 송신을 그만두도록 부탁하는 메일입니다.

Subject: Your Photos

You take great photos! Why don't you post them on your web site so that people can access them whenever they want to instead of sending those big image files to everyone?

I often travel on business and I have to access the Internet by dial-up while I'm on the road. Some hotels charge a lot for the access and big files like the ones you send clog the system.

해석

제목 : 당신의 사진

멋진 사진이군요! 큰 그림 파일을 모두에게 보내는 것은 그만두고 모두가 편할 때 액세스할 수 있도록 웹 사이트에 게재하면 어떻겠습니까?

출장 가는 일이 많지만 출장 중에는 인터넷에 다이얼 업으로 접속하지 않으면 안 되서 호텔에 따라서는 많은 전화요금이 부과될 수 있습니다. 저렇게 큰 파일을 보내면 시스템이 막혀버립니다.

Subject: Your Mailing List

Could you pls remove me from your mailing list?
I've been swamped with work and I'm just too busy to read non-business messages.

Thanks!

해석

제목 : 당신의 메일링 리스트

메일링 리스트에서 저를 빼주실 수 있겠습니까?
일에 쫓기고 있어서 비즈니스 관련이 아닌 메시지를 읽을 틈이 없습니다.

감사합니다!

APPENDIX

부록

인사 프레이즈집

● 간결한 표현

간결한 표현을 사용하는 것이 임펙트가 있습니다. 한마디로 표현할 수 있는 것을 길게 표현할 필요는 없습니다.

aware of the fact that ... (~라는 사실을 알고 있다)	➡ know that
bring ... to an end (~을 끝내다)	➡ end
bring ... to your attention (~에 주의를 불러일으키다)	➡ remind
come to an end (끝나다)	➡ end
conduct an investigation (조사를 하다)	➡ investigate
do a study (연구하다)	➡ study
give consideration to ... (~에 대해 생각하다)	➡ consider
give a promotion (승진시키다)	➡ promote
give a response (회신하다)	➡ respond
have the ability/capability to ... (~할 능력이 있다)	➡ can
have a belief about ... (~에 대해 믿다)	➡ believe
have a discussion about ... (~에 대해 의논하다)	➡ discuss
have a tendency to ... (~하는 경향이 있다)	➡ tend
hold a conference (회의를 열다)	➡ confer
hold a meeting (회의·회담을 하다)	➡ meet
in receipt of ... (~을 받고 있다)	➡ receive
make an acquisition of ... (~을 취득하다)	➡ buy, acquire
make changes in ... (~을 변경하다)	➡ change
make a choice (선택하다)	➡ choose
make a decision (결정하다)	➡ decide
make a contact with ... (~와 연락하다)	➡ contact, meet
make inquiry (문의하다)	➡ inquire
make a payment (지불하다)	➡ pay
make progress toward ... (~을 향해 나아가다)	➡ progress toward
make a purchase (구입하다)	➡ buy
make a recommendation (조언하다)	➡ recommend
make a statement about ... (~에 대해 진술하다)	➡ state, say
(am) of the opinion (~라는 의견이다)	➡ believe
perform an analysis of ... (~에 대해 분석하다)	➡ analyze
perform a review of ... (~에 대해 검토하다)	➡ review

place emphasis on ... (~을 강조하다, ~을 중요시하다)	➡	emphasize
place an order for ... (~을 주문하다)	➡	order
provide information for ... (~에 대해서 정보를 제공하다)	➡	inform
provide a summary of ... (~의 요약을 하다)	➡	summarize
provide support for ... (~을 지지하다, 지원하다)	➡	support
reach an agreement (합의에 이르다)	➡	agree
reach a conclusion (결론에 이르다)	➡	conclude
send an answer (회신·답장을 보내다)	➡	reply, respond
take action (행동을 취하다)	➡	act
take appropriate measures (적절한 수단·조치를 하다)	➡	act
take ... into consideration (~을 고려하다)	➡	consider
take pleasure in ... (기꺼이 ~하다)	➡	(am) pleased to, (am) happy to

---

a great deal of (많은)	➡	much
a large number of (다수의)	➡	many
a majority of (대부분의)	➡	most
as a general rule (일반적으로, 대체로)	➡	usually, generally
as a matter of fact (실로)	➡	in fact
as a result of ... (~의 결과)	➡	because
as of this date (오늘 현재, 오늘의 시점에서)	➡	today
as per ... (~에 따라서)	➡	as, according to
as to ... (~에 관해서)	➡	about
assuming that ... (~로 가정해서, ~라고 하면)	➡	if
at a later date (나중에)	➡	later
at all times (항상)	➡	always
at present (현재)	➡	now
at a rapid rate (급속히)	➡	rapidly
at the conclusion of ... (~의 마지막에)	➡	after
at this point in time (지금 현재)	➡	now
at your earliest convenience (형편이 되는 대로)	➡	soon 또는 특정 일시 (tomorrow, next week 등)
by means of ... (~에 의해)	➡	by
by the time that ... (~할 때까지는)	➡	when
despite the fact that ... (~라고 하는 사실에도 불구하고)	➡	although
detailed information (자세한 정보)	➡	details

due to the fact that ... (~라는 사실 때문에) ➡	because
during the course of ... (~동안) ➡	during
during the time of ... (~동안) ➡	while
for a period of ... (~의 기간에) ➡	for
for the purpose of ... (~하기 위해서) ➡	for, to (do...)
for the reason that ... (~라는 이유로) ➡	for
for this reason (이런 이유로) ➡	so
from time to time (때때로) ➡	occasionally
in accordance with ... (~에 따라서) ➡	according to
in an effort to ... (~하려고 노력해서) ➡	to
in a satisfactory manner (만족스러운) ➡	satisfactorily
in a timely manner (신속히) ➡	promptly
in light of the fact that ... (~라는 사실에 비추어) ➡	because
in many cases(instances) (많은 경우에) ➡	often
in order to ... (~하기 위해서) ➡	to
in rare cases (드물게) ➡	rarely
in spite of the fact ... (~라는 사실에도 불구하고) ➡	although
in the absence of ... (···없이) ➡	without
in the amount of ($100) ($100로) ➡	for ($100)
in the event that ... (~인 경우에는) ➡	if, in case
in the matter of ... (~인 이유에 관해서) ➡	about
in the process of ...ing (~하고 있는 중) ➡	...ing
in the very near future (매우 가까운 장래에) ➡	soon, very soon
in this day and age (오늘) ➡	nowadays
in view of the fact that ... (~라는 사실을 고려해서) ➡	considering
kindly (미안하지만, 제발) ➡	please
more and more (더욱 더, 점점 더) ➡	increasingly
on account of ... (~을 위해서) ➡	because
on an annual basis (해마다) ➡	annually
on an ongoing basis (계속) ➡	continuously
on condition that ... (~라는 조건으로) ➡	provided that
on a few occasions (가끔) ➡	occasionally
on a regular basis (정기적으로) ➡	regularly
on numerous occasions (자주) ➡	often
on the basis of ... (~에 근거해서) ➡	by

on the grounds that ... (~라는 이유로)	➡	because
on the part of ... (~의 쪽에서는)	➡	by
on two separate occasions (두 번에 걸쳐서)	➡	twice
owing to the fact that ... (~라는 사실 때문에)	➡	because
pertaining to ... (~에 관해)	➡	about
prior to ... (~전에)	➡	before
provided that ... (~라는 조건으로, 만약 ~라면)	➡	if
pursuant to ... (~에 따라서)	➡	according to
subsequent to ... (~에 이어, ~다음에)	➡	after, following, since
taking this into consideration (이 일을 고려에 넣어)	➡	therefore
the only difference being that ... (유일한 차이는 ~로)	➡	except that
there is no question that ... (~라는 것에 대해서는 틀림없다)	➡	unquestionably
to summarize the above (상기를 요약하면)	➡	in summary
until such time as ... (~의 때까지)	➡	until
with reference to ... (~에 대해)	➡	about
with regard to ... (~에 대해)	➡	about
with respect to ... (~에 대해)	➡	about
with the exception of ... (~이외는)	➡	except
with the result that ... (그 결과로 ~)	➡	so that

---

advance planning (사전 계획)	➡	planning
advance warning (사전 경고)	➡	warning
detailed information (자세한 정보)	➡	details
empty space (공간)	➡	space
end result (마지막 결과)	➡	result
future plans (장래 계획)	➡	plans
joint partnership cooperation (공동 파트너십)	➡	partnership
past experience (과거의 경험)	➡	experience
repeat again (다시 반복하다)	➡	repeat
three different kinds (다른 세 종류)	➡	three kinds (세 종류)
whether or not ... (~인지 어떤지)	➡	whether

● 간단한 단어

어려운 단어는 피하고 가능한 한 간단한 단어를 사용합니다.

accommodate ([숙소 등을] 제공하다)	➡ provide
accomplish (완수하다)	➡ complete
acknowledge (인정하다)	➡ recognize
advise (알리다)	➡ say, tell
administer (운영·경영하다)	➡ manage
admonish (권고·경고하다)	➡ warn
allocate (할당하다)	➡ set aside
ambiguous (애매한)	➡ unclear
anticipate (기대하다)	➡ expect
appoint (임명·지명하다)	➡ name
approximately (대략)	➡ about
ascertain (확인하다)	➡ find out
assist (돕다)	➡ aid, help
attempt (시도하다)	➡ try
cease (그만두다)	➡ stop
collaborate (협력하다)	➡ work together
commence (시작하다)	➡ begin, start
comply with ... (~에 따르다)	➡ follow
comprise (이루다)	➡ make up
conceal (숨기다)	➡ hide
concept (개념)	➡ idea
conceptualize (개념화하다)	➡ think of
concerning ... (~에 관해)	➡ about
consequently (그 결과, 따라서)	➡ as a result
constitute (구성하다)	➡ form
construct (조립하다, 건설하다)	➡ make
contain (포함하다)	➡ have
demonstrate (증명하다, 나타내다)	➡ show
depart (출발하다)	➡ go
designate (칭하다, 지명하다)	➡ name
desire (원하다)	➡ want
discrepancy (불일치)	➡ difference

disseminate ([정보 등을] 넓히다)	➡	circulate, distribute
duplicate (복사하다)	➡	copy
effect, effectuate (초래하다)	➡	make, do
elect (선택하다)	➡	choose
eliminate (삭제하다)	➡	remove
employ (사용하다)	➡	use
encounter (우연히 만나다)	➡	meet
endeavor (노력하다)	➡	try
endorse ([의견 등을] 시인하다)	➡	support
execute (수행하다)	➡	carry out
exhibit (전시하다)	➡	show
extend ([원조·친절 등을] 베풀다)	➡	give
fabricate (조립하다, 만들다)	➡	make
facilitate (용이하게 하다, 촉진하다)	➡	ease, help
feasible (실행 가능한)	➡	possible
finalize (완성하다, 완결시키다)	➡	finish, complete
forward (전송하다)	➡	send
fulfill (실행하다)	➡	carry out
furnish (공급하다, 주다)	➡	provide, supply, send, give
generate (발생시키다)	➡	produce
immediately (즉시)	➡	at once
impair (해치다)	➡	damage, hurt, weaken
implement (실시하다)	➡	carry out
indicate (지적하다, 가리키다)	➡	show, say, tell
inform (알리다)	➡	say, tell
initiate (시작하다)	➡	begin, start
inquire (묻다, 문의하다)	➡	ask
instantaneously (즉시, 빨리)	➡	now, quickly
integrate (통합하다)	➡	combine
locate (~의 장소를 찾아내다)	➡	find
numerous (다수의)	➡	many
observe (보다, 알아차리다)	➡	notice, see
obtain (얻다)	➡	get
operate (조작하다, 운영하다)	➡	run
optimum (최적의)	➡	best

per se (그 자체는) ➡	as such
perform (행하다, 실행하다) ➡	do, carry through
permit (허락하다) ➡	let
presently (현재) ➡	now
previously (이전에) ➡	before
proceed (나아가다) ➡	go on, continue
procure (조달하다) ➡	get
purchase (구입하다) ➡	buy
reflect (숙고하다) ➡	think
remuneration (보수) ➡	payment
render (제출하다, 제공하다) ➡	submit
require (요구하다) ➡	need
reside (거주하다) ➡	live
seek (구하다, 찾다) ➡	look for
solicit (간원하다) ➡	seek, ask for
submit (제출하다) ➡	send
sufficient (충분한) ➡	enough
suitable (어울리다) ➡	fit
terminate (종결시키다) ➡	end
transmit (송신하다, 보내다) ➡	send
utilize (이용하다) ➡	use
validate (유효하게 하다) ➡	confirm
viable (실현 가능한) ➡	possible

01 기본적인 인사

● 사교 인사

→ How are you?
안녕하세요?

→ How are you doing?
안녕?

→ How's everything?
모두 잘 지내지?

→ How's everything with you?
하는 일은 잘 되니?

● 오랜만에 만난 사람에게

→ How have you been?
어떻게 지냈습니까?

→ (I) Hope all is well.
잘 지내셨기를 바랍니다.

→ (I) Hope everything is fine with you.
잘 지내셨기를 바랍니다.

→ (I) Hope everything is going well for you.
잘 지내셨기를 바랍니다.

● 사내에서

→ How's everyone at the Manila office?
마닐라 사무소의 사람들은 잘 지내십니까?

→ Hope everything is going well at ABC Madrid.
ABC 마드리드 지점에서는 모든 일이 잘되고 있으리라 생각합니다.

→ How's your project coming along?
프로젝트의 진행 상태는 어떻습니까?

→ How did the lab test come out?
실험실에서의 테스트 결과는 어땠습니까?

→ How did the presentation go last week?
지난 주의 프레젠테이션은 어땠습니까?

→ Did you have a good weekend?
즐거운 주말을 보냈습니까?

→ Did you have a nice Christmas?
즐거운 크리스마스를 보냈습니까?

→ Did you have a nice summer?
즐거운 여름을 보냈습니까?

➡ Hope you had a nice weekend.
즐거운 주말을 보내셨기를 바랍니다.

➡ Hope you had wonderful holidays.
즐거운 휴일을 보내셨기를 바랍니다.

➡ Hope you had a great vacation.
즐거운 휴가를 보내셨기를 바랍니다.

● 회신의 답례

➡ Thank you for your e-mail.
메일 감사합니다.

➡ Thanks for your reply.
답장 감사합니다.

➡ Thank you for your prompt reply.
빠른 답장 감사합니다.

➡ Thanks for your quick response.
빠른 회신 감사합니다.

➡ (It's) good/nice/great to hear from you.
(메일을 받아서) 기쁩니다.

➡ I'm glad/happy to hear from you.
(메일을 받아서) 기쁩니다.

➡ What a pleasure hearing from you again!
다시 연락을 받아서 매우 기쁩니다!

● 병문안

➡ How are you feeling today? I've heard you've been sick.
오늘 컨디션은 어때? 아프다고 들었는데.

➡ Hope you'll get better soon!
빨리 나았으면 좋겠다!

➡ Hope you'll feel better soon!
빨리 나았으면 좋겠다!

➡ How's your mother?
어머니 상태는 어떠시니?

● 마지막에

➡ If you have a question, please let me know.
질문이 있으면 알려주십시오.

➡ After we review them, we will get back to you.
검토 후 연락드리겠습니다.

- Thank you for your interest.
  관심을 보여주셔서 감사합니다.

- Thank you for your help/assistance.
  협력 감사합니다.

- I look forward to hearing from you soon.
  신속히 연락 주시길 기대합니다.

- We look forward to your early reply.
  빠른 회신 기다리고 있겠습니다.

- I hope to hear from you soon.
  곧바로 연락 주시기 바랍니다.

- Don't work too hard!
  수고하세요!

● 여행(출장)가는 사람에게

- Have a nice/great/wonderful trip!
  좋은 여행 되세요!

- Have a safe trip!
  여행 조심하세요!

- Enjoy your trip!
  즐겁게 다녀오세요!

● 휴가를 가는 사람에게

- Have a nice/great/wonderful vacation!
  좋은 휴가 되세요!

- Enjoy your vacation!
  휴가 잘 즐기세요!

- Have (lots of) fun!
  재미있게 보내세요!

● 계절 인사

〈크리스마스〉

- I wish you a merry Christmas.
  메리 크리스마스.

- Wishing you a merry Christmas.
  메리 크리스마스.

- Wishing you peace and happiness at Christmas.
  편안하고 행복한 크리스마스를.

〈크리스마스 ~ 신년 인사(종교에 관계없이 사용 가능한 표현)〉

- Happy Holidays!
  행복한 휴일을 보내시길!
- Best (Warm) wishes for the holiday season!
  행복한 휴일을 보내시길!
- Holiday happiness and best wishes for the new year!
  즐거운 휴일과 신년을 맞이하시길!
- Season's greetings and best wishes for a happy new year!
  계절 인사와 행복한 신년을 기원합니다!
- The best of this holiday season to you and yours!
  가족과 함께 멋진 휴일을 보내시길!
- The warmest of holiday greetings to you and your family!
  가족과 함께 멋진 휴일을 보내시길!
- Wishing you a wonderful holiday season!
  멋진 휴일을 보내시길!
- I hope this holiday season brings you all of your wishes.
  휴일 동안 당신의 소원이 이루어지길 바랍니다.
- I'd like to wish you the very best this holiday season.
  최고의 휴일을 맞이하시길 바랍니다.
- May you have your happiest holidays ever.
  지금까지 중에서 최고의 휴일을 보내시길 바랍니다.
- Best wishes for the holidays and the coming new year.
  좋은 휴일과 신년을 맞이하시길 바랍니다.
- Best wishes for the happiest of holidays and a wonderful new year.
  최고의 휴일과 멋진 신년을 맞이하시길 바랍니다.

〈새해〉

- Happy New Year!
  새해 복 많이 받으세요!
- Best wishes for the New Year.
  새해 복 많이 받으세요.
- I hope you'll have a great year!
  멋진 1년을!
- Best wishes for a happy and prosperous New Year.
  행복하고 번창한 새해를 맞이하시길 바랍니다.

● 그 밖의 주요 축제일 (미국)

〈부활절〉

➡ Happy Easter!
행복한 부활절!

➡ Warmest Easter wishes for you.
좋은 부활절을 맞이하길.

〈할로윈〉

➡ Happy Halloween!
할로윈 축하합니다!

➡ Wishing you a Halloween filled with fun.
즐거운 할로윈을 기원합니다!

〈추수감사절〉

➡ Happy Thanksgiving!
추수감사절 축하합니다!

➡ Have a happy Turkey day!
즐거운 칠면조 일을! (추수감사절에 칠면조를 먹는 관습이 있음)

〈하누카(유태교의 축일)〉

➡ Happy Hanukkah!
하누카 축하합니다!

➡ Wishing you a very happy Hanukkah!
즐거운 하누카를!

● 축하

〈축하(생일)〉

➡ Happy Birthday!
생일 축하합니다!

➡ Happy Birthday to You!
생일 축하합니다!

➡ Hope you'll have a great one!
행복한 생일을 맞이하길!

➡ Hope you'll have a wonderful birthday!
멋진 생일을 맞이하시길 바랍니다!

➡ Best wishes on your birthday.
생일 축하합니다!

➡ All the best wishes on this wonderful day.
멋진 날을 맞이하세요.

- May this day be the happiest day in your life.
  인생에서 제일 좋은 날이 되시길.

- Hope you had a good birthday.
  좋은 생일을 맞이하길 바랍니다.

02 맺음말

- Thank you for choosing ABC products.
  ABC 제품을 구매해 주셔서 감사합니다.

- Thank you for Best Auto for your automobile needs.
  고객님의 자동차로 베스트 오토를 이용해 주셔서 감사합니다.

- Thank you for choosing Best Tire Company and we look forward to serving you again soon.
  베스트 타이어 컴퍼니를 선택해 주셔서 감사합니다. 곧바로 서비스할 수 있길 기대합니다.

- We appreciate the chance to serve your future transportation needs.
  귀사의 향후 수송 요구에 도움이 될 수 있는 기회에 감사드립니다.

- Thank you for giving us the opportunity to call on you about your future textile needs.
  귀사의 향후 섬유 요구와 관련하여 방문할 기회를 주셔서 감사합니다.

- Thank you for the confidence you've shown in our firm by contacting us about our food products.
  당사를 신뢰해 주시고 식품에 관한 연락을 주셔서 감사합니다.

- It is always pleasure serving you, and we only hope to serve you better on your future orders.
  고객에게 서비스하는 것을 언제나 기쁘게 생각합니다. 앞으로의 주문도 보다 잘 서비스할 수 있도록 부탁드립니다.

- We look forward to continuing to supply toner and service your laser printers.
  앞으로도 토너를 공급하고 고객님의 레이저 프린터를 서비스할 수 있길 기대하고 있습니다.

- We are very proud that you've chosen to give us your business.
  당사를 거래처로 선택해 주신 것을 자랑으로 생각합니다.

- Our staff is on call 24 hours a day to serve your every need.
  귀사의 모든 요구에 도움이 될 수 있도록 당사 스태프는 24시간 체제로 대기하고 있습니다.

- We are eager to serve you on your next project.
  꼭 귀사의 차기 프로젝트를 돕고 싶습니다.

- We hope this will be a long, mutually rewarding business association.
  이번이 서로 가치 있는 장기 비즈니스 관계가 되길 바랍니다.

- We look forward to working together through the years.
  지금부터 몇 년 동안 함께 일하길 기대합니다.

- ➡ We look forward to working with you on this project.
  함께 이 프로젝트를 할 수 있길 기대합니다.

- ➡ Thank you for doing business with us.
  거래해 주셔서 감사합니다.

- ➡ Thank you for your consideration.
  검토해 주셔서 감사합니다.

- ➡ Thank you for your continued business.
  관심 어린 애정 감사합니다.

- ➡ We appreciate your interest in our products.
  당사 제품에 관심을 가져 주셔서 감사합니다.

- ➡ Thank you for your continued interest in our products.
  당사 제품에 변함없는 관심을 기울여 주셔서 감사합니다.

03 고객 서비스

- ➡ We value your patronage and hope you will continue to look to WorldBell to meet your telecommunication needs.
  귀하의 우려에 대응할 기회를 주셔서 감사합니다. 관심 어린 애정에 감사하며, 귀사의 통신 요구에 만족을 드리고자 앞으로도 월드벨을 이용해 주시길 부탁드립니다.

- ➡ Your business is very important to us—we would like to continue supporting your laser printers and maintaining the highest standard of workmanship possible.
  고객님과의 거래를 소중히 생각하고 있으며, 계속 고객님의 레이저 프린터를 서포트하고 또 가능한 최고 수준의 기술을 유지해 가고자 합니다.

- ➡ BestFiber is committed to providing the best customer service possible.
  베스트파이버는 가능한 최선의 고객 서비스를 제공할 것을 약속드립니다.

- ➡ If there is anything else I can help you with, please let me know. Again, I apologize for the inconvenience. We value your business.
  그 밖에 저희 쪽에서 도움 드릴 수 있는 것이 있으면 알려주십시오. 불편 끼쳐드린 점 거듭 사과드립니다. 관심 어린 애정에 감사합니다.

- ➡ If I may be of further assistance, please do not hesitate to contact me.
  그 밖에 도움을 드릴 수 있는 것이 있으면 주저 마시고 연락 주십시오.

- ➡ Please contact me again if there is anything else that I can assist you with.
  그 밖에 도움을 드릴 수 있는 것이 있으면 또 연락 주십시오.

04 답장이 늦었을 경우

● 업무로 늦은 경우

- ➡ I'm sorry I haven't responded. I've been swamped.
  답장하지 못해서 미안합니다. 업무에 쫓기고 있어서요.

→ Sorry, I have not been able to respond as I have been very busy traveling and handling other business issues lately.
미안합니다, 최근 출장과 다른 업무로 너무 바빠서 답장을 할 수 없었습니다.

→ Sorry that I haven't been able to get back to you. I have been tied up with some other issues, which I should complete by the end of this week or early next week. I should be able to complete the market report then.
답장을 못해서 죄송합니다. 계속 다른 건이 걸려서 이번 주말이나 다음주 초에는 끝납니다. 그때 시장 보고서를 끝낼 수 있습니다.

→ Sorry I didn't get back to you sooner. We had this big project, which was due yesterday. We worked until midnight last night. It's finally over!
좀 더 빨리 답장할 수 없어서 미안합니다. 큰 프로젝트가 있었는데, 어제 마감이어서 어젯밤은 한밤중까지 일했습니다. 겨우 끝났습니다!

→ I've been real busy for the last few days. The project was supposed to be over last week, but took an additional week.
요 며칠 몹시 바빴습니다. 프로젝트는 지난주에 끝날 예정이었지만, 일주일 더 걸려버렸습니다.

→ Sorry I haven't been able to respond promptly lately. I've taken over Mike's responsibilities on top of my existing ones. My workload has doubled now.
요즘 답장하지 못해서 미안합니다. 지금까지의 재 업무 이외에 마이크의 일도 담당하고 있어서요. 업무량이 배가 되었습니다.

→ Sorry this got lost in the shuffle of the last week.
미안합니다, 지난주 분주해서 답장하는 것을 잊었습니다.

● 부재중인 경우

→ Sorry I didn't reply sooner. I was out of the country for two weeks.
빨리 답장을 보내지 못해서 미안합니다. 2주일 동안 해외 출장이었습니다.

→ I was traveling last week—my notebook crashed and I couldn't access the Internet.
지난 주 출장 갔었는데, 노트북이 실행되지 않아서 인터넷에 접속할 수 없었습니다.

→ I am on the road right now but will try to check my e-mail to see if I received the file.
지금 출장 중입니다만, 파일을 받았는지 메일을 체크해 보겠습니다.

→ Sorry that I have not written the report. Two weeks in South America and then a week on vacation have put me way behind and I have been trying to catch up.
보고서가 아직이라 죄송합니다. 남미에 2주일간 있었고, 그 후 휴가여서 업무가 꽤 늦어져서 지금 만회하려고 하는 중입니다.

→ I was on vacation for the last two weeks.
지난 2주일 동안 휴가였습니다.

→ Our company was closed for 10 days during what's called "Golden Week" in Japan. (There are several national holidays during the week.)
당사는 일본에서 「골든위크」라고 불리는 기간에 10일간 휴일이었습니다(이 주는 국경일이 겹칩니다).

→ Our company was closed for 7 days for summer vacation.
당사는 7일간 여름 휴가였습니다.

병, 상처, 불행

→ I had a bad cold and stayed home for a week.
심한 감기에 걸려서 1주일간 집에서 쉬고 있었습니다.

→ I've been sick since Tuesday. I can't wait to get rid of this flu!
화요일부터 상태가 좋지 않았습니다. 어쨌든 이 독감을 빨리 치료하고 싶습니다!

→ When I went skiing last month, I broke my leg. I had to stay in bed for two weeks.
지난 달 스키 타러 갔을 때 다리가 부러졌습니다. 2주일 동안 안정을 취해야 했습니다.

→ I was sick and out all last week.
병으로 지난 주 내내 쉬었습니다.

→ I was in the hospital for a month.
1개월 동안 입원해 있었습니다.

→ I had minor surgery two weeks ago and had to stay home for a week after that.
2주일 전 간단한 수술을 한 이후로 1주일간 집에 누워 있었습니다.

→ Hope you don't catch a cold!
감기에 걸리지 않으시길 바랍니다!

→ My father passed away last week and I had to take care of the funeral and all that.
지난 주에 아버지가 돌아가셔서 장례식이다 뭐다 처리할 일이 있었습니다.

05 회사 관련 용어

본사	headquarters (HQ); head office
지점	office; branch; branch office
해외 지점	overseas office/branch
해외 사무소	overseas office
공장	factory; plant
관련 회사	affiliate; affiliate company
자회사	subsidiary

영업부	Sales (Department)
해외영업부	Overseas Sales (Department)
마케팅부	Marketing (Department)

인사부	Personnel (Department)
총무부	Administration; General Affairs (Department)
법무부	Legal; Legal Affairs (Department)
재무부	Finance (Department)
기획부	Planning (Department)
구매부	Purchasing (Department)
연구개발부	R & D; Research and Development (Department)

06 일시·수량 표현

~일(日) 오전/오후	on the morning/afternoon of March 20 (3월 20일 오전/오후)
오후 일찍/늦게	in early/late afternoon
~영업시간	business hours; operating hours; office hours
근무시간	work hours; office hours
일자(付)	your order of August 10 (8월 10일자 주문) effective August 30 (8월 30일부 유효)
~일 현재	as of May 15 (5월 15일 현재) as of today (금일 현재) as of now (현 시점에서)
~일 이전/이후	before/after July 20 (7월 20일 이전/이후)
~일 소인	post marked by Feb. 28 , 2007 (2007년 2월 28일 소인)
양일중으로	within a couple of days
일본 표준시간	JST (Japan Standard Time)
(미국) 동부 표준시간	EST (Eastern Standard Time)
(미국) 중서부 표준시간	CST (Central Standard Time)
(미국) 산악부 표준시간	MST (Mountain Standard Time)
(미국) 태평양 표준시간	PST (Pacific Standard Time)
현지시간	local time at 2 p.m. local time (현지 시간 오후 2시에)
이곳 시간	2 p.m., our time (이쪽 2시)
그곳 시간	2 p.m., your time (그쪽 2시)
이번 주말	the end of this week
다음 주 초	the beginning of next week
다음 주 초	the beginning of the following week
~월 ~일의 주(週)	the week of March 18 (3월 18일의 주)

상순에	in early Feb. (2월 상순에)
중순에	in mid Sept.; in the middle of September (9월 중순에)
하순에	in late Jan. (1월 하순에)
~월(月) 내내	the entire month of August (8월 내내)
과거 수개월	the past/last several months
~년(年) 내내	throughout 2007 (2007년 내내)
년간~	an annual purchase of 25MT (년간 구입량 25톤)
(회계)년도	fiscal year
상반기	the first half of the fiscal year
하반기	the second half of the fiscal year
제 1/2/3/4사분기	the first/second/third/fourth quarter
~에 걸쳐	over the last dozen years (최근 10수년 이상에 걸쳐)
~까지는	The work must be completed by the end of November. (11월 말까지 마무리해야 합니다.)
~까지	He won't be back until next Friday. (그는 금요일까지 돌아오지 않을 것입니다.) valid until Sept. 17, 2007 (2007년 9월 17일까지 유효)
~당	$30 per piece. (1개당 30달러) per head (한 사람당) 1 flight a week (일주일에 1편)
~이하	$200 or less (200달러 이하) not greater than 40cm (40cm 이하)
~미만	less than $45/kg (kg당 45달러 미만) 18 and under (18세 미만)
~이상	an order of 10,000 pieces or larger (만 개 이상의 주문) invest $1MM or more (100만 달러 이상의 투자) 98% or greater purity (순도 98% 이상)
~을 초월하다 (「~이상」과는 다름)	more than $15,000 (15,000달러를 초월하다) over 500 executive (500명을 넘는 경영진)
~이내	within 24 hours (24시간 이내) within two business days (2영업일 이내) within two weeks (2주일 이내)
오르다, 올리다	increase to $21 (21달러로 오르다) increase price by 5% (5% 올리다)
할인	$100 off (100달러 할인) a 15% discount (15% 할인)

BUSINESS E-Mail